Die historische Entwicklung der Wettbewerbsverbote
im Gesellschaftsrecht der Neuzeit

Europäische Hochschulschriften
Publications Universitaires Européennes
European University Studies

Reihe II

Rechtswissenschaft

Série II Series II
Droit
Law

Bd./Vol. 1636

PETER LANG
Frankfurt am Main · Berlin · Bern · New York · Paris · Wien

Manfred Heße

Die historische Entwicklung der Wettbewerbsverbote im Gesellschaftsrecht der Neuzeit

PETER LANG
Europäischer Verlag der Wissenschaften

Die Deutsche Bibliothek - CIP-Einheitsaufnahme

Hesse, Manfred:

Die historische Entwicklung der Wettbewerbsverbote im Gesellschaftsrecht der Neuzeit : ein Beitrag zur Geschichte des Gesellschaftsrechts / Manfred Hesse. - Frankfurt am Main ; Berlin ; Bern ; New York ; Paris ; Wien : Lang, 1994
(Europäische Hochschulschriften : Reihe 2, Rechtswissenschaft ; Bd. 1636)
Zugl.: Hagen, Univ., Diss., 1994
ISBN 3-631-47953-0

NE: Europäische Hochschulschriften / 02

D 708
ISSN 0531-7312
ISBN 3-631-47953-0

Diese Arbeit hat im Sommersemester 1994 dem Fachbereich Rechtswissenschaft der Fernuniversität -Gesamthochschule- in Hagen als Dissertation vorgelegen.

Mein Dank gilt zunächst Herrn Prof. Dr. Ulrich Eisenhardt, der die Arbeit angeregt und betreut hat. In ihm fand ich stets einen kritischen und verständnisvollen Gesprächspartner.

Weiterhin möchte ich Herrn Prof. Dr. Peter Raisch danken, der sich freundlicherweise als Zweitgutachter zur Verfügung gestellt hat.

Gliederung

Abkürzungsverzeichnis[1]

ABGB	Allgemeines Bürgerliches Gesetzbuch
AcP	Archiv für die civilistische Praxis
ADHGB	Allgemeines deutsches Handelsgesetzbuch
AfK	Archiv für Kulturgeschichte
AG	Aktiengesellschaft
AJM	Allgemeine Juristische Monatsschrift für die preußischen Staaten
AktG	Aktiengesetz
ALR	Allgemeines Landrecht
Annalen	Annalen der Großherzoglich Badischen Gerichte
Archiv	Archiv für das Preußische Handels- und Wechsel-Recht
BB	Der Betriebs-Berater
Beiträge	Gruchot, Beiträge zur Erläuterung des Deutschen Rechts
Betr.	Der Betrieb
BGB	Bürgerliches Gesetzbuch
BGH	Bundesgerichtshof
BGHZ	Entscheidungen des Bundesgerichtshofs in Zivilsachen
CMBC	Codex Maximilianeus Bavaricus Civilis
EKO	Entscheidungen des Königlichen Obertribunals
GenG	Genossenschaftsgesetz
GmbH	Gesellschaft mit beschränkter Haftung
GmbHG	Gesetz betr. die Gesellschaften mit beschränkter Haftung
GmbHR	GmbH-Rundschau
GStA	Geheimes Staatsarchiv
GWB	Gesetz gegen Wettbewerbsbeschränkungen
HansGeschbl.	Hansische Geschichtsblätter
HansGZ	Hanseatische Gerichtszeitung
HansOLG	Hanseatisches Oberlandesgericht
HGB	Handelsgesetzbuch
HRG	Handwörterbuch der Rechtsgeschichte
JW	Juristische Wochenschrift
KG	Kommanditgesellschaft
KGaA	Kommanditgesellschaft auf Aktien

1. umgangssprachliche Abkürzungen wurden nicht in das Verzeichnis aufgenommen

LM	Nachschlagwerk des Bundesgerichtshofs, hrsg. von Lindenmaier, Möhring u.a.
LRS	Landrechtssatz(sätze)
LZ	Leipziger Zeitschrift für Deutsches Recht
MVGN	Mitteilungen des Vereins für die Geschichte der Stadt Nürnberg
NDB	Neue Deutsche Biographie
NJW	Neue Juristische Wochenschrift
OHG	offene Handelsgesellschaft
OLG	Oberlandesgericht
Recht	Das Recht
RG	Reichsgericht
RGRK	Das bürgerliche Gesetzbuch... Kommentar, hrsg. von...
RGZ	Entscheidungen des Reichsgerichts in Zivilsachen
ROHG	Reichsoberhandelsgericht
Strietenhorst	Strietenhorst, Archiv für Rechtsfälle, die zur Entscheidung des Königlichen Obertribunals gelangt sind
VSWG	Vierteljahresschrift für Sozial- und Wirtschaftsgeschichte
WM	Wertpapiermitteilungen
ZfdRudR	Zeitschrift für deutsches Recht und deutsche Rechtswissenschaft
ZffC	Zeitschrift für französisches Civilrecht
ZGR	Zeitschrift für Unternehmens- und Gesellschaftsrecht
ZHR	Zeitschrift für das gesamte Handels- und Konkursrecht
ZRG GA	Zeitschrift der Savigny-Stiftung für Rechtsgeschichte, Germanistische Abteilung

A. Einleitung

Regelungen über mitgliedschaftsbezogene, also an die Gesellschafterstellung innerhalb einer bestehenden Gesellschaft anknüpfende, Wettbewerbsverbote enthalten heute die §§ 112 f. HGB für die Gesellschafter der offenen Handelsgesellschaften. Diese Bestimmungen sind über § 163 HGB auch für die Komplementäre der Kommanditgesellschaften anwendbar, während § 165 HGB die Kommanditisten von der Befolgung des in § 112 HGB enthaltenen Wettbewerbsverbots freistellt. Auch der persönlich haftende Gesellschafter einer KGaA ist gemäß § 284 AktG einem Wettbewerbsverbot unterworfen. Nach § 68 GenG kann ein Genosse wegen der Mitgliedschaft in einer anderen Genossenschaft, welche an demselben Ort ein gleichartiges Geschäft betreibt, zum Schluß des Geschäftsjahres aus der Genossenschaft ausgeschlossen werden.

Über diese gesetzlichen Bestimmungen hinaus wird auch für andere Gesellschaftsformen, wie z.B. AG, GmbH und BGB-Gesellschaft, für deren Gesellschafter der Gesetzgeber keine ausdrücklichen Bestimmungen über Wettbewerbsverbote getroffen hat, die Frage nach Existenz und Reichweite eines ungeschriebenen gesetzlichen Wettbewerbsverbotes für deren Gesellschafter bzw. Mitglieder gestellt.

Es liegt auf der Hand, daß wettbewerbsbeschränkende Regeln für einen Gesellschafter der Rechtfertigung bedürfen.

Ein entsprechender Rechtfertigungsbedarf besteht zunächst wegen eines zumindest auf den ersten Blick nicht ausschließbaren Widerspruchs zwischen der Annahme eines gesetzlichen Wettbewerbsverbotes für die Gesellschafter einer Gesellschaft mit anderen, teilweise höherrangigen Normen unserer Rechtsordnung. Soweit z.B. nach § 112 HGB ein Wettbewerbsverbot für die Gesellschafter einer Handelsgesellschaft besteht, stellt dies eine Beschränkung der Verhaltensfreiheit der Gesellschafter dar, die in den Schutzbereich des Art. 12 GG oder Art. 2 GG eingreifen könnte[1]. Zudem stellt sich die Frage, in welchem Verhältnis das gesellschaftsrechtliche Wettbewerbsverbot zum Kartellverbot der §§ 1, 25 GWB steht[2].

Über diese durch das positive Recht vorgegebenen Fragestellungen hinaus, die nicht Gegenstand dieser Arbeit sind, stellt sich die Frage nach dem Zweck der Wettbewerbsverbote und dem damit verfolgten Ziel, mithin die Frage nach der Rechtfertigung für die Existenz dieser die Freiheit des einzelnen Gesellschafters beschränkenden Vorschriften. Dieser Problembereich kann sowohl unter rechtsphilosophischen als auch rechtssoziologischen oder rechtshistorischen Gesichtspunkten erörtert werden. Diese Arbeit verfolgt einen rechtshistorischen Ansatz. Sie stellt, beginnend vom Spätmittelalter, die Geschichte dieser Verbote in Deutschland dar. Auf diesem Weg soll der Versuch unternommen werden, die heutige Rechtslage als Produkt der geschichtlichen Entwicklung zu erklären und die für diese Entwicklung maßgeblichen Gründe aufzuzeigen.

1. vgl. Kardaras, S. 6 ff.
2. siehe dazu Karsten Schmidt, S. 490 f.

Der Vergleich historischer Erscheinungsformen von Wettbewerbsverboten mit der heutigen gesetzlichen -durch Literatur und Rechtsprechung ausgestalteten- Rechtslage, die Suche nach identischen Ansätzen und abweichenden Konstruktionen setzt Grundkenntnisse des heutigen Diskussionsstandes voraus. Nur so besteht die Möglichkeit, Kontinuitäten in diesem sich seit dem Spätmittelalter ständig fortentwickelnden Rechtsgebiet zu erkennen und die so identifizierten Erscheinungsformen historischer Wettbewerbsverbote von denjenigen zu trennen, die sich in der geschichtlichen Entwicklung nicht durchzusetzen vermochten und deshalb wohl als historische Erscheinung und ggfls. noch als Gegenmodell zur Hauptentwicklungslinie, nicht jedoch als Vorläufer der heutigen Regelungen von Interesse sind.

Soweit für dieses Verständnis erforderlich, kann der gegenwärtige, im einzelnen wesentlich vielschichtigere Diskussionsstand[3] für den Bereich der Personengesellschaften wie folgt skizziert werden:

Das Wettbewerbsverbot des § 112 HGB wird, wie im übrigen auch die §§ 284 AktG und 68 GenG, als Ausprägung der mitgliedschaftlichen Treuepflicht angesehen[4]. Hergeleitet wird diese Treuepflicht, die ihre Grenzen an dem unter Berücksichtigung der Gesellschaftsinteressen legitimen Eigeninteresse der Gesellschafter findet, in der OHG wie auch in den sonstigen Personengesellschaften aus der vertraglichen Beziehung der Gesellschafter untereinander[5], wobei es auf die in der Literatur umstrittene Frage, ob die Treuepflicht eine Verdichtung des allgemeinen für Schuldverhältnisse geltenden Grundsatzes von Treu und Glauben ist oder ob es sich dabei um einen selbständigen Inhalt des Gesellschaftsvertrages handelt, angesichts der Übereinstimmung über die vertraglichen Wurzeln dieser Pflicht für den hier behandelten Problembereich der Wettbewerbsverbote nicht ankommt[6]. Als wesentlicher Inhalt der Treuepflicht wird die Verpflichtung der Gesellschafter angesehen, über die ihnen durch Gesetz und Vertrag ausdrücklich auferlegten Pflichten hinaus die Interessen der Gesellschaft wahrzunehmen, den vereinbarten Gesellschaftszweck zu fördern und alles zu unterlassen, was den Interessen der Gesellschaft zuwider läuft[7]. Die derart definierte Treuepflicht besteht zumindest für den Bereich der Personengesellschaften nicht nur im Verhältnis des einzelnen Gesellschafters zur Gesamthand, sondern auch im Verhältnis der Gesellschafter untereinander[8]. Dabei ist auch die Treuepflicht gegenüber den Mitgesellschaftern auf den durch den Gesellschaftsvertrag erfaßten

---

3. vgl. dazu z.B. den Überblick bei Winter, S. 9 ff.
4. Staub-Ulmer § 112 Rn.3 m.w.N; Schlegelberger-Martens § 112 Rn. 2; Baumbach/Duden/Hopt § 112 Anm. 1; Eisenhardt, Gesellschaftsrecht, Rn. 92; BGHZ 89, 162 ff. (165); zur KGaA Mertens im Kölner Kommentar zum Aktiengesetz § 284 Rn. 4; zur Genossenschaft Meyer/Meulenbergh/Beuthien § 68 Anm. 2
5. vgl. Eisenhardt, Gesellschaftsrecht, Rn. 23; Kübler, S. 48; Staudinger-Keßler (12. Aufl.) Vorbem zu § 705 Rn. 41 ff. m.w.N; zum Streitstand Winter, S. 12 f.; MünchKomm-Ulmer § 705 Rn. 182
6. vgl. MünchKomm-Ulmer § 705 Rn. 182
7. vgl. Eisenhardt, Gesellschaftsrecht, Rn. 91; Kübler, S. 48
8. vgl. Eisenhardt, Gesellschaftsrecht, Rn. 23; Winter, S. 10 f.

mitgliedschaftlichen Bereich beschränkt; sie erfaßt nicht rein private Beziehungen der Gesellschafter. Eigenständige Bedeutung kommt der Treuepflicht gegenüber den Mitgesellschaftern daher nur zu, wenn durch einen Treuepflichtverstoß nicht gleichzeitig die Interessen der Gesamthand bzw. aller Mitgesellschafter berührt sind[9].

Da § 112 HGB lediglich als besondere Ausprägung des allgemeinen Treuegedankens angesehen wird, der im gesamten Personengesellschaftsrecht Gültigkeit besitzt, vermag es nicht zu überraschen, daß auch außerhalb des Geltungsbereiches des § 112 HGB, so etwa für die Gesellschafter der Gesellschaft bürgerlichen Rechts und für die Kommanditisten einer Kommanditgesellschaft, der Versuch unternommen wird, ungeschriebene Wettbewerbsverbote aus der Verpflichtung dieser Gesellschafter zur Treue herzuleiten[10].

Die gesetzliche Lage in der GmbH und AG gleicht, was das Fehlen ausdrücklich geregelter Wettbewerbsverbote anbelangt, derjenigen in der BGB-Gesellschaft. Während jedoch die Existenz von Treuepflichten innerhalb der BGB-Gesellschaft durchgehend anerkannt wurde und deshalb stets ein dogmatischer Ansatzpunkt für die Begründung von Wettbewerbsverboten zur Verfügung stand, brauchte es, wohl wegen des Fehlens unmittelbarer vertraglicher Beziehungen der Mitglieder untereinander, wesentlich längere Zeit, bis die Existenz einer Treuepflicht innerhalb der nach dem Gesetz kapitalistisch strukturierten Gesellschaftsformen der GmbH und vor allem der AG anerkannt wurde. Die heutige Auffassung über das Bestehen von Treuepflichten in der GmbH und AG kann, soweit zum Verständnis der nachfolgenden historischen Ausführungen erforderlich, wie folgt skizziert werden:

Innerhalb der GmbH können nicht nur die Beziehungen zwischen Gesellschaft und Gesellschafter, sondern auch die der Gesellschafter untereinander durch die gesellschaftsvertragliche Treuepflicht bestimmt sein[11]. Eigenständige Bedeutung kommt der Treuepflicht der GmbH-Gesellschafter untereinander, ebenso wie bei den Personengesellschaften, nur zu, soweit durch eine gegen die Treuepflicht verstoßende Maßnahme nicht zugleich die Interessen der Gesellschaft beeinträchtigt werden[12].

Begründet wird die Anerkennung von Treuepflichten innerhalb der GmbH vom BGH damit, daß in dieser Gesellschaftsform, unbeschadet ihrer körperschaftlichen Verfassung, die nähere Ausgestaltung der Organisation und die wirtschaftliche Betätigung oft in erheblichem Maße dem unmittelbaren Einfluß der Gesellschafter unterliegt und daher die inneren Verhältnisse dieser Gesellschaft auf eine deutliche Nähe zu den Personengesellschaften angelegt sein kann. Zudem gebietet nach Auffassung des BGH die Möglichkeit der Mehrheit zur Einflußnahme auf die Geschäftsführung auch

---

9. MünchKomm-Ulmer § 705 Rn. 188; Winter, S. 11
10. vgl. dazu Kapitel G
11. BGHZ 65, 15 ff. (18 f.); weitere Nachweise in Kapitel G
12. Winter, S. 88

für den Fall, daß die GmbH keine personalistischen Binnenstrukturen aufweist, eine entsprechende Pflicht zur Rücksichtnahme auf die Mitgesellschafter[13] .

Obwohl die derart begründete Treuepflicht insbesondere in der Literatur regelmäßig als ein Instrument des Minderheitenschutzes dargestellt wird[14], beschreibt dies die Reichweite der Treuepflicht in der GmbH nicht abschließend. Die Treuepflicht erfaßt jeden GmbH-Gesellschafter; ihre vorrangige Behandlung im Rahmen des Minderheitenschutzes spiegelt lediglich ihren regelmäßigen Anwendungsfall wieder[15].

Spätestens seit der Entscheidung des BGH vom 29. Januar 1988[16] ist auch für den Bereich der Aktiengesellschaften die Existenz von Treuepflichten nicht nur der Aktionäre gegenüber der Gesellschaft, sondern auch der Aktionäre untereinander anerkannt[17]. Auch in der Aktiengesellschaft kommt der Treuepflicht der Gesellschafter untereinander nur dann eine eigenständige Bedeutung zu, wenn durch ein treuepflichtwidriges Verhalten nicht zugleich auch die Interessen der Gesellschaft berührt werden[18].

Mit der Anerkennung von Treuepflichten innerhalb der Aktiengesellschaft hat sich der BGH, der zugleich betont, daß die Gesellschafterpflichten eines Kleinaktionärs anders als diejenigen eines Großaktionärs im Regelfall nicht von der gesellschaftsrechtlichen Treuepflicht bestimmt werden[19], trotz des Hinweises auf die auch in einer AG möglicherweise bestehenden personalistischen Strukturen, wohl endgültig von dem Erfordernis einer personalistischen Binnenstruktur der Gesellschaft als Grundlage für die Anerkennung der Treuepflicht gelöst. Er begründet diese Pflicht jetzt letztlich mit der Notwendigkeit der Kontrolle der dem Mitaktionär eingeräumten unmittelbaren und mittelbaren Einwirkungsbefugnisse und -möglichkeiten[20].

Somit werden heute sowohl in personalistisch als auch in kapitalistisch strukturierten Gesellschaften Treuepflichten der Gesellschafter anerkannt; in allen Gesellschaften ist daher die Begründung eines Wettbewerbsverbotes mit der Treuepflicht grundsätzlich möglich.

Angesichts des Umstandes, daß Begriffe wie "Treue" und "Treuepflicht" von 1933 bis 1945 zu den beliebten Schlagworten einer Phraseologie zählten, die die Treue-

---

13. BGHZ 65, 15 ff. (18 f.); BGHZ 103, 184 ff. (194); zu abweichenden Auffassungen über die Begründung der Treuepflicht in der GmbH siehe Winter, S. 45 ff.
14. so z.B. von Wiedemann, S. 431
15. Karsten Schmidt, S. 486
16. BGHZ 103, 184 ff. (195)
17. Eisenhardt, Gesellschaftsrecht, Rn. 222 f.; Timm in WM 1991, S. 481 ff.
18. BGH NJW 1992, S. 3167 ff. (3171)
19. vgl. jedoch BHG NJW 1992, S. 3167 ff. (3171), wo die Frage, ob die Treuepflicht der Aktionäre auf die Begrenzung der Mehrheitsherrschaft beschränkt ist, ausdrücklich offen gelassen wird
20. so auch Timm in WM 1991, S. 481 ff. (482); Karsten Schmidt, S. 484 f.

pflicht der Gesellschafter unangemessen überforderte[21], ist es im Rahmen dieser Arbeit auch von Interesse, zu welchem Zeitpunkt die Versuche einsetzten, aus der Treuepflicht der Gesellschafter ungeschriebene Wettbewerbsverbote herzuleiten. Zwar würde der Umstand allein, daß solche Versuche erstmals im Zeitraum von 1933 bis 1945 stattfanden bzw. zu dieser Zeit Verschärfungen schon zuvor anerkannter Wettbewerbsverbote diskutiert wurden, noch kein Unwerturteil über das dabei gefundene Ergebnis rechtfertigen. In diesem Fall wäre aber eine besonders kritische Überprüfung dahingehend angebracht, ob das Resultat bloß Produkt der nationalsozialistischen Handhabung des Begriffs "Treuepflicht" war, oder ob es auch einer seriösen rechtswissenschaftlichen Überprüfung standhält.

21. Staudinger-Keßler (12. Aufl.) Vorbem zu § 705 Rn. 39, 45

B. Wettbewerbsverbote im Spätmittelalter und der frühen Neuzeit

Zweifelhaft ist, ob eine Behandlung spätmittelalterlicher und frühneuzeitlicher Erscheinungsformen von Wettbewerbsverboten zwischen den Gesellschaftern einer Gesellschaft sinnvoll ist, wenn man Erkenntnisse über die Entstehung der heutigen gesetzlichen Regelungen gewinnen will. Dagegen könnte die Ansicht sprechen, daß das gegenwärtige Gesellschaftsrecht im wesentlichen ein Produkt der letzten beiden Jahrhunderte sei[1]. Sollte diese Auffassung auch für den hier behandelten Problemkreis uneingeschränkt zutreffen, so wäre eine Behandlung älterer gesellschaftsrechtlicher Erscheinungsformen lediglich als isolierte historische Betrachtung wertvoll; Hinweise auf die Entstehung und Bedeutung der heutigen Wettbewerbsverbote zwischen den Gesellschaftern einer Handelsgesellschaft könnte sie nicht geben.

Zumindest für den Bereich der Wettbewerbsverbote trifft die von Kübler geäußerte Ansicht jedoch nicht zu. Die Geschichte der Wettbewerbsverbote läßt sich ohne Schwierigkeiten bis in das Mittelalter zurückverfolgen, wobei -wie sich insbesondere bei der Geschichte der Handelsgesellschaften[2] zeigen wird- heute geltende gesetzliche Regelungen in den Gesellschaftsverträgen der mittelalterlichen Handelsgesellschaften ihren Ursprung haben. Schon deshalb kann eine Arbeit, die sich mit der historischen Entwicklung der heutigen Wettbewerbsverbote im Gesellschaftsrecht beschäftigt, nicht auf die Behandlung der mittelalterlichen Erscheinungsformen dieser Verbote verzichten.

I. Wettbewerbsverbote innerhalb der Zünfte

1. Überblick über die Geschichte, Struktur und Bedeutung der Zünfte

Die Ansichten über die Entstehung der Zünfte gehen auseinander. In der Vielzahl der Meinungen lassen sich jedoch vier Hauptströmungen erkennen.

Die erste dieser Auffassungen führt die Zünfte auf die in den spätrömischen Städten existierenden, überwiegend auf freiwilligem Beitritt beruhenden, Handwerkerzusammenschlüssen (collegia) zurück. Diese collegia hätten in den ehemaligen Römerstädten Mitteleuropas die Keimzelle des mittelalterlichen Zunftwesens begründet[3]. Nach einer zweiten Auffassung gehen die Zünfte auf entsprechende, ihrerseits wieder byzantinisch beeinflußte, Vorbilder im Norditalien des 10. Jahrhunderts zurück, dessen Urbanisierung schon einige Jahrhunderte vor derjenigen Deutschlands erfolgte[4]. Dagegen geht die sogenannte Hofrechtstheorie davon aus, daß die an den fürstlichen Fronhöfen des Mittelalters tätigen hörigen Handwerker in Abteilungen zusammengefaßt waren, die unter einem vorgesetzten Meister ihren Dienst verrichteten. Mit der Entwicklung der fürstlichen Gewerbesiedlungen zu nach und nach frei-

---

1. so z.B. Kübler, S. 6
2. Kapitel B II
3. zu dieser Auffassung siehe Henning, S. 230; Wissell, Band I, S. 11 f. m.w.N.
4. zu dieser Auffassung siehe Henning, S. 230; Wissell, Band I, S. 11 f. m.w.N.

er werdenden Städten seien diese Abteilungen als nunmehr allerdings freie Zusammenschlüsse der Handwerker bestehen geblieben[5]. Die Genossenschaftstheorie schließlich, deren Ansatzpunkt heute allgemein als der entscheidende, wenn auch nicht einzige, Gesichtspunkt für die Entstehung der Zünfte angesehen wird, stellt die These auf, daß die Zünfte in der freien und gewollten Vereinigung der durch die gemeinsame Ausübung eines Berufes verbundenen Handwerker ihren Ursprung haben[6].

Zünfte begegnen uns in Deutschland seit dem Beginn des 12. Jahrhunderts. Bedingt durch die zunehmende Verlagerung der handwerklichen Produktion in die Städte und der damit einhergehenden Verfeinerung der handwerklichen Technik vergrößerte sich im Laufe der Zeit ihre Zahl ständig[7].

In den Zünften waren, so jedenfalls im Regelfall, die Handwerker einer Stadt und eines Gewerbes zusammengeschlossen, und zwar auf genossenschaftlicher Grundlage. Dabei wurde die Selbständigkeit des einzelnen Handwerkers nicht beeinträchtigt. Den Zünften stand im Normalfall ein gewählter Handwerksmeister vor, dem häufig Beisitzer zur Seite gegeben wurden. In ihren "Ordnungen" genannten Satzungen legten die Zünfte fest, welche Aufgaben der Zunft der Vorstand allein, zusammen mit den Beisitzern oder nur mit Zustimmung der gesamten Zunft wahrnehmen durfte[8].

Die vielfältigen Funktionen der Zünfte innerhalb ihrer Stadt erstreckten sich u.a. auch auf religiöse, wirtschaftliche und soziale Aufgaben. Hierzu gehörten z.B. die Ausübung der Zunftgerichtsbarkeit, die Mitwirkung im sozialen und öffentlichen Leben der Stadt, so bei der Sicherung der Versorgung der Hinterbliebenen eines verstorbenen Zunftmeisters, bei der Stadtverteidigung und die Regelung der Arbeitsbedingungen. Innerhalb dieser mannigfaltigen Aufgaben waren vorrangig solche wirtschaftlicher Natur. Den Zünften oblag die Rohstoffbeschaffung, die Produktionskontrolle nach Menge und Qualität, die Festlegung der Produktionstechniken, der gemeinsame Betrieb größerer Einrichtungen (Walkmühlen, Schleifmühlen usw.), die Überwachung von Gewicht und Maß und vieles andere mehr[9].

Erst relativ spät bemühten sich die in den Zünften zusammengeschlossenen Handwerker, durch die Erschwerung der Zulassung unliebsame Konkurrenz zu verhindern. So bedeutete der heute geläufige und häufig mißverstandene Ausdruck "Zunftzwang" ursprünglich nur das Recht der Zünfte, jeden, welcher ein entsprechendes Gewerbe ausüben wollte, zum Eintritt in die Zunft zu zwingen[10]. Erst als die Zünfte die

---

5. dazu Henning, S. 230; Wissell, Band I, S. 12 ff.
6. so Gierke, S. 358 ff.; Keutgen, Ämter, S. 251; allgemein zur Bewertung dieser Theorie Henning, S. 230 f.; Conrad, Band I. S. 210
7. Conrad, Band I, S. 209
8. Henning, S. 230, 232; Gierke, S. 376
9. Henning, S. 232 f.; Conrad, Band I, S. 209; Wissell, Band II, S. 149 ff.
10. Gierke, S. 361; Keutgen, Ämter, S. 252; Hof, Fn. 466

Aufnahmebedingungen wegen der zunehmenden Abnahme des Lebensraumes in den Städten immer mehr verschärften, wurde der Zunftzwang in Verbindung mit den stetig steigenden Voraussetzungen zum Erwerb des Meisterrechts[11] zu einem Mittel der Verhinderung unliebsamer Konkurrenz. Entsprechende Bestrebungen können zwar schon seit Ende des 14. Jahrhunderts beobachtet werden, die "Geschlossenheit" der Zünfte galt jedoch erst seit dem 16. Jahrhundert als ein allgemeines und wünschenswertes Privileg[12].

Fraglich ist, ob die Zünfte als Gesellschaften angesehen werden können. Nur wenn dies der Fall ist, ist eine Behandlung der Zünfte im Rahmen einer Arbeit über Wettbewerbsverbote im Gesellschaftsrecht gerechtfertigt. Nach heutiger Definition sind Gesellschaften freiwillige Personenvereinigungen des Privatrechts zur Verfolgung eines gemeinsamen Zwecks[13]. Im strengen Sinne dieser Definition waren die Zünfte keine Gesellschaften. Da der korporativ-ständischen Sozialverfassung die Unterscheidung von privatem und öffentlichem Recht unbekannt war[14], kann die Frage, ob Zünfte Personenvereinigungen des Privatrechts waren, weder sinnvoll gestellt noch beantwortet werden. Zünfte waren auch im heutigen Sinne keine freiwilligen Personenvereinigungen, wenn auch ihr Ursprung auf einen freien Zusammenschluß von Handwerkern zurückzuführen ist. Da die Zünfte Teil des ständestaatlichen Ordnungsgefüges waren, stand die Zugehörigkeit zu ihnen nicht im Belieben der Mitglieder[15], diese konnten auch nicht frei den Zweck ihrer Zunft bestimmen[16].

Diese Unterschiede zwischen Zunft und heutiger Gesellschaft sind jedoch sämtliche auf Eigenarten und Abweichungen der mittelalterlichen bzw. frühneuzeitlichen Rechts- und Sozialordnung von der heutigen Ordnung zurückzuführen. Vernachlässigt man diese zeitbedingten Abweichungen, so ist festzustellen, daß die Zünfte Vereinigungen zur Verfolgung eines gemeinsamen Ziels waren, ihre Funktion insoweit jedenfalls mit derjenigen einer heutigen Gesellschaft übereinstimmte. Diese Gemeinsamkeit rechtfertigt es, die Zunft als eine -historisch überholte- Gesellschaftsform anzusehen[17]. Damit liegt die Suche nach Wettbewerbsverboten innerhalb der Zünfte im Rahmen der Aufgabenstellung dieser Arbeit.

2. Eingrenzung des Untersuchungsgegenstandes und des behandelten Quellenmaterials

Die Untersuchung beschänkt sich auf die wegen der Mitgliedschaft in einer Zunft bestehenden Verbote und Beschränkungen des Wettbewerbs der Genossen einer Zunft untereinander. Nur diese Verbote und Beschränkungen können an die Mitglied-

11. dazu Hof, S. 76, 89 ff., 98 ff., 103 ff.
12. Gierke, S. 367 m.w.N.; Hof, S. 87 f., der die Annahme eines Zunftzwanges i.S. eines Verbotes einer gewerblichen Betätigung außerhalb der Zunft für die Anfangszeit des Zunftwesens ausdrücklich ablehnt
13. Wiedemann, S. 3; Eisenhardt, Gesellschaftsrecht, Rn. 4
14. Kübler, S. 7
15. Kübler, S. 7
16. Kübler, S. 7 f.
17. so wohl auch Kübler, S. 6; Gierke, S. 371 ff.

schaft in der Zunft anknüpfen, mithin Wettbewerbsverbote bzw. -beschränkungen für die Gesellschafter einer Gesellschaft sein. Nicht behandelt werden die heute wesentlich bekannteren Wettbewerbsbeschränkungen gegenüber Externen, also z.B. gegenüber außerhalb der Zunft stehenden Stadtbewohnern oder gar gegenüber Auswärtigen. Diese können nicht an die Mitgliedschaft in der jeweiligen Zunft anknüpfen und sind daher im Rahmen dieser Untersuchung nicht einschlägig.

Behandelt werden diese Verbote und Beschränkungen anhand von Material aus der Geschichte des Kölner Zunftwesens, das im wesentlichen die Zeit bis zum Jahre 1500 abdeckt. Dabei stellten die hier behandelten Verbote und Beschränkungen jedoch keine Eigenart der Kölner Zünfte dar. Sie stehen vielmehr exemplarisch für die in den Zunftordnungen des gesamten deutschen Reiches anzutreffenden Regelungen[18].

Die vorgenommene zeitliche Eingrenzung rechtfertigt sich aus der Tatsache, daß es in der Zeit von 1500 bis zur Auflösung der Kölner Zünfte im Jahre 1798 zu keinem scharfen Einschnitt in das Kölner Zunftwesen gekommen ist[19]. Der behandelte Zeitraum deckt damit alle vorhandenen Erscheinungsformen der Verbote und Beschränkungen im Kölner Zunftwesen und damit der Zünfte überhaupt ab.

3. Die Verbote im Einzelnen

Die Arten der Verbote und Beschränkungen des Wettbewerbs, denen der einzelne Zunftgenosse unterlag, waren vielfältig. Vorherrschend war dabei nicht das strikte Verbot, sondern die Beschränkung von Wettbewerbshandlungen, die den anderen Zunftgenossen Nachteile bringen konnten. Diese Regelung erklärt sich aus der im Vergleich zur heutigen Gesellschaft unterschiedlichen Struktur der Zünfte. Diese bestanden aus einer Vielzahl von selbständigen Gewerbetreibenden. Nicht das Verbot, sondern die Beschränkung war damit das geeignete Mittel, die gegenläufigen Interessen der Zunftgenossen auszugleichen. Da jedoch zwischen einem Verbot und einer Beschränkung lediglich ein gradueller Unterschied besteht, können auch die innerhalb der Zünfte vorkommenden Wettbewerbsbeschränkungen als für die hier behandelte Problematik einschlägige Regelungen angesehen werden. Entscheidender als die durch die Struktur der Zünfte bedingten, für das heutige Verständnis oft eigentümlichen Formen der Beschränkungen ist die Frage, ob die damaligen Beschränkungen und Verbote des Wettbewerbs innerhalb der Zünfte einen mit den heutigen gesetzlichen und von der Rechtsprechung entwickelten Wettbewerbsverboten identischen Zweck hatten, d.h., ob sie sich auf vergleichbare Überlegungen über die Natur einer Gesellschaft und die sich daraus für einen Gesellschafter ergebenden Bindungen gegenüber seinen Mitgesellschaftern zurückführen lassen.

---

18. siehe dazu auch die Darstellung der Wettbewerbsbeschränkungen und -verbote für das deutsche Reich bei Ennen, S. 1 ff.; Wissell, Band II, S. 258 ff.
19. Loesch, Band I, Vorwort

a. Den Zünften eigentümliche Regelungen

Die innerhalb der Zünfte geltenden wettbewerbsbeschränkenden Regeln haben im heutigen Recht grundsätzlich keine Entsprechung mehr. Diese Beschränkungen werden hier dennoch vorgestellt, um -wie oben ausgeführt- die Frage nach ihrem Zweck zu stellen. Im Ansatz vergleichbare Beschränkungen und Verbote finden wir heute nur noch, wo eine den Interessen der Mitglieder einer Zunft vergleichbare Interessenlage besteht. So gibt es auch heute innerhalb von Genossenschaften Versuche, für den einzelnen Genossen einen Platz- oder Gebietsschutz durchzusetzen[20].

aa. Regelung der Produktionskapazität und der Angebotsmenge

Mittelalterliche Zunftordnungen enthielten häufig Bestimmungen über Produktionskapazitäten und Angebotsmengen. Den einzelnen Mitgliedern stand es nicht frei, den Umfang ihres Betriebes selbst zu bestimmen; sie konnten weder über die Dauer ihrer Arbeitszeit noch über die Anzahl der von ihnen eingesetzten Arbeitskräfte allein entscheiden[21]. Damit war es ihnen bei aller eventuell vorhandenen Geschäftstüchtigkeit nicht möglich, ihren Betrieb beliebig zu vergrößern und dadurch die Existenz der anderen Zunftgenossen zu gefährden. Die entsprechenden Regelungen hatten also wettbewerbsbeschränkenden Charakter[22]. Dagegen kann nicht, wie dies Hagen Hof in bezug auf die Vorschriften über die Dauer der Arbeitszeit tut, eingewandt werden, bei einer ohnehin über zwölfstündigen täglichen Arbeitszeit sei die Möglichkeit einer Produktionssteigerung durch Arbeitszeitverlängerung nur theoretischer Natur gewesen[23]. Aus der Existenz arbeitszeitbeschränkender Bestimmungen ergibt sich gerade, daß eine darüber hinausgehende Arbeitsleistung als möglich angesehen wurde.

Als Beispiel für Regelungen über Produktionskapazität und Angebotsmenge sei hier zunächst auf die Forderung der Kölner Weizenbierbrauer verwiesen, die 1494 erfolgreich vom Kölner Rat verlangten, daß keiner von ihnen wöchentlich mehr brauen dürfe als die anderen Zunftgenossen[24].

- Item dat gein keutebruwer zor wechen me bruwen seulde dan der ander, updat si jgeliche naronge hetten.

Ein weiterer Beleg für diese Art der Wettbewerbsbeschränkung ist die im Jahre 1441 vom Kölner Rat vorgenommene Beschränkung der Zahl der Gesellen jedes Kölner Schneiders auf sechs[25].

---

20. vgl. dazu für die moderne Genossenschaft Sandrock, S. 78 Fn. 2
21. vgl. dazu Loesch, Band I, S. 109 ff.; Ennen, S. 33 ff.; Wissell, Band II, S. 294 ff.
22. so auch Ennen, S. 38 ff.
23. so aber Hof, S. 169
24. zit. nach Loesch, Band II, S. 92; zum Erfolg dieser Beschwerde siehe Loesch, Band I, S. 110
25. zit. nach Loesch, Band II, S. 391

- ..., dat ein icklich meiser van den schroedereren van nu vortan in sime huise niet me dan sess knechte of personen halden en sall...

Außerdem war nach der Satzung der Kölner Wollenweber aus dem Jahre 1397 die Anzahl der jedem Meister erlaubten Webstühle auf zwei beschränkt[26].

- Vort so en sall gein meister noch broider me wirken dan mit zwen gezauwen up sin ampt,...

Die Beschränkung der Produktionskapazität und Angebotsmenge erfolgte, wofür der die Kölner Schuster betreffenden Ratsbeschluß beispielhaft ist, im wesentlichen über die Reglementierung der Anzahl der Arbeitskräfte[27] und der Dauer der erlaubten Arbeitszeit. Dies war bei der Eigenart der mittelalterlichen, durch die Arbeitskraft als entscheidenden Produktionsfaktor geprägten, Produktion das wirksamste Mittel zur Erreichung des angestrebten Ziels. In Gewerben, in denen, wie etwa bei den Kölner Wollenwebern, sächlichen Produktionsmitteln eine entscheidende Bedeutung für den Umfang der Produktionsmöglichkeiten zukam, wurde auch deren Anzahl beschränkt[28].

bb. Preiswettbewerb

Auch über die Festlegung von Mindestpreisen ließ sich der Wettbewerb zwischen den Zunftgenossen beschränken, weil diese selbst dem geschäftuntüchtigen, teurer produzierenden Genossen noch ausreichenden Gewinn versprachen. Dennoch sind zünftlerische Preisabsprachen relativ selten, obrigkeitliche Preisfestsetzungen -meist im Sinne eines Höchstpreises und damit als wettbewerbsbeschränkende Maßnahme wegen der Zulässigkeit eines Preiswettbewerbs durch einen niedrigeren Preis untauglich- dagegen häufig[29]. Der Kölner Rat verbot erstmals im sogenannten "Großen Schied" aus dem Jahre 1258 den Kölner Zünften generell Preisabsprachen[30] und wandte sich damit ausdrücklich gegen dieses zünftlerische Mittel der Wettbewerbsregulierung. Allerdings sah er sich, offenbar mangels Einhaltung dieses ausgesprochenen Verbotes, immer wieder genötigt, das Verbot zu erneuern. So gab der Kölner Rat im Jahre 1385 erneut eine an die Kannengießer gerichtete Bestimmung heraus, in der er diesen Preisabsprachen verbot[31].

... Item so moigen die zenenkannengiesser ir werk verkoufen, so sij duirste moige, ind ein ander gelden mach, so he nieste kan; ind davan en soilen sij under nieman geine boisse haven. Ind we darweder dede, de gilt 5m. zu boissen, die ouch vallen soilen up der stede rentkamer.

26. zit. nach Loesch, Band I, S. 283
27. dazu auch Hof, S. 163 m.w.N.
28. vgl. dazu Ennen, S. 39 ff.; Hof, S. 165 m.w.N.
29. Ennen, S. 54 m.w.N.
30. vgl. Loesch, Band I, S. 114
31. zit. nach Loesch, Band I, S. 251 f.

Die häufige Behandlung der Preisabsprachen durch den Rat mag zwar ein Hinweis darauf sein, daß solche Vereinbarungen in der Rechtswirklichkeit zur Regulierung des (Preis-)Wettbewerbes häufig vorkamen[32]; gleichzeitig ist es jedoch wegen der obrigkeitlichen Verbote nicht gerechtfertigt, die Preisabreden in die Reihe der (zulässigen) Wettbewerbsbeschränkungen aufzunehmen.

cc. Qualitätswettbewerb

Streitig ist, ob auch die Qualitätsbestimmungen der Zünfte ein Mittel waren, den Wettbewerb der Zunftgenossen untereinander zu beschränken. Dabei werden unter Qualitätsbestimmungen heute Regelungen verstanden, die an die von den Zunftmitgliedern hergestellten Produkte gewisse Mindestanforderungen in bezug auf die Verarbeitung stellten[33]. Solche Bestimmungen aus den Kölner Gewerbeurkunden sollen hier zunächst dargestellt werden.

-... *12. Vort so en sal man geinrekunne eilgarn, id si geverwet noch ungeverwet, wirken noch usbereiden; dat is zo verstain alsuchen garn, dat gesoeden is of ungezwirnt geverwet is, want dat gein koufmansgoit en is, ind damit der koufman bedroegen wirt. Ind wie herweder dede, asmanichen dach, asmaniche ses s. zo boissen*[34].

-... *3. Item haent sij geboiden, dat man geinrelei guet van dem vurs ampte verkoufen en soele, id en sij gut koufmansguet. Ind sowa man dat anders bevunde, dat man dat brechen ind untzweislain suele, darzu dat dergien, de dat werk gemacht hette, van eime ieklichme stucke zweilf d. zu boissen gelden sall*[35].

Ennen sieht auch in den Qualitätsvorschriften der Zünfte Mittel zur Beschränkung des Wettbewerbs[36], Gierke dagegen vertritt die Auffassung, diese Bestimmungen seien Ausfluß des Ehrgefühls der mittelalterlichen Handwerker gewesen[37].

Gegen die Auffassung Gierkes, die Qualitätsvorschriften seien Ausfluß des Ehrgefühls der mittelalterlichen Handwerker gewesen, spricht gerade die große Anzahl dieser Bestimmungen[38]. So weist Keutgen zu Recht darauf hin, daß die Qualitätsvorschriften sich nicht immer und immer wiederholt hätten, wenn das durch sie zu bekämpfende Übel nicht ein schweres und unausrottbares gewesen wäre. Es sei nämlich entgegen Gierke falsch, sich den Handwerker des Mittelalters als einen

32. so auch Hof, S. 67 f., 217
33. vgl. dazu auch Wissell, Band II, S. 258 ff.; Ennen, S. 58 ff.
34. zit. nach Loesch, Band I, S. 48 ff. (50); Amtsbrief der Garnmacherinnen aus dem Jahre 1397
35. zit. nach Loesch, Band I, S. 114 ff. (115); Amtsordnung der Kannengießer aus dem Jahre 1385
36. Ennen, S. 59 m.w. einschlägigen Beispielen auf den folgenden Seiten
37. Gierke, S. 389
38. zur Vielzahl der Bestimmungen vgl. Ennen, S. 59 ff.; Wissell, Band II, S. 258 ff.

Idealisten vorzustellen, der den kanonischen Satz vom "pretium iustum" mit der Muttermilch eingesogen hatte. So ist gerade die Existenz von Qualitätsvorschriften ein Beweis dafür, daß es mit dem Ehrgefühl des mittelalterlichen Handwerkers nicht soweit hergewesen sein kann[39].

Auch der Ansatz von Ennen, in den Qualitätsvorschriften lediglich Mittel der Wettbewerbsbeschränkung zu sehen, trifft die Ursache für die Existenz dieser Regelungen nicht. So weist Loesch[40] nach, daß es den Zünften bei der Einführung der Qualitätsvorschriften im wesentlichen um ihre eigenen wirtschaftlichen Interessen im Außenwettbewerb ging. Nicht das Streben der Handwerker nach Gleichheit und damit eine wettbewerbsbeschränkende Gesinnung war die Ursache der Qualitätsvorschriften[41]; es ging vielmehr um die Sicherung des Absatzes aller Zunftgenossen der Stadt. Dies ergibt sich mit bemerkenswerter Klarheit aus dem Umstand, daß gerade diejenigen Kölner Zünfte mit besonderem Eifer über die Güte ihrer Produkte wachten, die auf den Export angewiesen waren[42]. Der Entwurf einer Arbeitsordnung der Kölner Wolldeckenweber enthielt sogar für zum Export bestimmte Ware besonders strenge, über die allgemeinen Anforderungen hinausgehende, Qualitätsbestimmungen[43].

Qualitätsvorschriften lassen sich daher nicht auf interne Wettbewerbsbeschränkungen zurückführen. Den Zünften ging es bei der Einführung dieser Vorschriften vielmehr um die Sicherung und Stärkung des gemeinsamen Absatzes. Diese Bestimmungen können somit entgegen der Auffassung Ennens nicht in die Reihe der wettbewerbsbeschränkenden Maßnahmen aufgenommen werden.

dd. Verbot des Werbens um Kunden

Auch heute als "Werbung" bzw. "Reklame" bezeichnete Formen des Bemühens um eine Erhöhung des Absatzes gab es schon im Zeitalter der Zünfte. Auch Werbung stellte für den Handwerker eine Möglichkeit dar, die eigenen Produkte besser zu verkaufen als der Zunftgenosse und damit den eigenen Umsatz auf Kosten der anderen Zunftmitglieder zu vergrößern. Es ist deshalb nicht verwunderlich, daß auch die Werbemöglichkeiten der Zunftmitglieder eingeschränkt wurden. Da sich für die

39. Keutgen, Ämter, S. 243, der aber erkennbar damit nicht die Aussage treffen will, daß dieses Gefühl schlechter ausgeprägt gewesen wäre als in den nachfolgenden Jahrhunderten und in der heutigen Zeit; die Auffassung Gierkes ebenfalls ablehnend Hof, S. 215

40. Loesch, Band I, S. 100 ff.

41. so aber Ennen, S. 59 ff.

42. so auch Loesch, Band I, S. 102 Fn. 3; ähnlich die nicht auf die Kölner Zünfte beschränkten Ausführungen bei Wissell, Band II, S. 258 und Hof, S. 214 ff., der ergänzend darauf hinweist, daß die Qualitätsbestimmungen auch innerhalb der Stadt geeignet waren, die Güte der von Zunftmitgliedern hergestellten Produkte im Verhältnis zu den Erzeugnissen der Selbstversorger und Nichtmitglieder zu betonen

43. Loesch, Band I, S. 103

einzelnen Wettbewerbshandlungen zum damaligen Zeitpunkt anscheinend noch kein abstrakter Oberbergiff gebildet hatte[44], beschrieben die jeweiligen Zunftordnungen genau die verbotenen Handlungen. So wurde den Straßburger Webermeistern untersagt, Kunden um Arbeit zu bitten[45] und bei den Schwarzfärbern Straßburgs sollte "kein meister dem andern seine Kunden abwendig machen, noch hin und wider in den allhiesigen gäden umb arbeit ansuchen und also einer den andern vorlaufen"[46]. Auch den Kölner Hutmachern wurde in ihrer Satzung aus dem Jahre 1378 verboten, ihr Werk (reklamehaft) weit herauszuhängen[47]:

- *...21. Ouch so in sal neman ingein were vorder hangen, dan sine halle vur sijmre dore reichit. We dawieder dede, de gilt eine m. asdicke he damit bevunden wirt.*

Ein uneingeschränktes Recht zum Werben um Kunden hätte einzelnen Zunftmitgliedern die Möglichkeit gegeben, ihren Umsatz auf Kosten anderer Zunftmitglieder auszudehnen. Die vorstehend geschilderten Einschränkungen schützten somit nicht nur die potentiellen Kunden vor Belästigungen. Sie dienten auch dazu, andere Zunftmitglieder vor Wettbewerbsnachteilen zu schützen[48]. Daher handelte es sich bei ihnen um wettbewerbsbeschränkende Regelungen innerhalb der Zünfte.

b. Verbindungsverbote

Neben den oben angeführten Beschränkungen des Wettbewerbs, die in der heutigen Zeit grundsätzlich keine Entsprechung mehr haben[49], finden sich in den Kölner Zunftordnungen wie auch in anderen Zunftordnungen, so z.B. der der Schneider Wiens aus dem Jahre 1340[50], das Verbot, sich mit anderen zu einer Gesellschaft zu verbinden; ein Verbot, das seiner äußeren Form nach an die entsprechende Regelung des § 112 HGB erinnert, da den Mitgliedern der Gesellschaftsform Zunft die Gründung von und die Teilnahme an weiteren Gesellschaften verboten wurde. Beispielsweise bestimmte der Zunftbrief der Kölner Fischhändler von 1505[51]:

- *21. Item id en sall ouch gein vischmenger, sovill den groenen vischmart antreffende ist, mit einichen Overlenderen of Nederlenderen geselschaft haven, sunder men sall iderman sine vische selfs unbekroent zo vellen marte brengen laissen. Ind wer daeweder dede, der sall, soducke sulchs geschege, 10 overlendische rijnsche gl. ...*

---

44. vgl. dazu die Darstellung bei Wissell, Band II, S. 294 ff., Ennen, S. 66 ff. und Hof, S. 225 ff., wo ein zeitgenössischer Begriff ebenfalls nicht erwähnt wird
45. Wissell, Band II, S. 295; zum "Bitten um Arbeit" siehe auch Hof, S. 227
46. zit. nach Wissell, Band II, S. 295 f. (aus den Artikeln der Straßburger Schwarzfärber von 1629); vergleichbare Beispiele bei Hof, S. 227
47. zit. nach Loesch, Band I, S. 111; weitere Nachweise über diese Formen der Wettbewerbsbeschränkung bei Mickwitz, Kartellfunktion, S. 22, 46
48. Hof, S. 226
49. vgl. jedoch für die Genossenschaft Sandrock, S. 78 Fn. 2
50. vgl. dazu Wissell, Band II, S. 300
51. zit. nach Loesch, Band II, S. 534

Die Satzung der Kölner Hutmacher von 1378 bestimmte:[52]

- ... *10. Vortme so hain wir verdragen, dat geine zwene man van onsen broderen geselschaft samen haven in soelint noch in eime huis samen wirken in soelint. Ind sowe herwieder dede, de gilt zo buissen zwa m.*

Verboten war danach -wie insbesondere das zweite Beispiel zeigt- nicht nur die Verbindung zu einer Gesellschaft mit Personen, die außerhalb der Zunft standen. Untersagt waren vielmehr auch Verbindungen von Zunftgenossen untereinander. Daher waren diese Verbote nicht vorrangig darauf gerichtet, das Eindringen von "Ungenossen" in den Handel zu verhindern[53]. Ziel der Verbote war es vielmehr, die Entstehung wettbewerbsstarker Verbindungen, die den anderen Zunftmitgliedern Konkurrenz machen konnten, zu verhindern[54]; es handelte sich damit um ein wegen der Mitgliedschaft in einer Zunft zwischen den einzelnen Zunftmitgliedern bestehendes Verbindungsverbot.

4. Wettbewerbsverbote und -beschränkungen in den Zünften als Ausdruck gesellschaftlicher Treuepflichten?

Wettbewerbsverbote und -beschränkungen gab es in den Zünften also in Form von Regelungen über die Produktionskapazität und Angebotsmenge sowie als Verbote des Werbens um Kunden und als Verbindungsverbote. Weitere hier untersuchte Regelungen haben dagegen keinen spezifisch wettbewerbsregulierenden Gehalt.

Fraglich ist, auf welche Überlegungen sich die einschlägigen Regelungen zurückführen lassen; insbesondere, ob diese Überlegungen mit dem Treuegedanken, der heute als Grund für die Existenz von Wettbewerbsverboten zwischen den Gesellschaftern einer Gesellschaft angeführt wird, Gemeinsamkeiten besitzen.

a. Herkömmliche Auffassungen

aa. Die Ansicht Gierkes

Nach Gierke übertrugen die Zünfte den Grundgedanken der sittlichen Genossenschaft auf das Gebiet der gewerblichen Arbeit. Daraus habe sich unter anderem das Bestreben ergeben, die freie Konkurrenz unter den Genossen auszuschalten, um so die Durchführung des -nach Gierke- entgegengesetzten Gedankens der Freiheit und Brüderlichkeit zu gewährleisten[55]. Gierke sieht also den Grund für die zuvor beschriebenen Wettbewerbsbeschränkungen und -verbote in dem Versuch, das Prinzip

---

52. zit. nach Loesch, Band I, S. 100; von ähnlichen Beschränkungen in anderen Städten berichten m.w.N. Weider, S. 430 f., 434f. und Ennen, S. 66 ff.
53. Das allerdings legen die bei Weider, S. 441 geschilderten Beispiele nahe. Den Kölner Hutmachern war aber, dies zeigt das zweite Beispiel ohne Zweifel, gerade die Verbindung mit eigenen Genossen verwehrt (geine zwene man van onsen broderen).
54. so auch Hof, S. 166; weitere Beispiele bei Ennen, S. 79 ff.
55. Gierke, S. 388

der Gleichheit und Brüderlichkeit unter den Zunftgenossen zu verwirklichen. Damit führt er -wenn auch mit seiner Zeit entsprechenden Worten- die Regelungen über Wettbewerbsverbote in den Zünften auf die Existenz einer besonderen Treuepflicht unter den Zunftgenossen (Brüderlichkeit) zurück.

bb. Die Auffassung Webers

Weniger idealistisch sieht Max Weber den Grund für die Existenz von Wettbewerbsverboten und -beschränkungen innerhalb der Zünfte. Er führt diese Regelungen nicht auf bestehende Treuepflichten innerhalb der Gesellschaft "Zunft" zurück, sondern vertritt die Ansicht, daß diese Verbote nur gesamtgesellschaftlich zu erklären seien. Nach Webers Auffassung ist es ein Kennzeichen jeder ständischen Gesellschaft, daß sie konventional ist, d.h. durch Regeln der Lebensführung geordnet und dadurch u.a. ökonomisch irrationale Konsumbedingungen schafft. Auf diese Weise verhindere sie durch die Ausschaltung der freien Verfügung über die eigene Erwerbstätigkeit die freie Marktbildung[56]. Nach Weber sind also die Wettbewerbsverbote und Beschränkungen zwischen den einzelnen Zunftgenossen typischer Ausdruck der ständischen Gesellschaft.

cc. Meinungen im sonstiges Schriftum

Das übrige Schrifttum enthält -soweit ersichtlich- keine eindeutige Stellungnahme zu den geistigen Grundlagen der hier behandelten Erscheinungsformen von Wettbewerbsverboten und -beschränkungen.

Weider bezeichnet diese Vorschriften als solche, die den einzelnen Genossen nach Möglichkeit die gleichen Voraussetzungen für ihre wirtschaftliche Existenz bieten sollten[57]; Keutgen führt sie auf die Konkurrenzfurcht der einzelnen Zunftmitglieder zurück[58] und Loesch spricht davon, daß die Bestimmungen der Sicherung des Auskommens des Durchschnittsbürgers dienten[59]. Fehlt bei diesen Autoren somit eine ausdrückliche Stellungnahme zu den Verboten im Sinne einer Darlegung der Gründe für ihre Existenz, so spricht doch viel dafür, daß auch diese Autoren von der Existenz einer Treuepflicht zwischen den einzelnen Zunftmitgliedern ausgehen und die Verbote und Beschränkungen darauf zurückführen. Andernfalls könnten sie nicht erklären, warum der einzelne Zunftgenosse zugunsten eines anderen Zunftgenossen auf die wirtschaftliche Expansion verzichten mußte.

Hagen Hof lehnt es dagegen ausdrücklich ab, die wettbewerbsbeschränkenden Regelungen innerhalb der Zünfte auf bestimmte Prinzipien zurückzuführen. Solche Prinzipien seien lediglich, so Hof wörtlich, "heuristische Krücken der späteren wissenschaftlichen Deutung und Darstellung", untauglich, die jeweilige historische Situation zu erfassen, die sich aus dem Wortlaut der Quellen ergebe[60].

56. Weber, Wirtschaft, S. 180
57. Weider, S. 403
58. Keutgen, Ämter, S. 252
59. Loesch, Band I, S. 109
60. Hof, S. 174 f.

b. Stellungnahme

Entgegen der von Hof geäußerten Auffassung kann nicht darauf verzichtet werden, nach gemeinsamen Grundlagen für die wettbewerbsbeschränkenden Regelungen innerhalb der Zünfte zu suchen. Selbstverständlich hat, wie Hof zu Recht ausführt, jedes einzelne Verbot seinen konkreten historischen Hintergrund. Dies entbindet jedoch nicht von der Pflicht zur Suche nach gemeinsamen -übergeordneten- Gründen für die Existenz der Wettbewerbsverbote und -beschränkungen. Daß es eine solche Grundlage nicht gibt, ist lediglich eine Behauptung Hofs, für die er keinen Beweis antritt. Gegen seine These sprechen die Vielzahl der im hier behandelten Zeitraum bekannten Verbote. Hätten diese keine gemeinsame Grundlage besessen, wäre nicht zu erklären, warum sie während des hier behandelten Zeitraums überall anzutreffen waren.

Die Gründe für die Existenz von Wettbewerbsverboten und -beschränkungen zwischen den einzelnen Mitgliedern einer Zunft ergeben sich meines Erachtens aus der Analyse der in diesem Zeitraum in Nürnberg geltenden Regelungen. Nürnberg kannte in der fraglichen Zeit keine Zünfte[61]. Seine Gewerbeordnung entsprach nach der Niederwerfung der Zunftbewegung im 14. Jahrhundert der einer obrigkeitlich dirigierten Planwirtschaft[62]. Dennoch kannte Nürnberg Bestimmungen, welche denen einer mittelalterlichen Stadt mit Zunftwirtschaft glichen. So durfte, wie Lentze unter Berufung auf die von ihm ausgewerteten Nürnberger Gewerbeurkunden ausführt, auch in Nürnberg jeder Meister nur eine bestimmte Anzahl Gesellen haben[63], weiterhin bestand das Verbot der Bildung von Gesellschaften untereinander[64]. Obwohl es also in der Stadt keine Zünfte oder ähnlich strukturierte Organisationen gab, traf der Nürnberger Rat Regelungen, die denen Kölns vergleichbar waren. Dies wird auf das Bemühen des Rates zurückgeführt, Ansätze einer frühindustriellen, d.h. durch die Aufnahme einer großen Zahl von Gesellen in die Betriebe geprägten, Entwicklung insbesonder im metallverarbeitenden Gewerbe der Stadt Nürnberg zu stoppen[65]. Damit zeigt das Beispiel Nürnbergs, daß die Wettbewerbsregeln innerhalb der Kölner Zünfte und damit innerhalb der Zünfte allgemein sich nicht auf die Existenz einer besonderen Treuepflicht zwischen den Zunftmitliedern zurückführen lassen. Diese Verbote und Beschränkungen können nur als Ausdruck allgemeiner,

61. "Und soll auch kein zunft, noch kein verbuntnesse, noch keinerlei sache da sein noch bleiben, dann als die stat von alter herkommen ist, untz an den tag und die zeit, als sie uns enpfremdet ist"
Urkunde Karls IV vom 13. Juli 1349, Bay. Hauptstaatsarchiv München, Reichsstadt Nürnberg Urkunden Nr. 750, zit. nach Lehnert, S. 73
62. Lentze, S. 253 f.; vgl. dazu auch Fuhrmann, S. 19 f. und Schultheiß, Nürnberger Ortsrecht, S. 8 f.
63. Lentze, S. 236 unter Berufung auf das Satzungsbuch III/C (von 1313 bis ca. 1355) des Bayrischen Staatsarchiv Nürnberg, Amts- und Standbuch Nr. 227, f. 19
64. Lentze, S. 236 unter Berufung auf die Satzungsbücher III/C (vgl. Fn. 63) 125 a-f, 218 und V/D (von ca. 1380 bis 1400) des Bayrischen Staatsarchiv Nürnberg, Amts- und Standbuch Nr. 229, 197
65. Lentze, S. 234, 236

gesamtgesellschaftlicher Überzeugungen der ständischen Gesellschaft verstanden werden. Danach war es unangebracht, wenn ein Mensch -in den hier behandelten Fällen ein städtischer Handwerker- durch übergroßen Reichtum seinem Stande entwuchs. Dies zu verhindern war Zweck der dargestellten Regelungen, nicht etwa die Existenz einer besonderen Treuepflicht der einzelnen Zunftgenossen untereinander. Letztlich ist daher der Auffassung Webers zuzustimmen, der die Wettbewerbsverbote innerhalb der Zünfte auf das Bestreben der ständischen Gesellschaft zurückführt, die bestehenden sozialen Strukturen zu erhalten.

Diese Erklärung Webers stimmt, was sie zusätzlich bestätigt, mit einer in der heutigen Geschichtswissenschaft anzutreffenden Zustandsbeschreibung der ständischen Gesellschaft überein. Danach begriff sich die Gesellschaft des Spätmittelalters und der frühen Neuzeit als ständische Gesellschaft, in der jeder einzelne durch Geburt oder Privileg Mitglied eines Standes war und aufgrund dieser Zugehörigkeit Anspruch auf die ihm zukommende, vom Stand monopolisierte, Lebenschance besaß, mit der er sich aber auch zu begnügen hatte.[66] Durch die Verhinderung der wirtschaftlichen Expansion einzelner Zunftmitglieder fixierten die Wettbewerbsverbote die Zunftgenossen in ihrem Stand und verhinderten zugleich, daß andere Zunftmitglieder, denen durch die wirtschaftliche Expansion einzelner Handwerker die Marktchancen genommen worden wären, ihre Lebenschance nicht mehr realisieren konnten.

Zur Rechtfertigung dieser Beschränkung der Erwerbsfreiheit konnte die an antiken Vorbildern orientierte mittelalterliche Soziallehre[67] u.a. auf Platon verweisen, der ausführte:

Wenn aber einer seiner Natur nach ein Handwerker oder sonst ein Geschäftsmann ist, dann aber reich wird und sein Geschäft ausdehnt...so ist doch eine solche Verwirrung der Stände und eine solche Vielgeschäftigkeit gewiß ein Verderb für den Staat?[68]

Diese Gedanken geben, wenn auch eine ausdrückliche Verknüpfung mit den innerhalb der Zünfte existierenden Wettbewerbsbeschränkungen durch die spätmittelalterliche und frühneuzeitliche Scholastik nirgends ersichtlich ist, den eigentlichen Grund für die Wettbewerbsbeschränkungen innerhalb der Zünfte zutreffend wieder, dienten sie doch der Soziallehre in der Zeit der Zünfte als Ausgangspunkt für ihre Reflexionen über den Ständestaat[69].

II. Wettbewerbsverbote in den Handelsgesellschaften

Auch in den großen süddeutschen Handelsgesellschaften der ständischen Gesellschaft begegnen uns Wettbewerbsverbote für die einzelnen Gesellschafter einer Gesellschaft

---

66. Oexle, S. 19 ff.; Dülmen, S. 102
67. zum Einfluß der antiken auf die scholastische Philosophie siehe Conrad, Band I, S. 296; Oexle, S. 21 f.; Eisenhardt, Rechtsgeschichte, Rn. 43
68. Platon, S. 434
69. zur Kontinuität der Stände-Reflexion vgl. Oexle, S. 21 ff.

untereinander. Diese treten schon im 14. Jahrhundert auf und sind im 15. und 16. Jahrhundert, also in der Blütezeit der Fernhandelsgesellschaften[70], zumindest in Süddeutschland in fast allen größeren Fernhandelsgesellschaften zu finden[71].

1. Die Regelung der Wettbewerbsverbote in Süddeutschland

Wettbewerbsverbote lassen sich für die Hauptgesellschafter fast aller süddeutschen Fernhandelsgesellschaften nachweisen. Bevor hier die Einzelprobleme dieser vertraglichen Wettbewerbsverbote diskutiert werden, sollen sie zunächst in ihrem Wortlaut und in ihrer systematischen Stellung im Gesamttext des jeweiligen Vertrages dargestellt werden[72].

a. Eindeutige Regelungen

Im folgenden werden zunächst die erhaltenen Vertragstexte dargestellt, die schon dem Wortlaut nach Wettbewerbsverbote zwischen den Gesellschaftern enthielten.

aa. (Nr.1) Meutingervertrag von 1436

Mit einem kleinen, von seinem Vater geerbten Vermögen begann Hans Meuting seine kaufmännische Laufbahn. In den dreißiger Jahren des 15. Jahrhunderts gründete er mit seinen heranwachsenden Söhnen die vorwiegend mit dem deutsch - venezianischen Handel beschäftigte Meutingsche Gesellschaft. Diese bedeutenste Augsburgische Gesellschaft ihrer Zeit nahm, anders als etwa später die Fugger, von Anfang an oder doch sehr bald auch nicht zur Familie Meuting gehörende Gesellschafter auf[73]. Am 4. Oktober 1436 schlossen Hans Meuting d.Ä., Ulrich und Hans d.J. Meuting, Claus Grander, Conrad Raud und Ludwig Hörnlin, allesamt Augsburger Bürger, für die Dauer von fünf Jahren einen Gesellschaftsvertrag. Dieser Vertrag enthielt im fortlaufenden Vertragstext ein Wettbewerbsverbot. In dem diesem Verbot vorausgehenden Satz wurden Regelungen über die Einlagepflicht der Gesellschafter getroffen, der dem Wettbewerbsverbot nachfolgende Satz regelte die Aufteilung von

---

70. Swoboda, S. 6; Lutz, Struktur, Band I S. 20
71. Swoboda, S. 6. Zwar spricht Swoboda in diesem Zusammenhang auch von Wettbewerbsverboten in Nordeutschland, kann dann aber auf S. 9 für Lübeck nur ein ausdrückliches Wettbewerbsverbot erwähnen, auf das im folgenden noch eingegangen wird. Letztlich besteht zwischen der Aussage Swobodas und den hier noch zu treffenden Feststellungen aber kein Widerspruch, da Swoboda auch die hier nicht interessierenden Wettbewerbsverbote für Angestellte mitbehandelt. Diese waren tatsächlich auch in Norddeutschland häufig anzutreffen.
72. Zwar sind diese Verträge fast vollständig bei Lutz, Struktur, Band II dokumentiert, die Erörterung von Einzelproblemen dieser Verträge ohne genaue Kenntnis des Wortlautes und der Stellung der Regelungen über die Wettbewerbsverbote im Gesamtzusammenhang des Vertragstextes erscheint jedoch nicht sinnvoll
73. zur Geschichte und Bedeutung der Meutingschen Gesellschaft siehe Strieder, Genesis, S. 97 f.

Gewinn und Verlust und die Bindungswirkung der Rechnungslegung[74]. Der das Wettbewerbsverbot regelnde Satz des Vertrages bestimmte:

- *Es sol auch unser dhainer under uns dhainerley kauffmanschafft noch gewerbe tryben durch sich selber noch durch ander lewt im selbs zunutz und ze fromen unerlaubt unser gesellschaft so lang die weret haimlich noch offenlich noch in dhainen wege one als geurd.*

Untersagt war den Gesellschaftern der Meutingschen Gesellschaft demnach das Betreiben von "kauffmanschafft" und "gewerbe", wobei der Ausdruck "kauffmanschafft" Handel bedeutete[75] und mit "gewerbe" jeder zum Lebensunterhalt betriebene Beruf bezeichnet wurde[76]. Nach dem Vertragstext der Meutingschen Gesellschaft von 1436 war den Gesellschaftern also jede Erwerbstätigkeit außerhalb der Gesellschaft untersagt. Eine Erwerbstätigkeit durften sie, wie sich aus der Wendung "noch durch ander lewt" ergibt, auch nicht durch Dritte ausüben. Die Dauer des Wettbewerbsverbotes war mit der Laufzeit des Gesellschaftsvertrages identisch[77].

bb. (Nr.2) Weißhauptvertrag von 1491
Die Bibracher Bürger Wilhelm Weißhaupt und Hans Schreiber sowie der Ulmer Valentin Dietmar schlossen am 8. Februar 1491 für viereinhalb Jahre einen Gesellschaftsvertrag, der ein in einem eigenständigen Absatz geregeltes Wettbewerbsverbot enthielt. In dem diesem Absatz vorangestellten Absatz des Vertrages wurden Regelungen über die Aufgaben der Gesellschafter getroffen und ihre Verpflichtung zu treuem, aufrechten und redlichem Handeln betont. In dem dem Wettbewerbsverbot nachfolgenden Absatz des Vertragstextes verspricht Wilhelm Weißhaupt die Überlassung der zum Betrieb der Gesellschaft benötigten Räume[78]. Das Wettbewerbsverbot im Vertrag der Weißhauptgesellschaft, über die es mit Ausnahme des Vertragstextes keine weiteren Informationen gibt[79], hatte folgenden Wortlaut:

- *Es soll auch unnser dhainer unnder unns die obgestimbte zyt und anzal jar uß gar kainen gewerb, oder handthirung für sich selber nit triben noch handeln dardurch dan diß unnser gemain unnd gesellschaft gemindert unnd gehindert werden mecht, on wissen unnd vergunsten der anndern dhains wegs füro unnd damit wir söllich unnser gemain unnd gesellschaft dester fügklicher unnd unnsern erben zu mer*

74. der vollständige Vertragstext ist abgedruckt bei Lutz, Struktur, Band II S. 2 ff. (Wettbewerbsverbot Z. 43-48) und Strieder, Genesis, S. 220 ff. (Wettbewerbsverbot S. 221)
75. vgl. Schirmer, S. 97
76. Rechtswörterbuch, S. 739
77. "so lang die weret"
78. der vollständige Vertragstext ist abgedruckt bei Lutz, Struktur, Band II S. 9 ff. (Wettbewerbsverbot S. 13 Z. 132-140) und Strieder, S. 27 ff. (Wettbewerbsverbot S. 31 f.)
79. vgl. Strieder, S. 18

fruchtbarlicherm nutz werben unnd hanndeln mugen, so haben wir unns veraint unnd verpflicht.

Da der Ausdruck "handthirung" "Handel treiben" bedeutete[80], war auch den Gesellschaftern der Weißhauptgesellschaft, denen der Gesellschaftsvertrag "handthirung" und "gewerb" verbot, jede Erwerbstätigkeit außerhalb der bestehenden Gesellschaft untersagt[81]. Von der Einhaltung dieses auf die Laufzeit der Gesellschaft befristeten Verbotes[82] konnten die anderen Gesellschafter zumindest in ihrer Gesamtheit Ausnahmen zulassen. Dies folgt aus dem Umstand, daß nur die "on wissen und vergunsten der anndern" betriebene Erwerbstätigkeit verboten war.

cc. (Nr.3) Koler-Kressvertrag um 1500

Die zu Anfang des 16. Jahrhunderts zwischen Georg Koler und Jörg Kress aus Nürnberg sowie dem Mailänder Ambrosius von Saranno für die Dauer von vier Jahren gegründete Koler-Kressgesellschaft befaßte sich im wesentlichen mit dem Export Nürnberger Metallwaren nach Mailand[83]. Auch der Vertrag dieser Gesellschaft enthielt in einem gesonderten Absatz der Vertragsurkunde ein Wettbewerbsverbot. In dem diesem Verbot vorausgehenden Absatz des Vertrages wurden Regelungen über die Treuepflicht der Gesellschafter getroffen, der dem Verbot nachfolgende Absatz des Vertrages enthält Regelungen über den Pferdekauf bei Reisen im Dienste der Gesellschaft[84]. Das Wettbewerbsverbot hatte folgenden Wortlaut:

- *Item zw dem zehenden so soll unsser keiner nitt sunder gwerb noch handell (nicht) haben (soll) dan mitt willen und gunst der andern mitt wissen im zw geben und erlauptt wurd ungefulichen ungefferlichen.*

Auch im Vertrag der Koler-Kressgesellschaft findet sich somit das durch die Wendung "gewerb noch handell" umschriebene Verbot jeder Erwerbstätigkeit außerhalb der Gesellschaft[85]. Die anderen Gesellschafter hatten jedoch die Möglichkeit, eine solche ansich verbotene Erwerbstätigkeit zu erlauben. Über die Dauer des Wettbewerbsverbotes wurde in dem einschlägigen Absatz des Vertrages keine Aussage getroffen.

dd. (Nr.4) Grander-Rehlingervertrag von 1511

Auch der am 24. Juli 1511 zwischen den Augsburger Bürgern Endris Grander, Conrad Rehlinger, Hans und Peter Hanolt für die Dauer von fünf Jahren geschlossene Gesellschaftsvertrag enthielt in einem eigenständigen Absatz ein Wettbewerbsverbot.

---

80. Schirmer, S. 82
81. vgl. dazu die Erläuterungen zu Vertrag Nr. 1
82. "die obgestimbte zyt und anzal jar"
83. Schulte, Band I, S. 587 f.
84. der vollständige Vertragstext ist abgedruckt bei Lutz, Struktur, Band II S. 21 ff. (Wettbewerbsverbot S. 23 f. Z. 69-72) sowie, in sprachlich modernisierter Form, bei Schulte, Band II, S. 270 ff. (Wettbewerbsverbot S. 271); die hier eingeklammerten Worte sind im Originaltext gestrichen
85. siehe dazu die Erläuterungen zu den Verträgen Nr. 1 und 2

Im vorhergehenden Absatz wurde die Aufnahme weiterer Gesellschafter in die Gesellschaft verboten, in dem dem Wettbewerbsverbot nachfolgenden Absatz wurde den Gesellschaftern das Bürgen und das Verleihen von Geld untersagt[86].

- (3) Item eß ist auch weytter geschlossenn wordenn daß kainer nicht inn sunder haytt soll handlen ausser halb der gesellschafft weder umb wenig nnoch umb fyll daß kauffmanschafft ann treff sunder fergunst unnd wyllenn wysenn yrer gessellenn so lanng unnd piß dye zeytt ferschinen yst so unnd wir zw samen ferpunden seyen allss dreylech ungeflich.

An diesem Verbot des Grander-Rehlingervertrages, das auf die Laufzeit der Gesellschaft befristet war[87]und von dem die Mitgesellschafter Befreiung erteilen konnten[88], ist im Vergleich zu den zuvor behandelten Gesellschaftsverträgen bemerkenswert, daß das Verbot des Betreibens eines "gewerb" in diesem Vertrag nicht enthalten war. Verboten war den Gesellschaftern der Grander-Rehlingergesellschaft somit nicht jede Erwerbstätigkeit außerhalb der Gesellschaft, sondern lediglich der Kaufmannshandel[89].

ee. (Nr.5) Höchstettervertrag von 1524

Der am 1. Januar 1524 für die Dauer von acht Jahren geschlossene Gesellschaftsvertrag der vorwiegend im Tuch- und Erzhandel engagierten Höchstettergesellschaft, deren Gesellschafter überwiegend aus Augsburg, teilweise aber auch aus Nürnberg stammten, regelte das Wettbewerbsverbot für die Gesellschafter am Ende eines Absatzes, der zuvor die Verpflichtung der Gesellschafter zu gewissenhaftem Arbeitseinsatz und zur Rechnungslegung enthält[90].

-... und sonnst sich kains anndern hanndl underston noch tryben, dan alen was unnser gemainen hanndl betreffen ist.

Der äußerst knappen Regelung des Wettbewerbsverbotes im Höchstettervertrag läßt sich lediglich entnehmen, daß die Gesellschafter außerhalb der gemeinsamen Gesellschaft keinen "hanndl" betreiben durften. Dagegen fehlt in diesem Vertrag das üblicherweise[91] durch den Ausdruck "gewerb" umschriebene umfassende Verbot jeder Erwerbstätigkeit ebenso wie eine ausdrückliche Befristung des Wettbewerbsverbotes auf die Laufzeit des Gesellschaftsvertrages.

86. der vollständige Vertragstext ist abgedruckt bei Lutz, Struktur, Band II S. 29 ff. (Wettbewerbsverbot S. 31 Z. 76-81)

87. "so lanng und piß dye zeytt ferschinen yst"

88. "sunder fergunst unnd wyllenn wysenn yrer gessellenn"

89. "handelen...,daß kauffmanschafft an treff"

90. der vollständige Vertragstext ist abgedruckt bei Lutz, Struktur, Band II S. 39 ff. (Wettbewerbsverbot S. 45 Z. 175-177) und Mayer, S. 113 ff. (Wettbewerbsverbot S. 117); zur Gesellschaft siehe auch Kern in AfK 26, 182 ff.

91. vgl. die entsprechenden Bestimmungen in den Verträgen Nr. 1 und 2

ff. (Nr.6) Rietwieservertrag von 1525

Am 30. Dezember 1525 schlossen der aus Würzburg stammende Leipziger Bürger Kilian Rietwieser und der Antwerpener Joachim Pruner in Antwerpen einen Gesellschaftsvertrag mit zwölfjähriger Laufzeit. Das in diesem Vertrag geregelte Wettbewerbsverbot ist in einem besonderen Absatz enthalten. In dem vorhergehenden Absatz des Vertrages wurden Regeln über die Einlagen der Gesellschafter getroffen. Der dem Wettbewerbsverbot nachfolgende Absatz traf u.a. Bestimmungen über die Haftung für aufgenommene Kredite[92].

"Waytter, das kainer von unß beyden in zaytt der 12 jaren ader so lang wir im handel bieeinander sein, macht habenn, ausserhalb ditz vertrags zw handelen ader kauffmanschatz wenich noch vil zw trieben, noch fur sich handelen lassen ader einyche unterwisung noch ansleg geben ander zw underrichtenn, domit man gelt mit gewinen ader verliren mach. Nitz außgeslossen, es wer dan mit erlaupttnis, gunst und gutten willen des anderen beschen. Sunst in kain weg nit."

Bei dem auf die Laufzeit des Gesellschaftsvertrages befristeten, mit einer Befreiungsmöglichkeit versehenen, Wettbewerbsverbot des Rietwieservertrages fällt auf, daß den Gesellschaftern verboten war, selbst "zw handelen ader kauffmanschatz" zu treiben, während bei Einschaltung eines Dritten lediglich das "handelen lassen" untersagt war. Es stellt sich daher die Frage, ob der Ausdruck "kauffmanschatz" eine eigenständige Bedeutung besaß. Wäre dies der Fall, so hätte in der Rietwiesergesellschaft für den Fall einer eigenen Konkurrenztätigkeit der Gesellschafter ein weiterreichendes Verbot gegolten als im Falle der Einschaltung eines Dritten zum Betrieb des Konkurrenzgeschäftes. Meines Erachtens kann nicht davon ausgegangen werden, daß dem Verbot "kauffmanschatz zw trieben" eine eigenständige Bedeutung neben dem Verbot "zw handelen" zukam. Der Begriff "kauffmanschatz" ist nach Schirmer identisch mit dem Begriff "Handel"[93]. Das Verbot des Rietwieservertrages lautet demnach dahin, "außerhalb dieses Vertrages zu handeln oder Handel zu treiben". Zwar mag darin eine überflüssige Verdoppelung des Verbotes gelegen haben, dies ist jedoch angesichts anderer für die hier vorgenommene Auslegung sprechender Tatsachen kein durchgreifendes Argument gegen die Ansicht, der Ausdruck "kauffmanschatz" habe keine selbständige Bedeutung gehabt. So spricht für diese Auslegung auch, daß andernfalls das Wettbewerbsverbot im Falle eines selbst betriebenen Konkurrenzhandels strenger gewesen wäre, als wenn dieser Handel durch Dritte betrieben worden wäre. Dies ergäbe jedoch schon deshalb keinen Sinn, weil im weiteren Text des Rietwieservertrages das Verbot enthalten ist, Dritte zu unterweisen oder zu unterrichten. Offenbar fürchteten die Gesellschafter die Weitergabe von Kenntnissen ihres Handels so, daß sie eine Unterbindung der Weitergabe dieser Kenntnisse an Dritte als notwendig ansahen. Dann wäre es aber widersinnig gewe-

92. allgemein zur Geschichte dieser Gesellschaft Strieder, Antwerpener Notariatsarchiv, S. XXXI Fn. 2 und S. 43 Fn. 1; der Vertrag dieser Gesellschaft ist abgedruckt bei Strieder, a.a.O., S. 413 ff. (Wettbewerbsverbot S. 414) und Lutz, Struktur, Band II S. 49 ff. (Wettbewerbsverbot S. 50 f. Z. 52-60)

93. Schirmer, S. 92

sen, dem Gesellschafter im Falle der Einschaltung eines Dritten in weitergehendem Umfang Konkurrenztätigkeit zu erlauben als bei alleinigem Handeln dieses Gesellschafters, führt doch die Einschaltung einer weiteren Person in den Konkurrenzhandel regelmäßig dazu, daß diese auch Kenntnisse von den Geschäften der Gesellschaft erhält.

gg. (Nr.7) Imhoffvertrag von 1527
Am 26. Juli 1527 schlossen die insgesamt acht Gesellschafter der Imhoffgesellschaft ihren auf die Dauer von vier Jahren angelegten Gesellschaftsvertrag. Die Mitglieder dieser Gesellschaft waren, obwohl teilweise Augsburger und teilweise Nürnberger Bürger, allesamt Mitglieder des Geschlechts der Imhoffer, einer ursprünglich aus Laugingen stammenden Familie, die seit dem Ende des 14. Jahrhunderts in Nürnberg und Augsburg ansässig war. Somit handelte es sich bei der Imhoffgesellschaft trotz der Herkunft ihrer Gesellschafter aus verschiedenen Städten um eine reine Familiengesellschaft[94].

Das im Imhoffvertrag enthaltene Wettbewerbsverbot befindet sich in einem Absatz, in dem auch andere Verpflichtungen der Gesellschaft geregelt waren[95].

-..., es sol auch unsser kainer kein besonderen handel treiben oder haben, fur siech oder ander, es wer im dan von der merreren menigk der geselschafft erlaubt...

Verboten war den Gesellschaftern der Imhoffgesellschaft somit lediglich der Handel außerhalb der bestehenden Gesellschaft, nicht dagegen jede Erwerbstätigkeit, da der Vertragstext ein Verbot von "gewerb" nicht enthielt. Der Handel war nicht nur für den Fall untersagt, daß der Gesellschafter dies für sich selbst tat, sondern auch für den Fall, daß er Handel für einen Dritten betreiben wollte. Von diesem vertraglich vereinbarten Wettbewerbsverbot konnte durch Mehrheitsbeschluß der Gesellschafter Befreiung erteilt werde[96].

hh. (Nr.8) Haugvertrag von 1531
Am 1. September 1531 schlossen Anton Haug d.Ä., Hans Langenauer und Ulrich Link mit einigen in zweiter Linie Beteiligten für die Dauer von sechs Jahren einen Gesellschaftsvertrag. Da sie als Teilhaber auch eine Anzahl ihrer Handlungsdiener aufnahmen, bestand die Gesellschaft aus insgesamt siebzehn Gesellschaftern; sie hatte zudem Faktoren in Antwerpen, Venedig, Köln, Nürnberg, Ulm und Schwatz in Tirol. Aus Venedig bezog die Gesellschaft Gewürze, Seidenwaren und Baumwolle, aus Schwatz Kupfer und Silber und aus Antwerpen Gewürze und englisches Tuch. In Ulm und Augsburg ließ sie die Baumwolle verweben und schickte diese dann nach

---

94. vgl. dazu den bei Lutz, Struktur, Band II S. 60 ff. abgedruckten Vertragstext (Angaben zur Laufzeit und zur Herkunft der Gesellschafter auf S. 60 Z. 1-10); zum Augsburger Geschlecht der Imhoffer Strieder, Genesis, S. 50 f.; zu den Nürnberger Imhoffern Ehrenberg, S. 237 ff.
95. abgedruckt bei Lutz, Struktur, Band II S. 60 ff. (Wettbewerbsverbot S. 68 Z. 251-254)
96. "merreren menigk"

Antwerpen. Daneben machte die Gesellschaft, teils in Zusammenarbeit mit anderen Handelshäusern, auch reine Geldgeschäfte[97]. In einem gesonderten Absatz des Haugvertrages findet sich ein Wettbewerbsverbot für die siebzehn Gesellschafter der Gesellschaft. In dem dem Verbot vorausgehenden Absatz wurde der den Gesellschaftern erlaubte Aufwand auf Reisen außerhalb der Stadt Augsburg geregelt, in dem dem Wettbewerbsverbot nachfolgenden Absatz des Vertrages wurde den Gesellschaftern u.a. das Eingehen von Bürgschaften außerhalb der Gesellschaft untersagt[98].

- Es sol auch ausserhalb des hanndels unnser keiner wenig noch fyl handelenn noch mit ander leutten geselschaftsweys tractieren, auch kein gelt ausserhalb umb zyns als 5 per cento zu gebenn an nemand sonder wyssen und wyllen der mer stym unserer.

Neben dem schon aus den zuvor behandelten Verträgen bekannten Verbot des Handelns außerhalb der Gesellschaft[99] enthielt der Haugvertrag auch das Verbot, mit anderen eine Gesellschaft zu gründen. Darüber hinaus war den Gesellschaftern ausdrücklich die Kreditvergabe zu mehr als 5 % untersagt.

Von dem derart umschriebenen Wettbewerbsverbot konnte die Gesellschaft durch Mehrheitsbeschluß Befreiung erteilen[100].

ii. (Nr.9) Scheuerlvertrag von 1540

Der am 1. September 1540 zwischen Jörg und Christoph Scheuerl, Michael Behaim und Bernhard Geisler, allesamt Bürger der Stadt Nürnberg, für die Dauer von sechseinhalb Jahren geschlossene Gesellschaftsvertrag enthält in einem Absatz, im Anschluß an Regelungen über den Ausschluß der Kündigung für die Laufzeit des Vertrages, folgendes Wettbewerbsverbot[101]:

-... sol kheiner macht haben,..., noch mit andern leutt geselschaft zu machen, noch verdingene factoreien anzunehmen, sunder alles das wir sambtlich, und unser yeder in sunderheit, mit khauffmans handeln, oder factoriren gewinnen, und erobern, das namen het und nit schlecht gemeine verehrung wern, die ye zu zeitt gegen derselben diengen bescheen das sol gemainer geselschaft gehandelt sein, zu guttem khommen und eingeworfen werden.

Diese Vorschrift des Scheuerlvertrages über Nebentätigkeiten der Gesellschafter enthält gegenüber den Wettbewerbsverboten in den anderen hier behandelten Gesell-

---

97. zu den Geschäften der Gesellschaft siehe Ehrenberg, S. 227 f.

98. der vollständige Vertragstext ist abgedruckt bei Lutz, Struktur, Band II S. 76 ff. (Wettbewerbsverbot S. 82 Z. 180-184)

99. vgl. dazu beispielhaft die Ausführungen zu Vertrag Nr. 4

100. "mer stym unserer"

101. der vollständige Vertragstext ist abgedruckt bei Lutz, Struktur, Band II S. 116 ff. (Wettbewerbsverbot S. 117 Z. 24 ff.); eine Inhaltsangabe des Vertrages und weitere Informationen zur Gesellschaft finden sich bei Falke, S. 334 f.

schaftsverträgen der süddeutschen Handelsgesellschaften einige Besonderheiten.

Zunächst fällt auf, daß im Vertrag der Scheuerlgesellschaft sprachlich kein eindeutiges Verbot formuliert ist. Untersagt wurde den Gesellschaftern zunächst der Abschluß von Gesellschaftsverträgen mit Dritten und das Annehmen von "verdingene factoreien", also das Eintreten in die Dienste eines anderen Kaufmannes[102]. Diese Handlungen waren allerdings nicht ausdrücklich verboten, vielmehr wurde den Gesellschaftern, wie sich aus der Formulierung "sol kheine macht haben" ergibt, die Fähigkeit zu einer solchen Handlung abgesprochen. Im Ergebnis wirkte sich dieser im Vertrag ausgesprochene Fähigkeitsverlust jedoch wie ein Verbot aus, da die Gesellschafter beim Fehlen der entsprechenden (rechtlichen) Fähigkeit die Konkurrenztätigkeit ebensowenig durchführen konnten wie im Falle eines ausdrücklichen Verbotes. Daher kann offen bleiben, ob die im Scheuerlvertrag gewählte Formulierung nach damaliger Rechtsauffassung tatsächlich geeignet war, die Fähigkeit der Gesellschafter zum Abschluß der verbotenen Verträge auch im Außenverhältnis wirksam zu beschränken, oder ob es sich bei dieser Formulierung lediglich um das Aussprechen eines bloß intern wirkenden Wettbewerbsverbotes gehandelt hat. Jedenfalls war der Abschluß von Gesellschafts- und Faktorenverträgen den Gesellschaftern der Sache nach untersagt.

Im Anschluß an diese Regelung wurden auch diejenigen Eigengeschäfte der Gesellschafter, die diese mit "khauffmans handeln" oder "factoriren", also als Vertreter bzw. Kommissionär für einen Dritten[103], machten, der Gesellschaft zugerechnet[104] und die Gesellschafter verpflichtet, den Gewinn aus diesen Geschäften der Gesellschaft zukommen zu lassen. Entsprechende Tätigkeiten wurden also, entsprechend der Rechtslage im gemeinen Recht, das kein grundsätzliches Wettbewerbsverbot kannte, wohl aber die Pflicht, im Geschäftsbereich der Gesellschaft erzielte Gewinne an diese abzuführen[105], den Gesellschaftern nicht ausdrücklich verboten. Sie durften lediglich den aus diesen Geschäften erzielten Gewinn nicht behalten. Es ist zu vermuten, daß diese sonst in keinem der hier untersuchten Gesellschaftverträge anzutreffende Regelung auf Dr. Christoph Scheuerl zurückging, der den Gesellschaftsvertrag als Vertreter für seine beiden Söhne, Jörg und Christoph Scheuerl, abgeschlossen hatte. Christoph Scheuerl war "der Rechten Doktor"[106], so daß es plausibel erscheint, daß die hier gewählte, mit der Regelung des gemeinen Rechts übereinstimmende, Formel auf ihn zurückgeht, zumal diese in keinem der sonstigen hier untersuchten Gesellschaftsverträge auftaucht, also anscheinend unter der süd-

---

102. verdingen bedeutet auch heute noch das Eintreten in ein Dienst- bzw. Arbeitsverhältnis; der Faktor war nach zeitgenössischem Sprachgebrauch der ständige Verteter eines Kaufmanns an einem anderen Handelsplatz (Conrad, Band I, S. 206)

103. vgl. Schirmer, S. 58

104. "das sol gemainer geselschaft gehandelt sein"

105. siehe dazu Kapitel B III 1

106. siehe dazu den bei Lutz, Struktur, Band II S. 116 ff. abgedruckten Gesellschaftsvertrag (S. 116 Z. 4)

deutschen Kaufleuten unbekannt war oder doch zumindest von diesen nicht als zweckmäßige Regelung angesehen wurde.

jj. (Nr.10) Fuggervertrag von 1494
Die Fuggergesellschaft, heute sicherlich die bekannteste Handelsgesellschaft ihrer Zeit, geht auf Jacob Fugger "der Alte" zurück, der den Handel noch als Einzelkaufmann betrieb. Nach seinem Tod führten seine Söhne den Handel fort. Der Fuggervertrag aus dem Jahre 1494 ist der erste Gesellschaftsvertrag zwischen den Brüdern Ulrich, Georg und Jacob (II) Fugger[107]. Schon dieser Vertrag enthielt ein Wettbewerbsverbot:[108]

- Es soll auch unser keiner weder durch sich selbs für sich noch sunst mit yemands anderem einichen kaufmannshandel gewerb und geselschaft ausserhalb dis die gedachten sechs jare haben noch treyben.

Neben das Verbot jeder Erwerbstätigkeit (kaufmannshandel, gewerb), welches in sprachlich ähnlicher Form auch in anderen Gesellschaftsverträgen um die Wende vom 15. zum 16. Jahrhundert geregelt war[109], trat im Fuggervertrag von 1494 das zu diesem Zeitpunkt noch einmalige Verbot, außerhalb der bestehenden Gesellschaft andere Gesellschaften zu haben oder zu betreiben.

Das derart umschriebene und auf die Laufzeit des Gesellschaftsvertrages befristete Wettbewerbsverbot griff nicht nur dann ein, wenn der Gesellschafter selbst die verbotene Handlung vornahm. Mit der weiten Formulierung "noch sunst" sollten auch sämtliche anderen denkbaren Umgehungsformen, etwa unter Einschaltung eines Strohmannes oder sonstiger Dritter, verhindert werden.

kk. (Nr.11) Fuggervertrag von 1532
Jacob Fugger, der die Gesellschaft nach dem Tod seiner Brüder mit deren Söhnen fortgeführt hatte, starb kinderlos am 30. Januar 1526. Die Fuggersche Handlung ging in die Hände seiner drei Neffen, Anton, Raymund und Hieronimus Fugger, über. Testamentarisch hatte Jacob Fugger bestimmt, daß sein Neffe Anton die Leitung der Gesellschaft übernehmen sollte[110].

Der am 14. September 1532 zwischen Anton, Raymund und Hieronimus Fugger für die Dauer von sechs Jahren geschlossene Gesellschaftsvertrag enthielt in einem gesonderten Absatz ein Wettbewerbsverbot. Im vorhergehenden Absatz verpflichteten sich Raymund und Hieronimus zur Offenbarung der von ihnen für die Gesellschaft abgeschlossenen Geschäfte gegenüber Anton Fugger, in dem dem Wettbewerbsverbot

---

107. Peterka in ZHR 73, S. 387 ff. (389); zur Geschichte der Fugger siehe auch Ehrenberg, S. 87 ff.
108. zit. nach Swoboda, S. 16 und Jansen, S. 264; vgl. auch Peterka in ZHR 73, S. 387 ff. (412)
109. vgl. dazu die Verträge Nr. 2 und 3
110. Ehrenberg, S. 119 f.

nachfolgenden Absatz wurden Regelungen über die mit dem Handel zusammenhängenden Ausgaben getroffen[111].

- Item es soll auch under uns dreyen, unser kainer weder durch fur sich selbs noch ander von seint wegen auch sunst mit yemants anderem aynichen kauffmanshandel, gewerb, oder geselschafft treiben, machen noch yeben in der zeit der sechs jar auch derselben erstrekung und so lang diser unser gemainer handel und geselschafft, wie obenangezaigt, beleiben und ston wierdet.

Trotz der im Vergleich zum Fuggervertrag von 1494 teilweise abweichenden Formulierungen ist der Inhalt des Wettbewerbsverbotes im Fuggervertrag von 1532 inhaltlich mit demjenigen des Fuggervertrages aus dem Jahre 1494 identisch. Auch im Vertrag aus dem Jahre 1532 wurde den Gesellschaftern jede Erwerbstätigkeit und jede Teilnahme an anderen Gesellschaften während der Vertragslaufzeit untersagt[112].

II. (Nr.12) Fuggervertrag von 1538

Nach dem Tod von Raymund und Hieronimus Fugger nahm Anton Fugger 1538 seine Neffen Hans, Jacob, Georg, Christof und Raymund in die Handlung auf. Diesen Vorgang nutzte Anton Fugger, um seine Machtstellung in der Gesellschaft weiter auszubauen[113]. Dies kommt auch im Wettbewerbsverbot des Fuggervertrages von 1538 zum Ausdruck, das sich in einem gesonderten Absatz befindet, vor und nach dem die sonstigen Verpflichtungen der von Anton Fugger in den Handel aufgenommenen Neffen geregelt wurden[114].

- Es sollen auch meine vettern sy all noch ir ainer fur sich gantz kainen sonndern handl, gewerb kaufmanschafft noch geselschafft weder under inen noch sonnst mit niemandt haben treyben oder geben on mein wissen und willen.

Bemerkenswert an diesem Wettbewerbsverbot ist nicht der Umfang der verbotenen Tätigkeit, der inhaltlich nicht von den Bestimmungen der vorstehend behandelten Fuggerverträge abweicht. Auffällig ist vielmehr, daß das Wettbewerbsverbot in diesem Fuggervertrag lediglich als Verpflichtung für die von Anton Fugger in den Handel aufgenommenen Neffen ausgestaltet wurde, dagegen nicht für Anton Fugger selbst galt. Auch die Befreiung vom vertraglich vorgesehenen Wettbewerbsverbot war allein Anton Fugger vorbehalten[115], der somit auch die Regelung des Vertrages über Wettbewerbsverbote zum Ausbau seiner Vorherrschaft in der Gesellschaft genutzt hatte.

---

111. der vollständige Vertragstext ist abgedruckt bei Lutz, Struktur, Band II S. 84 ff. (Wettbewerbsverbot S. 92 f. Z. 284-290)
112. vgl. zu den Einzelheiten die Erläuterungen zu Vertrag Nr. 10
113. Ehrenberg, S. 139
114. der vollständige Vertragstext ist abgedruckt bei Lutz, Struktur, Band II S. 104 ff. (Wettbewerbsverbot S. 109 Z. 175-179) und, beschränkt auf das Wettbewerbsverbot, bei Swoboda, S. 16
115. "on mein wissen und willen"

mm. (Nr.13) Fuggervertrag von 1591

Nach dem Tode Anton Fuggers und dem Ausscheiden der 1538 in den Handel aufgenommenen Neffen aus der Gesellschaft wurde diese von den drei Söhnen Anton Fuggers, Marx, Hans und Jacob, weitergeführt. Marx Fugger hatte die Geschäftsleitung inne. Im Jahre 1591 trat er die Verwaltung des Handels wegen seines hohen Alters an seinen Bruder Hans ab[116]. Aus diesem Anlaß schlossen die Brüder 1591 einen Vertrag, der die Verwaltung der Gesellschaft nach ihrem Ableben regelte. In diesen Vertrag wurden innerhalb eines die Pflichten der Gesellschafter regelnden Absatzes auch Bestimmungen über das Wettbewerbsverbot aufgenommen[117].

- *Zum ditten, sollen unnsere söhne und enigkhlen allesambt und sonders, für sich selbst, gar kheinen, sondern handell oder gesellschafft, weder under inen selbst noch sonnst mit jemandts anderen haben, treiben, oder yeben, ohne vor- und offt wolgedachts herrn administratoris und seiner adjuncten wissen und willen, und im fall einer eigenen handl füehren, oder sich ausser deß Reichs sezen oder verheurathen, oder sonnsten dem gemainen handell einichen eintrag thuen wurdt, den soll der administrator mit rath seiner adjuncten von demselben abzuelösen desto mehr fueg und macht haben, dergestallt als hiervon im ersten puncte und artikel weitleufig vermeldet worden,...*

Das im Fuggervertrag von 1591 enthaltene Wettbewerbsverbot war trotz seiner sprachlichen Weitschweifigkeit sachlich weniger weitreichend als die Verbote in den vorangegangenen Fuggerverträgen, fehlte hier doch das Verbot, "gewerb" zu treiben. Daraus folgt, daß den Gesellschaftern nicht jede Erwerbstätigkeit, sondern lediglich der Handel außerhalb der bestehenden Gesellschaft und der Abschluß weiterer Gesellschaftverträge untersagt war.

Die Entscheidung darüber, ob von diesem Verbot eine Befreiung erteilt werden sollte, stand nicht etwa allen Gesellschaftern, sondern allein der Leitung der Gesellschaft zu.

Erstmals wurde in diesem Fuggervertrag auch eine ausdrückliche Regelung für den Fall eines Verstoßes gegen das Wettbewerbsverbot aufgenommen. In diesem Fall sollte der verbotswidrig handelnde Gesellschafter durch den Leiter der Gesellschaft aus der Gesellschaft ausgeschlossen werden können. Dies folgt aus dem dem "administrator mit rath seiner adjuncten" eingeräumten Recht "abzuelösen"[118].

---

116. Ehrenberg, S. 176 f.

117. der vollständige Vertragstext ist abgedruckt bei Lutz, Struktur, Band II S. 148 ff. (Wettbewerbsverbot S. 160 Z. 407 ff.) und, beschränkt auf das Wettbewerbsverbot, bei Swoboda, S. 17

118. so im Ergebnis auch Peterka in ZHR 73, S. 387 ff. (415) und Swoboda, S. 17

aa. Reichweite der Regelungen über Wettbewerbsverbote

(a) Die verbotenen Tätigkeiten

Fraglich ist, welche Tätigkeiten den Gesellschaftern in den Verträgen ihrer Handelsgesellschaften untersagt waren.

Der Meutingervertrag bezeichnet das Betreiben von "kauffmanschafft und gewerbe" als untersagte Tätigkeit[119]. Nach dem Meutingervertrag war den Gesellschaftern also jede Erwerbstätigkeit außerhalb der Gesellschaft untersagt; dies gilt auch für die Bestimmung im Koler-Kressvertrag[120], wonach "gewerb und handell" verboten waren[121]. Diesem auch in anderen Verträgen enthaltenem vollkommenen Verbot einer Erwerbstätigkeit außerhalb der Gesellschaft fügten einige Fuggerverträge noch das Verbot hinzu, mit anderen Gesellschaft zu haben[122].

Andere Verträge[123] sahen zwar auch das Verbot vor, außerhalb der bestehenden Gesellschaft eine Gesellschaft einzugehen, die Beschränkung der Gesellschafter war aber dort nicht so weitgehend wie in den im vorstehenden Absatz behandelten Verträgen, weil den Gesellschaftern lediglich der Handel untersagt wurde, nicht jedoch jede andere Erwerbstätigkeit.

In der überwiegenden Anzahl der Verträge bestand ausschließlich das Verbot, Handel zu treiben, sonstige Möglichkeiten wettbewerbsrelevanten Verhaltens, etwa die in anderen Verträgen untersagte Beteiligung an anderen Gesellschaften und das Betreiben von "gewerb" standen den Gesellschaftern dieser Gesellschaften zumindest nach dem Wortlaut der Vertragstexte frei[124].

Außergewöhnlich ist auf den ersten Blick das Verbot des Scheuerlevertrages[125]. Danach war es den Gesellschaftern neben dem üblichen Verbot der Gründung einer anderen Gesellschaft untersagt, "factoriie" anzunehmen, also im Dienste eines Dritten als Vertreter bzw. Kommissionär aufzutreten[126]. Aber auch bei dieser Bestimmung handelte es sich im Ergebnis lediglich um das übliche Wettbewerbsverbot im Tätigkeitsbereich der Gesellschaft. Aus dem weiteren Vertragstext ergibt sich nämlich, daß die Gesellschaft das "factoriren" als einen ihrer Tätigkeitsbereiche ansah.

---

119. siehe Vertrag Nr. 1
120. siehe Vertrag Nr. 3
121. vgl. auch das damit identische Verbot des Vertrages Nr. 2 (Weißhauptvertrag), der dort verwandte Begriff "hantieren" ist nach Schirmer, S. 82, im Sinne von "Handel treiben" zu verstehen
122. vgl. Verträge Nr. 10, 11 und 12
123. vgl. dazu die Verträge Nr. 8 und 13
124. vgl die Verträge Nr. 4, 5, 6 und 7; der im Vertrag Nr. 6 gebrauchte Ausdruck "kaufmanschatz" ist identisch mit dem Begriff des Handels, so Schirmer, S. 97
125. Vertrag Nr. 9
126. zum Begriff siehe Schirmer, S. 58

Einige Verträge erstreckten das Wettbewerbsverbot ausdrücklich auch auf das Handeln unter Einschaltung Dritter[127]. Ob es sich dabei lediglich um eine klarstellende Regelung oder aber um ein konstitutives Verbot gehandelt hat, kann heute nicht mehr festgestellt werden.

Zusammenfassend kann die Feststellung getroffen werden, daß die Gesellschaftsverträge der süddeutschen Fernhandelsgesellschaften zwar regelmäßig Wettbewerbsverbote enthielten, diese in ihrer Reichweite jedoch unterschiedlich ausgestaltet waren.

(b). Sonstige Fragen

(aa) Laufzeit
Üblicherweise war die zeitliche Geltung der Wettbewerbsverbote auf die Laufzeit der Gesellschaftsverträge beschränkt. Eindeutig ist das dort der Fall gewesen, wo die Vertragsdauer ausdrücklich als zeitlicher Rahmen für das Wettbewerbsverbot in bezug genommen wurde[128]. Soweit eine entsprechende Regelung fehlte, kann davon ausgegangen werden, daß auch in diesen Fällen das Wettbewerbsverbot lediglich für die Dauer des Bestehens der Gesellschaft galt[129]. Eine Erstreckung auf die Zeit nach dem Ausscheiden eines Gesellschafters aus der Gesellschaft wurde jedenfalls nirgendwo ausdrücklich geregelt. Für die hier vertretene Ansicht spricht auch, daß in fast allen Verträgen als Bezugspunkt des Wettbewerbsverbotes der Handel außerhalb der (bestehenden) Gesellschaft benannt wurde. Mit dem Ablauf der Vertragsdauer entfiel somit der Gegenstand des Verbotes.

(bb) Geltungsbereich der Verbote in bezug auf Gesellschafterarten und Gesellschaftsformen
Wettbewerbsverbote waren in den Gesellschaftsverträgen des hier behandelten Zeitraums grundsätzlich nur für die Hauptgesellschafter, d.h. die Gesellschafter, die die Vertragsurkunden unterzeichnet hatten und neben der Kapitaleinlage auch zur Mitarbeit verpflichtet waren, der Dauerhandels- bzw. Erwerbsgesellschaften anzutreffen[130]. Die vorstehend beschriebenen Wettbewerbsverbote[131] sind sämtlich diesem Bereich entnommen. Dagegen galt das in den Verträgen geregelte Wettbewerbsverbot nicht für diejenigen Gesellschafter der Fernhandelsgesellschaften, deren Verpflichtung sich im Gegensatz zu derjenigen der Hauptgesellschaftern lediglich auf

---

127. siehe Verträge 1, 6 und 11
128. so in den Verträgen 1, 2, 4, 6, 10 und 11
129. das vermutet auch Lutz, Struktur, Band II S. 308 f., während Swoboda, S. 18, Zweifel daran äußert, ob die Wettbewerbsverbote zwischen den Gesellschaftern einer Handelsgesellschaft wirklich mit dem Ausscheiden eines Gesellschafters endeten. Sein als Beispiel genannter Vertrag zwischen Fuggern und Thurzos mit Hans Metzger, der auch den Ausscheidenden einem Wettbewerbsverbot unterwarf, betrifft jedoch lediglich das Wettbewerbsverbot für einen Angestellten.
130. Lutz, Struktur, Band I S. 312 und 320; zum Begriff des Hauptgesellschafters ders., a.a.O., S. 74, 242, 330
131. siehe Kapitel B II 1 a, aa-mm

die Leistung einer Einlage zu Gewinn und Verlust beschränkte. Das folgt aus dem Umstand, daß diese zur Mitarbeit nicht verpflichteten Gesellschafter die das Wettbewerbsverbot enthaltenden Verträge nicht mitunterzeichneten[132].

Auch in Gelegenheitsgesellschaften gab es kein Konkurrenzverbot zwischen den Gesellschaftern. Es bestand somit ein enger Zusammenhang zwischen der Art der Gesellschaft und der Existenz eines Wettbewerbsverbotes[133]. Den Gesellschaftern einer Gelegenheitsgesellschaft war es nicht verboten, in beliebiger Anzahl und mit beliebigen Personen Gesellschaftsverträge zu schließen oder selbst Handel zu treiben. Nur in der Dauerhandelsgesellschaft mit unbeschränkter Haftung und gleichwertiger Arbeitspflicht aller Hauptgesellschafter waren die Hauptgesellschafter verpflichtet, ihre gesamte Arbeitskraft ausschließlich für die Gesellschaft zu verwenden. Deshalb durften sie kein Geschäft mehr neben der Gesellschaft betreiben[134].

Eine weitere Einschränkung der Wettbewerbsverbote gab es in kommendaartigen Verträgen, d.h. in Verträgen einer Gesellschaftsform, in der nur einer von zwei Vertragspartnern zur Arbeit für die Gesellschaft verpflichtet war. Hier hatte der Kapitalgesellschafter lediglich ein Anlageinteresse. Dieses Anlageinteresse wurde durch eine Wettbewerbsabrede gesichert, die nur den Arbeitsgesellschafter an einer Konkurrenztätigkeit hinderte. In den kommendaartigen Verträgen ist dieses Wettbewerbsverbot üblicherweise in ein Versprechen des Arbeitsgesellschafters gekleidet oder aber es wird auf andere Weise klargestellt, daß das Verbot nur für einen bestimmten, meist namentlich gekennzeichneten, Gesellschafter gelten sollte[135]. Dafür bietet der bei Loersch-Schröder veröffentlichte Gesellschaftsvertrag ein gutes Beispiel. Die hier relevante Stelle lautet:

-*... Dat is zu wessen, dat die vorschreven Werneir in Kolin Buc solen inlegen in die geselschaf 600 swoir golden, in Johan Heifstrit sal inlegen 200 swoir golden in die geselschaf, in vort sal Johan Heifstrit sinen kelre inlegen in die geselschaf, los in ledich, am widersproche. Vort sal Kolin Buc den kelre zu Kleve inlegen vor 50 golden de joirs, in dat gelt sal man us heven usser unser geselschaf. Vort so insal dit gelt nirgen ain gelaet werden, dan ain win in unser geselschaf. Vort geloif ich Johan Heifstrit egein ander kommenschaf mit win ze driven dan in disser geselschaf vorschreven,...*[136]

132. vgl. Lutz, Struktur, Band I S. 242 f.
133. Mayer, S. 78; vgl. auch Lutz, Struktur, Band I S. 320 und die Nachweise bei Keutgen in VSWG 1906, S. 461 ff. (504)
134. Mayer, S. 78
135. Lutz, Struktur, Band I S. 312 f.
136. Gesellschaftsvertrag Aachen 1360; zit. nach Loersch-Schröder, S. 156; beachtenswert ist, daß weitere Gesellschaften nicht grundsätzlich, sondern nur hinsichtlich des Weinhandels ausgeschlossen wurden
137. Vertrag Nr. 9

Inhaltlich stimmt die in diesem kommendaartigen Vertrag getroffene Regelung des Wettbewerbsverbotes mit derjenigen Unterscheidung überein, die auch in den Verträgen der süddeutschen Fernhandelsgesellschaften galt, in denen nur für die zur Arbeit verpflichteten Hauptgesellschafter ein Wettbewerbsverbot geregelt war. Während sich die Befreiung der lediglich mit einer Kapitaleinlage beteiligten Gesellschafter der süddeutschen Fernhandelsgesellschaften vom vertraglich vereinbarten Wettbewerbsverbot schon daraus ergab, daß diese den Gesellschaftsvertrag nicht unterzeichneten, war, wie der bei Loersch-Schröder dokumentierte Gesellschaftsvertrag zeigt, eine sprachliche Klarstellung der Beschränkung des Wettbewerbsverbotes auf den zur Arbeit verpflichteten Gesellschafter immer dann notwendig, wenn auch der lediglich mit einer Kapitaleinlage beteiligte Gesellschafter den Gesellschaftsvertrag unterzeichnete.

(cc). Rechtsfolgen eines Verstoßes

Grundsätzlich sind Verträge, die eine Regelung über die Rechtsfolgen eines Verstoßes gegen das Wettbewerbsverbot enthielten von solchen Verträgen zu unterscheiden, in denen eine solche Regelung fehlte. Die letztgenannte Vertragsart überwiegt im hier behandelten Zeitraum. Die Setzung einer Rechtsfolge für den Fall eines Verstoßes gegen das vertraglich vereinbarte Wettbewerbsverbot durch einen Gesellschafter stellte noch die Ausnahme dar.

So enthalten von den vorstehend abgedruckten Verträgen Nr. 1 bis Nr. 13 lediglich zwei, nämlich der Scheuerlvertrag[137] und der Fuggervertrag aus dem Jahre 1591[138] Regelungen über die Folgen eines im Geschäftsbereich der Gesellschaft betriebenen Handels. Der Scheuerlvertrag sah für diesen Fall vor, daß die Kaufmannsgeschäfte der Gesellschafter als für die Gesellschaft geschlossen anzusehen waren und ihr deshalb der Gewinn zugute kommen sollte. Daß im Scheuerlvertrag eine solche Regelung getroffen wurde, erklärt sich meines Erachtens daraus, daß in diesem Vertrag ein ausdrückliches Wettbewerbsverbot fehlte und auf diese Weise der Gewinn aus Handelsgeschäften im Tätigkeitsbereich der Gesellschaft abgeschöpft werden sollte[139]. Eine Rechtsfolgenregelung für den Fall eines Verstoßes gegen ein Wettbewerbsverbot stellte diese Bestimmung in Ermangelung eines entsprechenden Verbotes nicht dar. Eine Rechtsfolgenregelung für den Fall eines Verstoßes gegen ein vertraglich vereinbartes Wettbewerbsverbot enthielt somit nur der Fuggervertrag von 1591. Darin war als Rechtsnachteil für den Fall eines Verstoßes gegen das Wettbewerbsverbot, wie auch für den Fall der Schadensstiftung und Verheiratung außerhalb der Reichsgrenzen, die Möglichkeit der Ausschließung des Gesellschafters vorgesehen[140].

Aber auch in denjenigen Gesellschaften, deren Verträge keine ausdrücklichen Regelungen über die Folgen eines Verstoßes gegen das vertraglich vereinbarte Wettbe-

---

138. Vertrag Nr. 13

139. vgl. zu einer ähnlichen Regelung im Vertrag der Sailer-Pecorigesellschaft Lutz, Struktur, Band I S. 316 Fn. 287

140. so auch Swoboda, S. 17 und Peterka in ZHR 73, S. 387 ff. (415)

werbsverbot enthielten, blieb ein Verstoß nicht ungesühnt. So fehlt eine Rechtsfolgenregelung in der kurzen Bestimmung des Fuggervertrages aus dem Jahre 1494 über das Konkurrenzverbot[141]. Dieser Vertrag regelte jedoch an anderer Stelle mit der Bestimmung

- *Wa aber jemand aus denselben ungehorsam sein würde sollen die zwen auch macht haben denselben ungehorsamen ausszusundern und ime hinfüro von aller nutzung und gewinnung so im sonst im handel geburt einen dritteil zu nemen und abzuziehen*[142] -

die Folgen eines Ungehorsams der Gesellschafter. Der Verstoß gegen das Wettbewerbsverbot bildete dabei vermutlich einen Unterfall des Ungehorsams, so daß die für diesen Fall vorgesehenen Rechtsfolgen der Ausschlußmöglichkeit und der Gewinnkürzung im Falle eines Verstoßes gegen das Verbot eintraten[143].

bb. Ausnahmen und Befreiungen vom vertraglich vereinbartem Wettbewerbsverbot

War, wie oben ausgeführt, das zwischen den Hauptgesellschaftern einer Dauerhandelsgesellschaft bestehende Wettbewerbsverbot in Süddeutschland der Regelfall, so enthielten doch verschiedene Verträge Einschränkungen dieses Verbotes.

Relativ selten wurden schon bestehende Gesellschaftsbeteiligungen an anderen Handelsunternehmungen und bestehende Handelsgeschäfte vom Wettbewerbsverbot ausgenommen. Eine solche Regelung traf z.B. der Leiber - Oettingervertrag (Augsburg 1538)[144]. Die entsprechende Stelle lautete:

- ... *auch kainer außerhalb diser gesellschaft sich in ander hendel schlahen noch einlassen, dann allein ausgenommen ainen wege, den ich mir, Franz Leiber, allein zu nutz und gute mit gutem willen und wissen Enndris Ettingers vorbehalten und hiermit bedingt haben will, allermaßen als wer dieselb ausname mit worten clar hierin usgetruckt. Dergestalt was ich im selben fall fur mich allain außerhalb der obgedachten erlegten summa handle, thu und laß, das es mir allain zu vortail oder nachteil raichen soll, aber was von uns bederseits mit den erlegten 900 gulden uberkommen und gewunnen wurde, das alles und yedes soll unangezaigt des wegs, so ich Franz Leiber mir vorbehalten habe, yeder zeit treulich und erberlich in gedachtem unserm handel yedem zu genies kommen und gelegt werden. Mir, Endris Oettinger, aber soll us bewöglichen ursachen die wir zwischen ainander wol wissen, gar nit gepuren noch zugelassen sein, mich auserhalb dises handels daneben anderer gewerb, gesellschaft oder factorei zu geprauchen, in kain weis noch wege.*

---

141. siehe Vertrag Nr. 10
142. zum Text siehe Peterka in ZHR 73, S. 387 ff. (406)
143. dies vermuten auch Swoboda, S. 16 und Peterka in ZHR 73, S. 387 ff. (412) Fn. 34
144. siehe Mayer, S. 131 und Lutz, Struktur, Band I S. 313, insbesondere Fn. 313 mit Abdruck eines Auszuges aus dem Vertrag; zur Befreiung bei schon bestehenden Beteiligungen auch Welser, S. 25

Häufiger wurde dagegen die Zustimmung der Gesellschafter zu einer wettbewerbsrelevanten Handlung verlangt[145]. In den Verträgen wurden dabei vereinzelt auch Regelungen über die Erteilung der Zustimmung aufgestellt. Im Imhoffvertrag[146] war die Erteilung der Erlaubnis ausdrücklich der bloßen Mehrheit der Gesellschafter vorbehalten, d.h. Einstimmigkeit war zur Befreiung von dem vereinbarten Wettbewerbsverbot nicht erforderlich. Eine eigentümliche Regelung enthielt der Fuggervertrag von 1538[147]. In ihm war die Erlaubnis von der Zustimmung lediglich eines bestimmten Gesellschafters[148] abhängig. Diesen Vertrag, der eine Erklärung Anthon Fuggers über die Aufnahme seiner vier Neffen in den gemeinsamen Handel beinhaltete[149] hatte der Aufnehmende offenbar dazu genutzt, seine dominante Stellung innerhalb der Gesellschaft zu festigen. Er ist ein typisches Beispiel für die Machtausübung der "regierenden" Gesellschafter im Fuggerschen Handel, eine gleichartige Regelung über die Zustimmungsbefugnis zur Befreiung von einem Wettbewerbsverbot findet sich in den Verträgen gleichberechtigter Gesellschafter nicht[150].

Die meisten Verträge enthielten dagegen über die zur wirksamen Zustimmung erforderlichen Mehrheitsverhältnisse keinerlei Regelung, so daß sich die Frage stellt, ob eine solche Befreiung die Einwilligung sämtlicher Gesellschafter oder einen bloßen Mehrheitsbeschluß voraussetzte. Nach Lutz[151] läßt sich aus dem "Register der Ratschläge der Nürnberger Welserversammlung"[152] entnehmen, daß zur Befreiung von einem vereinbarten Wettbewerbsverbot ein einstimmiger Beschluß der Gesellschafter erforderlich war. Die von Lutz dafür in Anspruch genommene Textstelle lautet:

- Ittem Es Jst berett, dass Kaynerr Kaynn nebenn handell allaynn dyssenn unnsern handell treybenn soll auch Hanss und lacob welserr Jung Jrr hendell auffs erst unnd sy Mygen ab stenn/aussgenommen Denn zyn und Kupfer handell dem vatter zu gut forrbehallten wye dann unnserr vertrag auch vermag/. dass soll fortt ann auch also gehallten werden beym ayd aussgnomen guckes unnd Erbkauffen[153].

145. siehe dazu die Verträge Nr. 2, 3, 4, 6, 7, 8, 12 und 13
146. Vertrag Nr. 7
147. Vertrag Nr. 12
148. "on mein wissen und willen"
149. vgl. Lutz, Struktur, Band II S. 104 ff.
150. zur Position der "regierenden" Fugger innerhalb der Familiengesellschaft vgl. Peterka in ZHR 73, S. 405 ff.
151. Lutz, Struktur, Band I S. 314
152. eine Sammlung der Beschlüsse, die die Teilhaber der ungefähr zu Beginn der zwanziger Jahre des sechzehnten Jahrhunderts begründeten Nürnberger Welsergesellschaft in den Jahren von 1529 bis 1551 über den Betrieb ihrer Handlung gefaßt haben; vgl. Welser, S. 3
153. Welser, S. 25; vgl. zum Text auch Swoboda, S. 13

Dieser Stelle mit ihrem Hinweis auf den nicht erhaltenen Gesellschaftsvertrag der Welser[154] läßt sich jedoch für die These Lutz nichts entnehmen. Sie enthält lediglich einen weiteren Beleg dafür, daß bestehende Beteiligungen vom Verbot ausgenommen wurden, blieb doch dem Vater, Jacob der Ältere, der Handel mit Zinn und Kupfer erlaubt, während der Nebenhandel seiner Söhne, offenbar als Reaktion auf verbotene Nebengeschäfte[155], erneut untersagt wurde. Einen Hinweis auf die zur Befreiung von einem Wettbewerbsverbot erforderliche Mehrheitsverhältnisse enthält diese Textstelle dagegen nicht.

Im Ergebnis jedoch dürfte der Auffassung Lutz zuzustimmen sein. Sie folgt nämlich schon aus dem Wortlaut der entsprechenden Verträge. Wenn dort auf "Wissen und Willen der Anderen"[156] Bezug genommen wurde, so waren damit mangels anderer Anhaltspunkte sämtliche Gesellschafter gemeint.

cc. Exkurs: Wettbewerbsverbote in Bergwerksgesellschaften und beim Erwerb von Anteilen an Bergwerksgesellschaften

Lutz stellt die These auf, daß weder der Kauf von Bergwerksanteilen noch die Beteiligung an einer Bergwerksgesellschaft unter die in den Verträgen der süddeutschen Fernhandelsgesellschaften geregelten Wettbewerbsverbote fielen. Auch die Verträge der Bergwerksgesellschaften selbst sollen keine Wettbewerbsverbote enthalten haben[157]. Zur Begründung beruft sich Lutz allein auf die schon oben zitierte Stelle aus dem Register der Welsergesellschaft[158], die Bergwerksanteile[159] vom Wettbewerbsverbot unter den Gesellschaftern ausnahm.

Meines Erachtens ist fraglich, ob aus einer einzigen Fundstelle derart generalisierende Schlußfolgerungen gezogen werden können. Eine ausdrückliche Erwähnung der Bergwerksanteile in dem Register der Welsergesellschaft wäre zudem überflüssig, wenn es sich von selbst verstanden hätte, daß das Wettbewerbsverbot insoweit nicht einschlägig war. Daher spricht die ausdrückliche Nennung im Beschluß eher dafür, daß Bergwerksanteile üblicherweise unter das bestehende Wettbewerbsverbot fielen.

Nicht zutreffend ist die These Lutz' , wenn es um die Wettbewerbsverbote in den Verträgen der Bergwerksgesellschaften geht. Hier hat Lutz die Verträge der Bergwerksgesellschaften in Möllenbergs Urkundenbuch nicht hinreichend ausgewertet. Die dort wiedergegebenen Verträge enthalten entgegen Lutz[160] ausdrückliche Wettbewerbsverbote. So bestimmte der Lauterberger Gesellschaftsvertrag von 1524:

154. Welser, S. 8; Lutz, Struktur, Band I S. 314
155. so Welser, S. 10 und Lutz, Struktur, Band I S. 314
156. so z.B. Verträge Nr. 2 und 3
157. Lutz, Struktur, Band I S. 314 Fn. 278 und S. 320 Fn. 301
158. siehe Fn. 153
159. guckes=Bergwerksanteile, siehe Lutz, Struktur, Band I S. 314 Fn 278 und Welser, S. 10
160. Lutz, Struktur, Band I S. 312, insbesondere Fn. 269 f.

- Zum sechsten so soll ain yeder aus uns den gesellschaften mit allem dem, das er empfeht oder im in ainich weis oder wege, wie die zu erdenken weren, zu handen kumbt, dem gemeinen unserm obberuten gesellschaft handel zugehorig, ploslich und gantz leutterlich nichts handlen in seinem aigen gesonderten nutz, auch davon nichts hinleyhen, dann was dem handel zu nutz, fug und eren raichen mag und sonderlich gegen nyemand, wer der were, auf solch unsern gemeinen handel oder desselben hab und guter samenlich oder sunderlich purg noch selb schuld werden, bey peen der verprechung der verpflichtung, damit unser yeder sich, wie hernach in diser verschreibung volgen wird, zu halten aller obgeschriben und hernach steenden artikkel verpunden hat[161].

Eine eigenartige Mischung aus Wettbewerbsverbot und Verpflichtung auf Treue zur Gesellschaft bei erlaubtem Wettbewerb enthielt auch der 1536 auf zwanzig Jahre geschlossene Gesellschaftsvertrag zwischen Heinrich Scherl und Hieronymus Lotter zu Leipzig, Hans Reinicke zu Mansfeld und Wilhelm Reifenstein zu Stollberg.

- Und was also mit gemeynem beschlies zum besten vorgenommen ader angefangen wurdet, sal keiner ane wissent der andern vor andern, auch dem handel kein gesinde oder diener abziehen, damit es allenthalben treulich, geselliglich und bruderlich gehalten werd, ane argk und geverde.

...

Dieweil auch Hans Reynicke und Wilhelm Reyffenstein in dem huttenhandel zur Stainach nahe verwant sein, so ist zwischen uns deshalben abgerett, auch zugesaget, das ein handel deme andern in keufen und verkeufen ader sunst yn andern sachen, wie sich die begeben, nicht hinderlich oder schedlich sein sall, sondern einer den andern fordern und zum besten helfen raten und es allenthalben also halten, damit gleicheit und freuntlicher gutter wille und eynigkeit erhalten werde, alles treulich.

...

... *Es sal keiner in diesem handel mit wechslen und geltaufnehmen, auch in keufen oder verkeufen seinen eigennutz oder vorteil suchen, sonder was er dem handel zu gut und gewynne laufen*[162].

Den Gesellschaftern Hans Reynicke und Wilhelm Reyffenstein wurde ihre Tätigkeit im Hüttenhandel demnach nicht untersagt; zwischen beiden Gesellschaften wurde stattdessen eine Pflicht zur gegenseitigen Rücksichtnahme bei der Ausführung der Gesellschaftsgeschäfte vereinbart.

dd. Zweck der Wettbewerbsverbote

Fraglich ist, welche Ziele die Gesellschafter der süddeutschen Fernhandelsgesellschaften mit der regelmäßigen Vereinbarung eines Wettbewerbsverbotes in ihren Gesellschaftsverträgen verfolgten.

161. abgedruckt bei Möllenberg, S. 27 f.
162. abgedruckt bei Möllenberg; S. 201 und 205

Bauer vertritt die Auffassung, daß die Wettbewerbsverbote vorwiegend der Sicherung des Arbeitseinsatzes der Gesellschafter für die Gesellschaft dienten. Die Sicherung der Arbeitskraft der Gesellschafter zugunsten der Gesellschaft durch das in den Verträgen enthaltene Konkurrenzverbot sei dabei ursprünglich ein Unterfall der Sorge für die Erhaltung des Gesellschaftskapitals und seiner Verwertung entsprechend dem vertraglich festgelegten Gesellschaftszweck gewesen. Den Gesellschaftern sei eine Tätigkeit für eigene Rechnung und im Eigeninteresse während der Gesellschaftsdauer verboten worden, weil durch eine solche Tätigkeit ihre Arbeitskraft dem Dienst der Gesellschaft entzogen worden wäre und außerdem der Gesellschaft das entsprechende Geschäft und damit eine Gewinnmöglichkeit entgangen wäre. Im 14. Jahrhundert habe sich im Inhalt des Konkurrenzverbotes dann ein allmählicher Wandel vollzogen. Das Kapitalanlageinteresse habe bei den Gesellschaftern nunmehr gegenüber dem "unternehmerischen" Interesse eine stärkere Rolle gespielt. Daher sei ab diesem Zeitpunkt (nur) noch die aktive Mitarbeit in fremden Gesellschaften untersagt gewesen, dagegen sei die Beteiligung oder Kapitalanlage in anderer Form in fremde Gesellschaften freigegeben worden, so daß das Wettbewerbsverbot ab diesem Zeitpunkt ausschließlich der Sicherung der Arbeitskraft der Gesellschafter für die Gesellschaft gedient habe[163].

Dieser von Bauer aufgestellten These über die Wandlung vom "unternehmerischen" Interesse zum Kapitalanlageinteresse widerspricht Lutz. Nach seiner Auffassung spricht dagegen u.a. das Beispiel der Nürnberger Welsergesellschaft. Aus dem Text des Registers[164] folge, daß nach dem Verständnis der Welsergesellschafter auch private Gesellschaftsgeschäfte unter das Wettbewerbsverbot fielen. Auch aus dem Verbot, keine anderen Leute für sich arbeiten zu lassen[165], ergebe sich klar, daß auch die bloß kapitalmäßige Beteiligung eines Gesellschafters unter das Wettbewerbsverbot fallen sollte[166].

Peterka schließlich sieht in den Konkurrenzverboten eine Ausprägung der Treuepflicht. Zweck sei nicht nur gewesen, die illoyale Ausbeutung der Kenntnisse der Gesellschaft zu verhindern, sondern auch, die Arbeitskraft der Gesellschafter zu sichern[167].

Besteht damit Einigkeit über die Sicherung der Arbeitskraft der Gesellschafter für die Gesellschaft als durchgehendes Ziel der Konkurrenzverbote, so stellt sich die

163. Bauer, S. 27 f.

164. "Erstlych, dass ayn Jeder under unns vyr sych selbs nytt anderst handlenn soll unnserm handell zu gut/dan wye erss gegen gott und seym nechsten zu verantworten gedenk. Der gleych auch dye dyenerr nach seym vermygen darr zu zehallten." zum Text siehe Welser, S. 22

165. vgl. dazu beispielhaft den Rietwieservertrag (Nr. 6) :... noch fur sich handelen lassen

166. Lutz, Struktur, Band I S. 310 ff.

167. Peterka in ZHR 73, S. 387 ff. (412 f.)

Frage, ob, wie Bauer behauptet, bloße Kapitalbeteiligungen in fremden Gesellschaften daneben unbeschränkt möglich waren. Die von Lutz gegen die These Bauers in Anspruch genommene Textstelle aus dem Register der Nürnberger Welsergesellschaft stützt seine Auffassung nicht, da sie keine Aussage zu der umstrittenen Frage enthält. Auch das Verbot, andere für sich arbeiten zu lassen, vermag die These Lutz' nicht zu stützen. Bei der vertraglichen Erstreckung des Wettbewerbsverbotes auf die Arbeit durch andere Leute handelte es sich um eine typische Strohmannklausel, die das vorhandene Wettbewerbsverbot auf Arbeit durch Dritte erstreckt. Hierdurch sollte lediglich verhindert werden, daß das den Gesellschafter treffende Verbot durch Strohmänner unterlaufen wurde. Für die Beantwortung der Frage, ob das originär den Gesellschafter treffende Wettbewerbsverbot auch die kapitalmäßige Beteiligung an einer anderen Gesellschaft erfaßte, hat sie keinen Erkenntniswert, da sie sich mit dem Umfang dieses originären Verbotes nicht auseinandersetzt. Entscheidend für die Auffassung Bauers spricht, daß die Mehrzahl der hier behandelten Verträge -die innerhalb des von Bauer für seine Wandlungsthese in Anspruch genommenen Zeitraums liegen- bloß das Verbot enthielten, Handel zu treiben[168]. Eine ausschließlich kapitalmäßige Beteiligung wird demnach vom Worlaut der meisten Verträge nicht untersagt. Angesichts eines fehlenden ausdrücklichen Verbotes konnte gegen eine bloß kapitalmäßige Beteiligung an anderen Gesellschaften somit lediglich unter dem Gesichtspunkt der Verletzung der Treuepflicht Bedenken bestehen. Es bestand nämlich immer die Gefahr, daß der kapitalmäßig an einer anderen Gesellschaft beteiligte Gesellschafter dieser seine Kenntnisse über Geschäftsinterna seiner Hauptgesellschaft weitergab. Ein Verbot kapitalmäßiger Beteiligung kann jedoch meines Erachtens für den hier zu behandelnden Zeitraum der Treueverpflichtung der Gesellschafter nicht entnommen werden. Dagegen spricht, daß sich das Wettbewerbsverbot in den hier dokumentierten Verträgen immer mehr von einer bloßen Anhangsregelung der Treuepflicht zu einem selbständigen Absatz der Verträge wandelte[169]. Wären die Gesellschafter der süddeutschen Handelsgesellschaften der Auffassung gewesen, daß die lediglich kapitalmäßige Beteiligung an einer anderen Gesellschaft gegen die Treuepflicht verstoßen würde, so hätte es nahegelegen, entsprechende Verbote im Zuge der Verselbständigung der Wettbewerbsverbotsklauseln in diese aufzunehmen.

Festzuhalten ist, daß im hier behandelten Zeitraum kein Verbot reiner Kapitalbeteiligungen an anderen Gesellschaften festgestellt werden kann. Nur sieben der hier insgesamt ausgewerteten dreizehn Gesellschaftsverträge der süddeutschen Fernhandelsgesellschaften, nämlich der Haugvertrag von 1531, der Scheuerlvertrag von 1540 und die vier Fuggerverträge enthielten überhaupt das Verbot, mit anderen eine Gesellschaft einzugehen. Auch bei diesen sieben Verträgen bleibt letzlich offen, ob dieses Verbot nur die arbeitsmäßige Beteiligung als Hauptgesellschafter oder auch die bloß kapitalmäßige Beteiligung an einer anderen Gesellschaft erfaßte. Die Wett-

168. siehe Verträge Nr. 4, 5, 6 und 7

169. vgl. die in Kapitel B II 1 a beschriebene Stellung der die Wettbewerbsverbote betreffenden Regelungen im Gesamtaufbau des Vertrages

bewerbsverbote dienten daher zumindest vorwiegend der Sicherung der Arbeitskraft der Gesellschafter für die Gesellschaft.

ee. Gründe für die Häufigkeit vertraglicher Regelungen über Wettbewerbsverbote

Weil eine Gesetzgebung mit einschlägigen Verboten fehlte, mußten die Gesellschafter der süddeutschen Fernhandelsgesellschaften entsprechende vertragliche Vereinbarungen treffen, um Wettbewerbshandlungen eines Mitgesellschafters zu unterbinden[170]. Eine Gesetzgebung mit entsprechenden Verboten hätte gegen Ende des 15. und im Verlauf des 16. Jahrhunderts zunächst durch das Reich erfolgen können, dessen Recht Vorrang vor dem partikularen Rechten besaß. Daneben stand den Reichsstädten und den Territorialstaaten die Befugnis zur autonomen Rechtssetzung zu, wobei der Grundsatz des Vorrangs des Stadtrechts vor dem Landrecht galt[171].

Eine umfassende und geschlossene Gesetzgebung des Reiches auf dem Gebiet des Privatrechts gab es nicht[172]. Die zahlreichen Reichsgesetze dieser Epoche enthielten nur einzelne privatrechtliche Vorschriften, jedoch keine abschließende Regelung des Rechts der Handelsgesellschaften oder gar der Wettbewerbsverbote. Soweit sich Reichsgesetze mit Handelsgesellschaften befaßten, beschränkten sie sich zu diesem Zeitpunkt vorwiegend auf ordnungspolizeiliche Maßnahmen gegen die Handelsgesellschaften, gegen die man wegen der damit verbundenen Syndikatsbildung eine allgemeine Abneigung hegte[173]. So wandten sich die Reichspolizeiordnungen von 1548 und 1577 ausdrücklich gegen das monopolistische Bestreben der Handelsgesellschaften und verboten diesen, durch Aufkauf oder Ausschließlichkeitsvereinbarungen mit Verkäufern und Käufern eine Monopolstellung im Handel mit Waren zu erlangen zu suchen. Eingriffe in die innere Ordnung der Handelsgesellschaften, etwa durch Verbote der wettbewerbsregelnden Klauseln, fehlten dagegen in den Monopolverboten der Reichspolizeiordnungen[174].

Auch in den Landrechten der fürstlichen Territorialstaaten gab es keine Normierung des Rechts der Handelgesellschaften und damit auch keine Vorschriften über Wettbewerbsverbote. Das ist sachlich schon deshalb verständlich, weil die größeren

---

170. vgl. dazu Swoboda, S. 6 und Lutz, Struktur, Band I S. 320

171. Eisenhardt, Rechtsgeschichte, Rn. 161 ff.; Conrad, Band 2, S. 356 ff.

172. Conrad, Band 2, S. 359; Eisenhardt, Rechtsgeschichte, Rn. 167

173. Peterka in ZHR 73, S. 387 ff. (390) und Strieder, S. 13; vgl. zum Zustand der Handelsgesetzgebung des Reiches im fraglichen Zeitraum auch Eisenhardt, Gerichtsbarkeit, S. 89 ff (95 f.) und Goldschmidt, S. 11 sowie Ehrenberg-Rehme, S. 913

174. zu den Reichspolizeiordnungen vgl. Conrad, Band 2, S. 359; Eisenhardt, Rechtsgeschichte, Rn. 167; der Wortlaut der Ordnungen findet sich in der Sammlung der Reichsabschiede, und zwar: Zweiter Teil, S. 306 ff. (Reichspolizieordnung von 1530 ohne Monopolverbote); Zweiter Teil, S. 587 ff. (Reichspolizeiordnung von 1548 mit Monopolverbot); Dritter Teil, S. 379 ff. (Reichspolizeiordnung von 1577 mit Monopolverbot)

Handelsgesellschaften ihren Sitz in den Reichsstädten hatten und so zu einer Regelung in den Territorialstaaten kein Anlaß bestand[175].

Eine einschlägige Gesetzgebung hätte also nur in den Städten erfolgen können, in denen es zahlreiche Handelsgesellschaften gab und die sich dementsprechend mit der Materie befassen mußten. Aber auch in den Stadtrechtsbüchern selbst der großen Handelstädte fehlte es weitgehend an einer umfassenden Regelung des Rechts der Handelsgesellschaften und damit auch an einer ausdrücklichen und für die Praxis ausreichenden Regelung der Wettbewerbsverbote zwischen den Gesellschaftern einer Handelsgesellschaft[176]. Das Fehlen einer gesetzlichen Regelung in den Städten wird dabei von Peterka mit dem Charakter der Stadtrechte[177] begründet. Die Verfasser dieser Rechte seien, zusammenfassenden Normen gegenüber abgeneigt, vor allem auf die Regelung des praktischen Gerichtslebens unter Vernachlässigung materiell-rechtlicher Vorschriften bedacht gewesen. Dagegen vertritt Lutz die Auffassung, daß das Fehlen einschlägiger Bestimmungen in den Stadtrechten Folge der Entwicklung der süddeutschen Handelsgesellschaften aus dem Familienverband gewesen sei[178].

Meines Erachtens ist zusätzlich zu diesen sich ergänzenden und nicht etwa gegenseitig ausschließenden Erwägungen Lutz' und Peterkas noch zu bedenken, daß eine praktikabele Regelung der Wettbewerbsverbote den Städten nicht möglich gewesen wäre. So zeigt die Analyse der bei Lutz[179] dokumentierten Verträge von sechzehn verschiedenen Gesellschaften, daß allein sieben zwischen Bürgern verschiedener Städte geschlossen wurden. Angesichts eines erst im Entstehen begriffenen Kollisionsrechts[180] wäre eine praktikabele Regelung des Rechts der Gesellschaften und der Wettbewerbsverbote durch die Städte nicht möglich gewesen. Hier zeigt sich auch deutlich der Unterschied zu Zünften. Dort konnte eine Regelung des Rechts dieser Gesellschaften, da deren Mitglieder regelmäßig Bürger einer Stadt waren, erfolgen und erfolgte auch. Die Gesellschafter der Handelsgesellschaften waren ungeachtet der Ursache für das Fehlen einer gesetzlichen Regelung gezwungen, die notwendigen Bestimmungen selbst zu schaffen.

Fraglich ist, ob man die Häufigkeit der Regelung von Wettbewerbsverboten in den Gesellschaftsverträgen der süddeutschen Handelsgesellschaften auch damit erklären kann, entsprechende Verbote seien notwendig gewesen, weil sich diese Verbote noch

175. vgl. Lutz, Struktur, Band 1 S. 61, 134 f.; Ehrenberg-Rehme, S. 130

176. so befaßt sich selbst das Augsburger Stadtrechtsbuch nur in wenigen Bestimmungen prozessualer Natur mit dem Recht der Handelsgesellschaften; vgl. Peterka in ZHR 73, S. 391 f.

177. so Peterka in ZHR 73, S. 392

178. Lutz, Struktur, Band I S. 139 f.,

179. Lutz, Struktur, Band II

180. zur Geschichte dieses Rechts Bar, S. 360 ff.

nicht zu einem allgemein anerkannten Handelsbrauch entwickelt gehabt hätten[181]. Kennzeichen eines Handelsbrauches ist nach heutiger Definition das Vorhandensein einer im Verkehr der Kaufleute untereinander als verpflichtend angesehenen Regel, die auf einer gleichmäßigen, einheitlichen und freiwilligen Übung beruht, die sich innerhalb eines angemessenen Zeitraums für vergleichbare Fälle gebildet hat und der eine einheitliche Auffassung der beteiligten Kreise zugrunde liegt[182]. Ist auch die Aufnahme eines Handelsbrauchs in einen Vertrag gerade nicht nötig, um diesem Geltung zu verschaffen, so ist es dennoch nicht ausgeschlossen, aufgrund der häufigen Erwähnung der Wettbewerbsverbote in den Verträgen der süddeutschen Handelsgesellschaften auf das Vorliegen eines (lokalen) Handelsbrauches zu schließen, der lediglich aus Klarstellungsgründen in den Vertragstext aufgenommen wurde. Die nahezu durchgehende Erwähnung der Verbote spricht eher dafür, diese entgegen Lutz als Handelsbrauch i.S.d. oben angeführten heutigen Definition anzusehen, da es ansonsten auch abweichende Regelungen gegeben hätte.

Festzuhalten ist somit, daß die Häufigkeit der vertraglichen Vereinbarungen über Wettbewerbsverbote in den Verträgen der süddeutschen Fernhandelsgesellschaften auf das Fehlen einer allgemeingültigen gesetzlichen Bestimmung zurückzuführen ist, nicht dagegen darauf, daß die einschlägigen Verbote nicht der allgemeinen Überzeugung der Handelsgesellschafter entsprochen hätten.

ff. Die Einhaltung der Verbote

Waren Wettbewerbsverbote in nahezu allen Verträgen der süddeutschen Fernhandelsgesellschaften enthalten und somit Grundbestandteil dieser Verträge, so stellt sich die Frage, ob das tatsächliche Verhalten der Gesellschafter mit der Regelung der Vertragstexte in Übereinklang stand. Es besteht nämlich die Möglichkeit, daß die Rechtswirklichkeit mit dem durch die Vertragstexte vermittelten Eindruck nicht übereinstimmte[183].

Ein entsprechender Hinweis auf ein Auseinanderfallen von Rechtsnorm und tatsächlichem Verhalten kann dem Register der Nürnberger Welsergesellschaft unter Antorf, Bl. 27 b, entnommen werden, dessen genauer Inhalt schwer klarzustellen ist[184]. Der Vermerk lautet:

... habenn wir uns verglychen unange sechenn das der hauptt artickell so zum anderen stett vermag, das keiner kein andere hantirung dan unser gemeine treyben soll/so ver die bartytta mit der stat wag wie b lac°/die vir tragt/vir gang gewenn das er macht haben soll vir uns 3 R(p?) 1/3 40 V fl pagment auser des gemeinen handels an zu nemen. Iber das sollen alle finantzen oder andere hendel so man

---

181. so Lutz, Struktur, Band I S. 319
182. vgl. BGH WM 1984, S. 1000 ff. (1002) m.w.N.
183. diese Möglichkeit sieht auch Lutz, Struktur, Band I S. 27
184. diese Schwierigkeit betont auch Welser, S. 12

aparte virnemen auser halb Kx oder tall in bergen Renten sant lant zu kauffen ab gestellt. Doch solle das wir Jetz auff der finantz haben mit erstem einziechenn und darch nach pey obstendem geding pleybenn[185].

Anscheinend wurde hier den Geschäftsführern der Gesellschaft in Abweichung von den Bestimmungen des Gesellschaftsvertrages die persönliche Beteiligung an der Antwerpener Partitia[186] gestattet[187]. Besonders bemerkenswert erscheint die von Welser und Lutz nicht beachtete Tatsache, daß zu Beginn der Textstelle von einem Vergleich die Rede ist. Offenbar bestand Streit zwischen den Gesellschaftern über die Beteiligung, die in Abweichung vom Hauptvertrag durchgeführt werden sollte.

Auch das bisher zur Frage der Wettbewerbsverbote nicht ausgewertete Tagebuch des Lucas Rem enthält den Nachweis, daß trotz der in den Gesellschaftsverträgen enthaltenen Verbote Nebenhandel betrieben wurde. Der Gestattung dieses Nebenhandels scheint eine besondere Vereinbarung der Gesellschafter Endris und Lucas Rem sowie Ulrich Hanolt[188] zugrunde zu liegen. So schreibt Lucas Rem in seinem Tagebuch:

...*Mer gepürt mir vom grossen Span. handel..., in dem wir tail mit, oder in der hern Fugger halbtail 1/10 hetten, vom Febr. 1530 bis jetzt, insonder fir mich und Endris (ausserhalb gemainer handlong) gehept hab, nach vermig ainer besondren verainigong, wie im schwartzen buoch a Rubro 66. guotter beschaid statt-tuott mein tail gwin, abgezogen fil Interesse und uncost, nett als gold... fl. 5000*[189].

In welchem Umfang sonst noch Ausnahmen und Befreiungen von den grundsätzlich beschlossenen Wettbewerbsverboten vereinbart oder gemacht wurden, läßt sich nicht mehr feststellen. Die von Lutz[190] weiter aufgeführten Doppelbeteiligungen von Gesellschaftern liegen zeitlich wohl alle vor der Einfügung von Wettbewerbsverboten in die entsprechenden Gesellschaftsverträge. Immerhin läßt sich aufgrund der beiden vorstehend zitierten Textstellen feststellen, daß die alltägliche Praxis des süddeutschen Fernhandels im hier behandelten Zeitraum wohl nicht so frei von der Beteiligung an Konkurrenzunternehmen war, wie dies ein Blick in die Verträge der süddeutschen Fernhandelsgesellschaften zunächst vermuten läßt.

185. abgedruckt bei Welser, S. 54 f.
186. "Parti, Partitio" hieß in der ersten Hälfte des 16. Jahrhunderts in Frankreich und Italien jedes Geld- und Steuerpachtgeschäft mit einem Fürsten; vgl. Ehrenberg, Zeitalter, S. 380
187. so auch Welser, S. 12 mit näheren Erläuterungen des Textes und Lutz, Struktur, Band I S. 27 Fn. 106
188. zur Zusammensetzung der Gesellschaft siehe Greiff, S. 35
189. zit. nach Greiff, S. 38 f.; insonder=was nur mich angeht und meinen Bruder (so Greiff, S. 105)
190. Lutz, Struktur, Band I S. 318 Fn. 293

b. Zweifelsfälle: Wettbewerbsverbote in den nichterhaltenen Gesellschaftsverträgen

War während des hier behandelten Zeitraum das Wettbewerbsverbot in den uns erhaltenen Verträgen der süddeutschen Fernhandelsgesellschaften der Regelfall, so stellt sich die Frage, ob solche Verbote auch in den nicht mehr erhaltenen Gesellschaftsverträgen geregelt waren.

Für die Nürnberger Welsergesellschaft läßt sich die Existenz eines solchen Verbotes aufgrund der Bezugnahme im Register der Gesellschaft[191] mit Sicherheit bejahen.

Schwieriger ist die Frage für die Große Ravensburger Handelsgesellschaft zu beantworten. Die Ordnung dieser Gesellschaft ist nicht mehr erhalten. Ihr Inhalt kann daher nur aus den Akten und den tatsächlichen Ereignissen in bezug auf diese Gesellschaft rekonstruiert werden. Dabei kann u.a. der Gesellschaftsvertrag der Nürnberger Gesellschaft Koler, Kreß und Saranno zur Hilfe genommen werden, da der "regierer" dieser Gesellschaft, Jörg Koler, lange Jahre Mitglied der Großen Ravensburger Handelsgesellschaft war und anzunehmen ist, daß er deren Vertrag als Vorbild für den später mit Kreß und Saranno abgeschlossenen Gesellschaftsvertrag nahm[192]. Der Vertrag der Nürnberger Gesellschaft Koler, Kreß und Saranno enthält ein Wettbewerbsverbot[193]. Das ist ein Indiz dafür, daß auch der Vertrag der Großen Ravensburger Handelsgesellschaft ein solches Verbot enthielt, obwohl zweifelhaft ist, ob nicht einige ihrer Gesellschafter ein eigenes Geschäft betrieben[194].

Die auf den Inhalt des Vertrages der Nürnberger Kolergesellschaft gestützte Vermutung, innerhalb der Großen Ravensburger Handelsgesellschaft habe es ein Wettbewerbsverbot gegeben, ist aufgrund der Struktur der Großen Ravensburger Handelsgesellschaft von besonderer Bedeutung. Eine problemlose Einordnung dieser Gesellschaft in die üblichen Kategorien der damaligen Gesellschaften bzw. ein Vergleich mit heutigen Gesellschaftsformen ist nicht möglich[195]. Am ehesten läßt sich eine Negativabgrenzung vornehmen. Die Große Ravensburger Handelsgesellschaft gehörte demnach nicht zu den Sozietäten des klassischen römischen Rechts, war nicht

---

191. siehe Fn. 185

192. so auch Schulte, S. 42; zur Bezeichnung Kolers als "regierer", d.h. als einziger mit umfassender Vertretungs- und Geschäftsführungsmacht ausgestatteter Gesellschafter vgl. den bei Lutz, Struktur, Band II S. 21 f. abgedruckten Wortlaut des Gesellschaftsvertrages

193. siehe Vertrag Nr. 3

194. so auch Schulte, S. 71 f.; ihn unterstützend Lutz, Struktur, Band I S. 315 und Swoboda, S. 13

195. zur grundsätzlichen Problematik der Einordnung historischer Gesellschaften in bestimmte Begriffskategorien des Gesellschaftsrechts vgl. Rehme in ZRG GA 27, S. 487 ff. (491 ff.) m.w.N., der betont, daß sich sinnvoll allenfalls die Frage stellen läßt, ob eine Gesellschaft eine Vorstufe einer heutigen Gesellschaftsform darstellt

commenda im engeren oder weiteren Sinne, Widerlegung oder gar OHG i.S.d. modernen Handelsrechts[196]. Sie war vielmehr ein auf Dauer angelegtes kapitalistisches Unternehmen mit von der Person losgelöstem Geschäft[197]. Als große kapitalistische Gesellschaft mit z.B. 1497 allein 38 im Handel tätigen Gesellschaftern[198] wies sie -bei allen historisch bedingten Unterschieden im Detail- auch Gemeinsamkeiten mit den heutigen Aktiengesellschaften auf. So gab es Ansätze zu einem Direktorium bzw. Aufsichtsrat, tatsächliche Nichtmitarbeit älterer Gesellschafter, für die die Einlage fast eine Aktie war, und ein Verbleiben der Einlagen von Erben auch über mehrere Geschäftsperioden hinaus[199]. Dennoch kannte diese Gesellschaft wahrscheinlich ein Wettbewerbsverbot unter ihren Gesellschaftern. Auch in rein kapitalistischen Vereinigungen gab es also anscheinend Wettbewerbsverbote, sogar bei Unternehmungen, die an Frühformen der Aktiengesellschaft erinnern.

c. Verträge ohne Wettbewerbsverbote

Die Suche nach Wettbewerbsverboten verführt dazu, Vertragstexten bzw. -passagen im Wege der Auslegung eine Bedeutung zu geben, die diese nicht hatten; ein Fehler, den besonders Swoboda häufig begeht, der jedoch auch bei anderen Autoren anzutreffen ist. Eine Auseinandersetzung mit sämtlichen Fehlinterpretationen würde zu weit führen, sie kann jedoch -obwohl sie gerade nicht die Existenz von Verboten aufzeigt- nicht vermieden werden, weil sie geeignet ist zu zeigen, welche typischen Vertragswendungen in den Texten mittelalterlicher Handelsgesellschaften den Schluß auf das Vorliegen eines Wettbewerbsverbotes gerade nicht zulassen. Beispielhaft sollen hier daher Fälle aufgezeigt werden, in denen das Vorliegen eines vertraglich geregelten Wettbewerbsverbotes zu verneinen ist. So benennt Swoboda den in Klammern zitierten folgenden Vertragstext des Färber-Ehingervertrages (Ulm 1490) als Beleg für die Existenz eines Wettbewerbsverbotes zwischen den Gesellschaftern dieser Handelsgesellschaft. Keinesfalls aber kann, wie dies Swoboda tut, aus dem Verbot der Ausstellung von Wechseln und der Übernahme von Bürgschaften auf ein Wettbewerbsverbot geschlossen werden. Diese von Swoboda aufgestellte These

---

196. zu den verschiedenen Erscheinungsformen der Gesellschaften im Mittelalter siehe Rehme in ZRG GA 27, S. 487 ff. (513 ff.)

197. so Schulte, S. 49

198. Schulte, S. 49; zur Gleichsetzung des in den Büchern und Registern der Gesellschaft verwandten Ausdrucks "Geselle" mit Gesellschafter durch Schulte siehe Rehme in ZRG GA 27, S. 487 ff. (541 ff.), der der Deutung Schultes zustimmt und von nicht weniger als 38 Gesellschaftern der Gesellschaft spricht

199. Schulte, S. 92 f.; Rehme in ZRG GA 27, S. 487 ff (541 ff.) beschreibt ebenfalls diese von Schulte geschilderten Erscheinungen, lehnt jedoch auf S. 547 das Vorliegen einer AG aufgrund seiner auf S. 520 getroffenen Definition strikt ab. Er hält die Große Ravensburger Handelsgesellschaft lediglich für eine Kommanditgesellschaft. Hier geht es aber nicht um die Frage, ob eine AG im modernen Sinne vorlag. Auch Rehme leugnet nicht die Elemente der Ravensburger Handelsgesellschaft, die diese mit einer AG gemein hat.

verkennt -wie sich auch aus dem hier im größeren Zusammenhang zitierten Text ergibt- daß Bürgschaften und Wechsel nicht nur zu Konkurrenzzwecken eingesetzt werden konnten[200]. Der Vertragstext lautete:

-...Zu gewyn und zu werluest nach meinem besten vermugen, on alle geuarlichait hanndtieren, und werben und mich die Zeitt Erberklich und wesenlich hallten und dhain spil noch kain annder unfurlich wesen weder mit uberflüssiger Zerung noch annderer Costlichait nicht thun noch treyben. Sonnder mich, und die/so ich zu meiner Notdurffft in meinen haws und Cost, haben muß, Nemlich..., von unnser beider hauptgut, Zymblich und gepürlich verzeren, Auch mich dauon Erberklich und notdurfftigklich beklayden, und beschuhen, und dauon nichtzit ausleyhen, (Noch auch in egemelter Zeitt Neyemands Bürg sein noch werden, Und das auch unnser kainer on des annderen wissen, willen und vergunsten Auf den annderen, Noch auf das egenant unser baider hauptgut, dhainen wechsell weder hinein, noch hierauß der lannd, Nicht thun...)
...Wa ich mich aber in den egemelten vier Jaren/unzymlich und nicht gepurlich hallten und mit spil, Frowen, Zerung, oder in annder weg, in uberflussiger Kostlichait mer denn zymblich und gepurlich were/ on werden, ald mer schulden/ dann das egemelt unnser baider gelegt haubtgut ertragen mag, auf unns baid/ oder mich allain nemen/ oder etwas außleyhen (oder aber für ettwennen Burg sein wurde und deßgleych on Jacob Ehingers wissen und willen, wechsel machte... das alles und yedes insonnder soll den egenannten Jacoben Ehinger/ oder seinen Erben, an dem vorgenannten seinem gelegten haubtgut, dem gewynn noch sunst in kain weg dhain Abganng Mangel noch mynderung bringen noch geben, Sonnder mir geschehen/...)

Diesem Gesellschaftsvertrag läßt sich lediglich entnehmen, daß der versprechende Gesellschafter Wolfgang Färber seine persönlichen Bedürfnisse -soweit sie über das Notwendige hinausgingen- nicht auf Kosten des Gesellschaftsvermögens befriedigen durfte. Diesem Zweck diente auch das Verbot der Hingabe von Wechseln und des Eingehens von Bürgschaften. Dies folgt aus der systematischen Stellung des Verbotes zwischen zwei eindeutig für die hier vorgenommene Auslegung sprechenden Textstellen.

Damit ist grundsätzlich der Tendenz entgegenzutreten, aus dem Verbot der Hingabe von Wechseln bzw. des Eingehens von Bürgschaften auf das Vorliegen eines Wettbewerbsverbotes zu schließen. Das Gesellschaftsvermögen und das Vermögen des anderen Gesellschafters[201] sollten durch diese Klauseln vielmehr vor dem Mißbrauch für private Zwecke geschützt werden.

---

200. so aber Swoboda, S. 11, dessen Fehler Lutz, Struktur, Band I S. 313 Fn. 272 wiederholt; zum vollständigen Vertragstext siehe Kohler, S. 2
201. Verboten war gerade auch, einen Wechsel auf den anderen Gesellschafter zu ziehen, siehe dazu auch die Darstellung von Geschäftsführungsbefugnis und Vertretung bei Lutz, Struktur, Band I S. 321 ff.

Zweifelhaft ist auch die Bedeutung von Passagen, die die Gesellschafter zur Rechnungslegung verpflichteten. Eine solche Bestimmung enthält der Vertrag zwischen Haug und Linck aus Augsburg vom 28. Oktober 1547:

...Es soll auch keinem den anderen nicht verhallten sonder auf eins jeden begeren alle erlauffne hendel eröffnen derohalb Rechnung thuen und gestatten keinem kein vortail noch sich selbst noch mit anderen auf eignen Willen nicht für nemen wo all das beschehe sollt selbig behallten sich und desgleichen mit dienern aufzunemen in urlaben und anderem soll es auch erzellter maynung gehalten werden[202].

Nach Strieder[203] ist aus diesen Zeilen auch deshalb ein Konkurrenzverbot zu entnehmen, weil sie unmittelbar Bestimmungen über die Geheimhaltungspflicht der Gesellschafter nachfolgten. Dagegen wendet Swoboda[204] zu Recht ein, daß die Passage nur die selbstverständliche Pflicht der Gesellschafter regele, einander von der Geschäftsführung Kenntnis zu geben.

Nach richtiger Auffassung kann auch aus der Verpflichtung zur Rechnungslegung und Unterrichtung nicht auf das Vorliegen eines Wettbewerbsverbotes geschlossen werden. Ein solcher Schluß wäre nur zulässig, wenn mit der Verpflichtung zur Rechnungslegung verbotener Handel aufgedeckt werden sollte. Davon kann jedoch nicht ausgegangen werden, weil sich ein solches Verbot gerade nicht dieser Regelung entnehmen läßt.

2. Wettbewerbsverbote in Norddeutschland

Waren vertraglich vereinbarte Wettbewerbsverbote bei den süddeutschen Handelsgesellschaften innerhalb des hier behandelten Zeitraum der Regelfall, so stellten sie bei den norddeutschen hansischen Handelsgesellschaften eine Ausnahmeerscheinung dar.

202. siehe Strieder, S. 21 f. und 55 sowie Swoboda, S. 15
203. Strieder, S. 55
204. Swoboda, S. 15

Zwar kannte man Wettbewerbsverbote für die Handlungsdiener genannten Beauftragten eines Kaufmanns[205], nicht jedoch das regelmäßige Wettbewerbsverbot für die Handelsgesellschafter[206]. Lediglich ein solches Wettbewerbsverbot ist für den hier behandelten Zeitraum einwandfrei nachzuweisen, und zwar in einer sogenannten wedderlegginge[207]. Dabei handelte es sich um eine Gesellschaftsform, in der der Kapitalist[208] dem Reisenden Kapital vorstreckte, das er in die Gesellschaft einschießen sollte. Es wurde also ein Darlehn für den Zeitraum gegeben, in dem der Empfänger im Dienst des Gebers bleiben sollte, wobei nachher eine Teilung von Gewinn und Verlust stattfand[209]. Diese Gesellschaftsform dürfte damit am ehesten

---

205. siehe dazu die bei Pauli, S. 156 f. abgedruckten Urkunden aus dem Niederstadtbuch von Lübeck Nr. 85 (1434) und 86 (1435); diese Verbote erwähnt auch Swoboda, S. 7, wobei er jedoch in der heutigen Terminologie undifferenziert von Wettbewerbsverboten für Angestellte spricht, ohne nach zeitgenössischer Art zwischen Beauftragten (Handlungsdiener, Kaufgesellen) eines Kaufmanns und desses ständigen Vertretern an einem anderen Handelsplatz (Agenten, Faktoren) zu unterscheiden (zu dieser Unterscheidung Conrad, Band 1, S. 206)

206. Lutz, Struktur, Band I S. 321 Fn. 306 spricht von zwei Fällen; Swoboda, S. 9 von einem Fall; Keutgen in VSWG 1906, S. 575, auf den Lutz sich bezieht, spricht von einem sicheren -mit dem Beispiel bei Swoboda identischem- Verbot und einem zweifelhaften Fall. Die entsprechenden Klauseln lauten:
"1.Gerd schal noch enwil mit nemande anders selschup hebben, id enzy mit des erscreven Cordes vulbord unde willen" (aus dem Jahre 1476)
"2.qui Wasmodus dicebat, se non habere aliqua bona mercatoria extra ista" (aus dem Jahre 1312, sollte nach Keutgen, a.a.O., vornehmlich der Unterschlagung eines Teils des Gewinns vorbeugen)
Siehe zu den Wettbewerbsverboten in Norddeutschland auch Rehme in ZHR 42, S. 367 ff. (385), der neben den hier angeführten Fällen noch ein Beispiel für ein Konkurrenzverbot aus dem Lübecker Niederstadtbuch anführt, welches sich in der Rubrik "societas" befindet. Es lautet:
"55.(1347) Winekinus Krudener de Lemegowe habet 32 marcas denariorum, contra quas Ghunterus de Arneborch sibi tradidit alias 32 marcas denariorum in vera societate. Et ipse Winekinus extra istam societatem nullam habebit pecuniam absque scitu ipsius Ghunteri memorati."
Es erscheint jedoch zweifelhaft, ob man mit Rehme aus der Regelung, außerhalb der Gesellschaft kein Geld zu haben, auf ein Wettbewerbsverbot schließen kann.

207. Swoboda, S. 10; zum Begriff siehe Rehme, a.a.O. (Fn. 200) S. 370; Schimke, S. 53 ff. und Mayer, Einleitung S. II ff., wonach dieser norddeutsche Begriff der süddeutschen "Fürlegung" entspricht; im einzelnen ist vieles umstritten, eine umfassende Behandlung würde den Rahmen der Arbeit überschreiten

208. der Ausdruck "Kapitalist" entspricht der in der heutigen Literatur üblichen Bezeichnung für den kapitalgebenden Gesellschafter, der in der commenda Südeuropas commendator genannt wurde, während eine zeitgenössische Kurzbezeichnung für den Kapital vorstreckenden Gesellschafter einer wedderlegginge anscheinend nicht vorhanden war; vgl. zum Ganzen Mayer, S. 21 ff.

209. Keutgen in VSWG 1906, S. 492, siehe auch Fn. 208

mit der heutigen stillen Gesellschaft gemäß §§ 230 ff. HGB vergleichbar sein. Bei den anderen Gesellschaftsformen, so vor allem bei den großen Fernhandelsgesellschaften mit echter Beteiligung aller Kaufleute, ist dagegen keine Spur eines Wettbewerbsverbotes zu finden[210]. Die Stadtrechte enthielten vereinzelt sogar ausdrückliche Erlaubnisse, so z.B. die Leipziger Ratskommission von 1464, die bestimmte:

...Item es mag ein burger mit einem usslendischen gaste geselschaft haben...Item der burger mag auch dorbei wol einen sunderlichen handel haben...[211].

3. Gründe für die unterschiedliche Behandlung der Wettbewerbsverbote

a. Herkömmliche Erklärungsansätze

Eine mögliche Erklärung für die unterschiedliche Behandlung der Wettbewerbsverbote in den Verträgen süd- und norddeutscher Handelsgesellschaften wäre es, daß es sich bei den norddeutschen hansischen Handelsgesellschaften durchweg um Gelegenheitsgesellschaften gehandelt haben könnte. Bei diesen Gesellschaften gab es, wie die vorhergehende Untersuchung zeigt, auch in Süddeutschland keine Wettbewerbsverbote. Eine gewisse Unterstützung erfährt die These von der norddeutschen hansischen Handelsgesellschaft als Gelegenheitsgesellschaft aus dem Umstand, daß sich hansische Kaufleute häufig an verschiedenen Gesellschaften beteiligten, so der Kaufmann Hermann Mornewech allein in den Jahren von 1323 bis 1335 an achtzehn Gesellschaften[212].

In der Tat sieht ein Teil der Literatur die typische norddeutsche hansische Handelsgesellschaft als Gelegenheitsgesellschaft an. Wer im Seehandel Teilhaber wurde, wurde dies nach dieser Auffassung nicht für einen kontinuierlichen Gewerbebetrieb, der Teilhaber habe vielmehr nur an der einzelnen Seereise partizipiert. Der Seehandel sei nämlich kein einheitlicher Betrieb gewesen, er müsse vielmehr als eine Serie einzelner Unternehmungen betrachtet werden, deren jede ihr individuelles Risiko gehabt habe[213].

Gegen diese Ansicht wendet sich zu Recht Keutgen. Nach seiner zutreffenden These war auch in Norddeutschland das Stadium der Gelegenheitsgesellschaft zu dem Zeitpunkt überschritten, in dem man Verträge nicht mehr für eine einzelne Seereise abschloß, sondern für eine bestimmte Zeit[214]. Dies sei spätestens im 14. Jahrhun-

---

210. Mickwitz in HansGeschbl. 1937, S. 24 ff. (35)
211. zit. nach Schmidt, Handelsgesellschaften, S. 51, der zu Recht betont, daß damit ein vertraglicher Ausschluß des Gesellschafterwettbewerbes nicht unzulässig wurde
212. zu Hermann Mornewech siehe Swoboda, S. 9 und Keutgen in VSWG 1906, S. 505
213. so z.B. Weber, Geschichte der Handelsgesellschaften, S. 16, der sich zwar auf südeuropäische Quellen bezieht, dessen allgemein gefaßte Gedankengänge aber auch für den norddeutschen Raum Geltung beanspruchen; weitere Nachweise bei Keutgen in VSWG 1906, S. 504 und Schimke, S. 43
214. Keutgen in VSWG 1906, S. 509 ff.

dert der Fall gewesen, ab diesem Zeitpunkt lasse sich keine Gesellschaft für einzelne Fahrten mehr nachweisen[215].

Die Unterscheidung von Dauer- und Gelegenheitsgesellschaft kann mit Keutgen nur durch die Unterscheidung zwischen auf bestimmte Zeit geschlossenen Gesellschaftsverträgen (=Dauergesellschaft) und für einzelne Fahrten geschlossenen Gesellschaftsverträgen (=Gelegenheitsgesellschaft) sinnvoll durchgeführt werden. Das unterschiedliche Risiko der einzelnen Seereisen innerhalb eines auf bestimmte Zeit geschlossenen Gesellschaftsvertrages ist kein Argument für die Annahme einer Gelegenheitsgesellschaft. Auch eine Landhandelsgesellschaft wird Handelsreisen von unterschiedlichem Risiko unternommen haben, ohne daß sich daraus die Schlußfolgerung ziehen läßt, es habe sich dabei um eine bloße Gelegenheitsgesellschaft gehandelt. Mit Keutgen und Mickwitz ist daher davon auszugehen, daß die norddeutschen Handelsgesellschaften keine Gelegenheitsgesellschaften waren. Dagegen spricht auch nicht das oben erwähnte Beispiel des Kaufmanns Mornewech. Die Vielzahl seiner Beteiligungen kann auch auf das Fehlen eines Wettbewerbsverbotes zurückzuführen sein, über die Zeitdauer der einzelnen Gesellschaften, an denen der Kaufmann Hermann Mornewech beteiligt war, wissen wir nichts.

Mit der These von der Struktur der norddeutschen hansischen Handelsgesellschaft als Gelegenheitsgesellschaft läßt sich das Fehlen von Wettbewerbsverboten in diesen Gesellschaften somit nicht erklären.

Keutgen bietet für das Fehlen von Wettbewerbsverboten eine wirtschaftlich orientierte Erklärung an. Nach seiner Auffassung machte sich ein Kaufmann in Lübeck, der mit einem Schiff, an dem er mit dem Kaufmann A beteiligt war, nach Riga eine Ladung Ware schickte und dies einen Monat später wiederum mit einem Schiff tat, an dem er mit dem Kaufmann B beteiligt war, weniger Konkurrenz, als wenn er nur mit A eine Gesellschaft gehabt und deshalb alles auf einmal versandt hätte, da die Ankunft der doppelten Warenmenge den Preis in Riga stark hätte fallen lassen können[216].

Nach Mickwitz schließlich lag der wahre Grund für das Fehlen von Wettbewerbsverboten im gegenseitigen Vertrauen der norddeutschen hansischen Kaufleute. Bei den großen norddeutschen Fernhandelsgesellschaften konnte man, so seine These, mit der gesamten Arbeitskraft des jeweiligen Gesellschafters rechnen. So wie der eine Gesellschafter die Interessen der Gesellschaft wahrnahm, sei es eine Angelegenheit der Gegenseitigkeit und des Vertrauens gewesen, daß auch der oder die jeweiligen anderen Gesellschafter ihre gesamte Arbeitskraft in die Gesellschaft investierten[217].

---

215. Keutgen in VSWG 1906, S. 510; auch Mickwitz in HansGeschbl. 1937, S. 24 ff. (S. 34) spricht davon, daß die Gesellschaften langlebig waren
216. Keutgen in VSWG 1906, S. 574
217. Mickwitz in HansGeschbl. 1937, S. 24 ff. (35)

Sowohl der Erklärungsversuch von Keutgen als auch derjenige von Mickwitz berücksichtigen nicht, daß sich die dort aufgeführten Argumente für das Fehlen eines Wettbewerbsverbotes in den norddeutschen hansischen Handelsgesellschaften auch auf die süddeutschen Fernhandelsgesellschaften übertragen lassen. Auch dort konnte der Preis für ein Handelsgut fallen, wenn ein Transport mit einer großen Menge Ware eines Kaufmanns in eine Stadt kam; warum sich in Süddeutschland nicht ebenfalls gegenseitiges Vertrauen unter den Handelsgesellschaftern hätte herausbilden sollen, ist ebenfalls nicht ersichtlich. Insoweit berücksichtigt Mickwitz nicht, daß es sich z.B. bei den Fuggern, deren Verträge durchweg Wettbewerbsverbote enthielten, um die Mitglieder einer Familie handelte und damit bei dieser süddeutschen Fernhandelsgesellschaft ideale Vorausetzungen für das Entstehen eines besonderen Vertrauensverhältnisses bestanden.

b. Die unterschiedlichen Regelungen als Folge des engen Kontaktes zwischen süddeutschen und italienischen Handelsgesellschaften

Überzeugender als die vorstehend dargestellten Erklärungsversuche dürfte es sein, die Existenz unterschiedlicher Regelungen in bezug auf die Wettbewerbsverbote zwischen den Gesellschaftern einer Handelsgesellschaft in Nord- und Süddeutschland als Folge des italienischen Einflusses auf die süddeutschen Handelsgesellschaften zu sehen. Zeitlich schon deutlich vor dem Auftauchen entsprechender Regelungen in Süddeutschland existierten zwischen den Gesellschaftern der italienischen Handelsgesellschaften eindeutige Wettbewerbsverbote. Sie kehren dort in allen Gesellschaftsverträgen seit dem Ende des 13. Jahrhunderts wieder, erstmals in den Briefen sienesischer Kaufleute aus dem Jahre 1283[218].

Während nun in den oberdeutschen Städten keine ohne Bedeutung war, die nicht ihre jungen Kaufleute nach Italien geschickt hätte, damit diese dort ihre Kenntnisse des Handels vervollkommnen konnten[219] und außerdem intensive, direkte Wirtschaftsbeziehungen zwischen den italienischen und süddeutschen Handelsstädten bestanden[220], existierten solche direkten Beziehungen zwischen der Hanse und den italienischen Städten nicht[221]. Daher kann davon ausgegangen werden, daß es sich bei den Wettbewerbsverboten zwischen den Gesellschaftern der süddeutschen Fernhandelsgesellschaften um Regelungen handelte, die die süddeutschen Kaufleute aus Italien mit nach Hause brachten, während die hansischen Kaufleute mit derartigen Regeln nicht[222] in Berührung kamen.

218. vgl. dazu Bauer, S. 25 und 136 f. (Fn. 15 f.); Apelbaum, S. 90 Anm. 1; v. Roon-Bassermann, S. 5
219. vgl. dazu Doren, S. 365 f. und beispielhaft die Reisebeschreibung des Lucas Rem in seinem Tagebuch bei Greif, S. 5 ff.
220. Doren, S. 358 ff.
221. zu den Wegen des hanseatischen Handels siehe Pirenne, S. 145 f.
222. zumindest nicht in der zur Übernahme erforderlichen Intensität

III. Wettbewerbsverbote in Stadtrechtsreformationen und gemeinen Recht

Das ab dem 12. Jahrhundert in Oberitalien wiederbelebte und weiterentwickelte römische Recht breitete sich seit dem 13. Jahrhundert allmählich in Deutschland aus. Dieser Vorgang ist auf in Oberitalien studierende deutsche Juristen zurückzuführen, die nach Rückkehr in der Verwaltung und Rechtssprechung ihrer Heimat tätig wurden und dort die erworbenen Kenntnisse des römischen Rechts anwandten. In der zweiten Hälfte des 15. und im 16. Jahrhundert hatte das römische Recht, welches mittlerweile auch an den seit dem 14. Jahrhundert gegründeten deutschen Universitäten gelehrt wurde, endgültig den Rang eines allgemein geltenden (gemeinen), wenngleich subsidiären Reichsrechts erlangt[223]. Dieser als Rezeption des römischen Rechts bezeichnete Vorgang führte gegen Ende des 15. und im 16. Jahrhundert zur Entstehung der reformierten Stadt- und Landrechte, in denen in sehr verschiedener Weise fremdes und heimisches Recht miteinander verbunden wurden[224]. Aufgrund der damaligen territorialen Zersplitterung des deutschen Reiches und der dadurch bedingten Vielzahl der Stadt- und Landrechte muß bei der Suche nach Wettbewerbsverboten in diesen Rechten auf eine umfassende Darstellung verzichtet und stattdessen exemplarisch gearbeitet werden[225].

Dieses exemplarische Vorgehen führt insbesondere zur Vernachlässigung der Landrechte, da dort keine Regelungen über das Recht der Gesellschaften zu finden sind. Aber auch in den süddeutschen Stadtrechten war das Recht der Gesellschaften nur vereinzelt geregelt. So enthielten in der Zeit bis 1600 nur die Reformationen Frankfurts und Nürnbergs Regelungen über das Gesellschaftsrecht, während die Stadtrechte von Freiburg, Ulm, Biberach, Kaufbeuren, Ravensburg und Memmingen diese Materie nicht berücksichtigten[226], so daß sich die Untersuchung für den süddeutschen Raum auf die Nürnberger und Frankfurter Reformationen beschränken kann.

1. Gemeines Recht

Nach verbreiteter Auffassung war es den Gesellschaftern einer Handelsgesellschaft nach gemeinem Recht nicht verwehrt, für sich auf eigene Rechnung Handelsgeschäfte zu treiben[227], und zwar auch mit Handelsartikeln der Gesellschaft, es sei denn,

---

223. Eisenhardt, Rechtsgeschichte, Rn. 61 ff.; Conrad, Band II, S. 339 ff.
224. Mitteis/Lieberich, S. 315
225. zur Fülle der bis zum Ende des 18. Jahrhunderts entstandenen Handelsgesetze vgl. Coing-Lammel, Handbuch, Band II/2 S. 635 ff; die Handelsgesellschaft im Allgemeinen während dieser Zeit behandelt Coing, Privatrecht, § 90
226. Lutz, Struktur, Band I S. 134 ff.
227. Mittermaier, S. 740; so wohl auch Glück, S. 970 f., Sintenis, S. 710 Fn. 54 und Lauterbach, Lib. XVII, XL ff., wo der Vertragsschluß eines Gesellschafters mit Dritten in eigenem Namen als etwas vollkommen selbstverständliches angesehen wird

dies wäre den Gesellschaftern durch eine entsprechende Regelung des Gesellschaftsvertrages untersagt gewesen[228].

Dagegen vertrat Brinckmann die Ansicht, daß es dem Arbeitsgesellschafter einer Handelsgesellschaft im Gegensatz zum Kapitalgesellschafter nach gemeinem Recht verwehrt sei, ohne Erlaubnis der anderen Gesellschafter Handelsgeschäfte zu schließen, welche den Geschäften der Gesellschaft gleichartig und Gegenstand des gesellschaftlichen Geschäftsbetriebes seien[229]. Auch dürfe ein Gesellschafter nicht an einer anderen offenen Handelsgesellschaft mit gleichartigem Handelsbetrieb teilnehmen, es sei denn, er habe den Handelsbetrieb bzw. den Geschäftsanteil an der Konkurrenzgesellschaft schon vor Eingehung des Gesellschaftsvertrages besessen und die Fortsetzung sei ihm nicht verboten worden.

Die wohl am weitesten gehende Auffassung vertrat Treitschke[230]. Unter Berufung auf L. 52 § 5.6 D. pro soc.(17)[231] war er zunächst die Auffassung, daß der Socius im Eigenhandel durch nichts beschränkt sei, außer durch das Verbot, dem Zweck der Gesellschaft zuwider zu handeln[232] und dem Verbot, über die Beschäftigung mit dieser Tätigkeit die der Gesellschaft gegenüber übernommene Tätigkeit zu vernachlässigen[233]. Daraus folgt nun aber nach Treitschke nicht, daß im übrigen dem Gesellschafter Geschäfte, die dem Gewerbezweig der Gesellschaft gleichartig sind, nach gemeinem Recht nicht verwehrt wären, wenn nicht die zuvor angeführten Verbotsgründe eingreifen. Wegen der durch die Konkurrenz entstehenden nachteiligen Folgen für das gemeinsame Gewerbe müsse ein solcher Handel vielmehr als eine Täuschung des unter Gesellschaftern vorauszusetzenden gegenseitigen Vertrauens angesehen werden. Da sich eine konkrete Grenze zwischen unschädlichen und für die Gesellschaft schädlichen Rechtsgeschäften nicht ziehen lasse, enthalte jeder

---

228. Thöl, S. 170; dabei dürfte diese von Thöl gegenüber Mittermaier (siehe vorhergehende Fn.) gemachte zusätzliche Einschränkung des fehlenden Verbotes durch den Gesellschaftsvertrag lediglich auf eine Ungenauigkeit Mittermaiers, nicht dagegen auf sachlichen Differenzen beruhen

229. Brinkmann, S. 150 f.

230. Treitschke (1. Aufl.), S. 41 f.; ders. (2. Aufl.), S. 77 ff.; so im wesentlichen auch Pöhls, S. 219

231. "...5. Cum duo erant argentarii socii, alter eorum aliquid separatim quaesierat et lucri senserat: quaerebatur, an commune esse lucrum oporteret et imperator Severus Flavio Felici in haec verba rescripsit: etiamsi maxime argentariae societas inita est, quod quisque tamen socius non ex argentaria causa quaesiit, id ad communionem non pertinere 6. explorati iuris est. Papinianus quoque libro tertio reasponsorum ait: si fratres parentium indivisas hereditates ideo retinuerunt, ut emolumentum ac damnum in his commune sentirent, quod aliunde quaesierint 7. in commune non redigetur.";
zit. nach Mommsen, S. 225

232. Treitschke (1. Aufl.), S. 41; ders. (2. Aufl.), S. 77 f.

233. Treitschke (2. Aufl.), S. 78

Gesellschaftsvertrag einer für einen bestimmten Gewerbezweig eingegangenen Gesellschaft das stillschweigende Einverständnis, daß kein Teilhaber der Gesellschaft für eigene Rechnung Geschäfte im Tätigkeitsbereich der Gesellschaft vornehmen werde[234]. Treitschke entnahm also im Wege der Auslegung dem Gesellschaftsvertrag einer für einen bestimmten Gewerbezweig eingegangenen Handelsgesellschaft ein absolutes Wettbewerbsverbot für die Gesellschafter. Rechtsfolge eines Verstoßes sei das Recht der Mitgesellschafter, entweder den vertragsgemäßen Anteil am Gewinn des Geschäftes oder Schadensersatz zu fordern[235].

Aufgrund der unterschiedlichen Auffassungen in der Literatur und des Fehlens anderer eindeutiger Quellen läßt sich die Existenz und ggf. der Umfang des nach gemeinen Recht für den Gesellschafter einer Handelsgesellschaft geltenden Wettbewerbsverbotes heute nicht mehr eindeutig feststellen[236]. Dennoch spricht vieles dafür, daß danach dem Gesellschafter einer Handelsgesellschaft der Betrieb eines Konkurrenzgewerbes nicht grundsätzlich verboten war. Der von Treitschke als Beleg für seine Auffassung benannten Digestenstelle läßt sich die Existenz eines generellen Verbotes nicht entnehmen. Die Vertreter der entsprechenden Auffassung, Treitschke, Pöhls und Brinkmann, sind allesamt Autoren des 19. Jahrhunderts, deren Arbeiten sich deutlich an den "modernen" gesellschaftsrechtlichen Kategorien (OHG, KG bzw. stille Gesellschaft) orientieren, die das gemeine Recht mit seiner Unterteilung in societas omnium bonorum (generalis) und particulärer Gesellschaft[237] so nicht kannte; sie verglichen die von ihnen im gemeinen Recht "gefundenen" Regeln mit denen der Kodifikationen und Entwürfe des 19. Jahrhunderts, so daß der Verdacht naheliegt, daß hier das gemeine Recht dazu genutzt werden sollte, die neuzeitlichen gesetzlichen Regelungen mit der Autorität des römischen Rechts zu untermauern. Bezeichnend ist in diesem Zusammenhang, daß Treitschke erst in der zweiten Auflage seines Werkes (1844), also nach Entstehen der ersten handelsrechtlichen Entwürfe in den deutschen Einzelstaaten, die Auffassung vertrat, den Gesellschaftsverträgen sei schon nach gemeinen Recht durch Vertragsauslegung ein weitgehendes Wettbewerbsverbot zu entnehmen; eine Auffassung, die den 1825 in der ersten Auflage von ihm gemachten Ausführungen widerspricht.

Damit läßt sich feststellen, daß sich dem im hier behandeltem Zeitraum subsidiär geltendem gemeinen Recht kein allgemeines Wettbewerbsverbot für die Gesellschafter einer Handelsgesellschaft entnehmen läßt; eine Feststellung, deren Bedeutung aus

---

234. Treitschke (2. Aufl.), S. 79; noch nicht soweit gehend ders. (1. Aufl.), S. 41
235. Treitschke (2. Aufl.), S. 80 unter Berufung auf L. 52 § 5 D. pro soc. (17), siehe dazu Fn. 232
236. Auch der Redaktor der ersten Kommission zur Ausarbeitung eines Bürgerlichen Gesetzbuches, v. Kübel, beschränkt sich auf die Gegenüberstellung der verschiedenen Auffassungen, ohne eine eigene Wertung vorzunehmen, siehe v. Kübel, S. 94 f.
237. zu den Einteilungen der Gesellschaften nach römischem Recht siehe Glück, § 962 und Coing, Privatrecht, § 90

der Tatsache resultiert, daß das gemeine Recht immer dann Anwendung fand, wenn weder Stadt- noch andere Partikularrechte oder der jeweils einschlägige Gesellschaftsvertrag abweichende Regelungen enthielten[238].

Dennoch ist die von Treitschke zitierte Digestenstelle für den Problemkreis der Wettbewerbsverbote zwischen den Gesellschaftern einer Handelsgesellschaft nicht ohne Bedeutung, folgt daraus doch, daß der Gesellschafter gegebenenfalls verpflichet war, den Gewinn aus allen im Geschäftsbereich der Gesellschaft geschlossenen Geschäften der Gesellschaft zugute kommen zu lassen. Selbst wenn also kein grundsätzliches Verbot des Konkurrenzhandels bestand, so war ein solcher Handel für den Gesellschafter im Geschäftsbereich der Gesellschaft dann nutzlos, wenn er den Gewinn nicht behalten durfte. Diese Rechtslage kann meines Erachtens treffend als "faktisches Wettbewerbsverbot" bezeichnet werden. Diese Bezeichnung verdeutlicht zunächst, daß ein ausdrückliches Verbot, für eigene Rechnung im Geschäftsbereich der Gesellschaft Handels zu treiben, nicht bestand. Da die Gesellschafter jedoch verpflichtet waren, den bei diesem Handel erzielten Gewinn der Gesellschaft zukommen zu lassen, wurde ihnen im Regelfall jede wirtschaftliche Motivation zur Durchführung von Handelsgeschäften im Geschäftsbereich der Gesellschaft genommen. Dies gilt zumindest dann, wenn man davon ausgeht, daß ein Kaufmann normalerweise Handel treibt, um Gewinn zu erzielen und sein Vermögen zu mehren. Durch die Beseitigung der üblichen Motivation zum Betrieb eines Handelsgeschäftes wurde somit durch das gemeine Recht faktisch der Eigenhandel der Gesellschafter im Geschäftsbereich der Gesellschaft unterbunden. Deshalb besaß die dort geregelte Pflicht zur Gewinnabführung in der Rechtswirklichkeit dieselben Auswirkungen wie ein ausdrückliches Wettbewerbsverbot.

Die Reichweite dieses "faktischen Wettbewerbsverbotes" darf aber nicht überschätzt werden. Außerhalb der societas omnium bonorum -wo diese Regel grundsätzlich Anwendung fand[239]- bestand eine Verpflichtung des Eigenhandel betreibenden Gesellschafters, den erzielten Gewinn gemeinschaftlich werden zu lassen, nicht generell. Voraussetzung einer entsprechenden Verpflichtung war nämlich außerhalb der societas omnium bonorum, daß entweder der Gesellschafter für die Gesellschaft und nicht etwa für sich gehandelt hatte[240] oder daß der Umfang der dem Gesellschafter gegenüber der Gesellschaft obliegenden Verpflichtung ein solcher war, daß dadurch dem Gesellschafter der Erwerb für eigene Rechnung untersagt war. Das war dann der Fall, wenn der Erwerb im Bereich des Gesellschaftszweckes lag und sich die vorgenommene Art des Erwerbes als eigentlich der Gesellschaft geschuldete Tätigkeit darstellte[241].

---

238. vgl. dazu für die Rechtslage in Hamburg Pöhls, S. 226

239. Sintenis, 2. Auflage, S. 711 Fn. 59

240. vgl. Sintenis, 2. Auflage, S. 711 Fn. 59; diese Bestimmung berührt vorrangig die Verpflichtung des vertragstreuen Gesellschafters

241. Königlich Preußisches Obertribunal in Strietenhorst, Band 56, S. 116 ff. (116, 153)

2. Nürnberger Reformationen

Schon die zeitlich deutlich vor der ersten Nürnberger Reformation von 1479 angesiedelten Satzungsbücher der Stadt Nürnberg[242] enthielten vereinzelt Regelungen über den Handel und die Handelsgesellschaften[243]. Die dort ausschließlich geregelten Verbote des Zusammenschlusses von Bürgern mit Auswärtigen zu einer Handelsgesellschaft fallen jedoch nicht in den hier behandelten Themenbereich. Es ging in diesen Bestimmungen der Satzungsbücher nicht um die Verhinderung von Konkurrenztätigkeit zwischen den Gesellschaftern einer Handelsgesellschaft. Verhindert werden sollte lediglich die Unterstützung fremden Handels durch Bürger der Stadt. Dies folgt aus dem Umstand, daß es jedem (Nürnberger) Bürger unabhängig von seiner Zugehörigkeit zu einer (Nürnberger) Handelsgesellschaft (nur) verboten war, sich mit einem Auswärtigen zu einer Gesellschaft zusammenzuschließen.

Die Nürnberger Reformation von 1479[244] behandelte sodann in ihrem dreißigsten Titel die Gesellschaften in insgesamt zehn "Gesetzen"[245]. Eine ausdrückliche Regelung über Wettbewerbsverbote findet sich dort nicht. Im Gegenteil enthält das fünfte "Gesetz" dieser Reformation in anderem Zusammenhang sogar eine Regelung, die den Schluß darauf zuläßt, daß trotz der allgegenwärtigen Existenz von Wettbewerbsverboten in den Gesellschaftsverträgen der süddeutschen Fernhandelsgesellschaften der Eigenhandel eines Gesellschafters unter der Geltung der Nürnberger Reformation nicht unüblich oder gar ausgeschlossen war. Die entsprechende Vorschrift hat folgenden Wortlaut[246]:

Das funft gesetz
Von verpindung gemeiner geselschaft des, so durch geselschafter oder ir diener in gewalt der geselschaft furgenomen und gehandelt wirdet.

So ein geselschafter in sachen seiner mitgeselschafter ichts handelt mit kaufen, verkaufen oder anderm, dieselben ir geselschaft berürrende, daselb verpindet ir aller gemeine geselschaft, also das sölchs soll stet gehalten und volzogen werden; und desgleichen, so einich diener, der geselschaft verwant, dermaßen ichts handelt oder fürneme, doch mit vorbehaltung der andern seiner mitgeselschafter oder herrschaft irer vordrung und gerechtikeit, gen demselben handler, er sey geselschafter oder diener, und ob aber einicher geselschafter oder diener außerhalb gemeiner geselschaft oder seins diensts ein besondere oder ander gewerb oder hantierung trib oder fürneme, in dieselben geselschaft nit rürend noch treffend, so solt sölch gemeine geselschaft damit nit verpunden noch verstrickt sein, deshalb eynich sölche sonder schuld zebezalen.

242. siehe dazu Schultheiß in MVGN 1974, S. 188 ff. (190); ders., Nürnberger Ortsrecht, S. 9 ff.
243. siehe dazu Stadtarchiv Nürnberg (Hrsg.), S. 106 ff. und 143 f.
244. zur Geschichte vgl. Schultheiß in MVGN 1974, S. 188 ff. (190 f.); ders., Nürnberger Ortsrecht, S. 13; Eisenhardt, Gerichtsbarkeit, S. 97
245. zit. nach Kunkel/Thieme
246. zit. nach Kunkel/Thieme, S. 75

Ein ausdrückliches Wettbewerbsverbot fehlt auch in den insgesamt sieben "Gesetzen" des achtzehnten Teils der 1564 erneuerten Nürnberger Reformation[247]. Das dritte "Gesetz" dieser Reformation enthält vielmehr eine dem fünften "Gesetz" der Nürnberger Reformation von 1479 sachlich entsprechende Bestimmung. Die entsprechende Vorschrift lautet:[248]

Das III. Gesetz
Ob und wie die Gesellschaft/was wegen aines Gesellschafter och diener handlung/ verpunde werde mög

So ain gesellschafter mit kauffen und verkauffen oder andern/in sachen gemaine gesellschaft belangend/handelt/So verpindet Er die Gesellschaft/deßgleichen so ain bestellter handeldiener oder Factor der Gesellschaft verwandt/in namen und von wegen derselben Gesellschaft/etwas handlet/das ist die Gesellschaft zuhalten und zu volziehn auch schuldig
...
Ob aber ein Gesellschafter/Diener oder Factor/ausserhalb gemaine Gesellschaft oder seines diensts/ain besonder gewerb oder hantierung het/So ist die gemain Gesellschaft damit nit verpunden.

Aus diesen vorstehend zitierten Vorschriften der Nürnberger Reformationen kann aber nicht der Schluß gezogen werden, daß der Konkurrenzhandel unter der Geltung der Nürnberger Reformationen uneingeschränkt zulässig gewesen sei. So finden sich in der Kommentierung zum vierten "Gesetz" des achtzehnten Teils der Nürnberger Reformation von 1564 Ausführungen, die darauf hindeuten, daß Streitigkeiten wegen des von einem Gesellschafter betriebenen Nebenhandels nicht unüblich waren. Jedenfalls darf man diese Folgerung wohl aus der relativ umfangreichen Kommentierung der Regelung des vierten "Gesetzes"[249] ziehen. Dort beschäftigte sich der Verfasser mit den Rechtsfolgen, die entstehen, wenn ein Gesellschafter in eigenem Namen in einem der Gesellschaft vorbehaltenem Geschäft tätig geworden war[250]. Er vertrat die Auffassung, daß "im Fall nun jemand von Sociis vor sich allein mit Fremden gehandelt hat; so wird denen übrigen Gesellschafftern dadurch kein Recht zu einer Klage oder Verbündnus und weder actio noch obligatio wieder den Schuldner erworben; ohngeachtet sie socii omnium bonorum seyn mögten; und in dieser Societät der Gesellschaffter selbsten die Schuld gemeinschaftlich werden lassen muß". Behandelt wurde also eine § 113 HGB vergleichbare Problematik mit einem Lösungsvorschlag, der in den Grundzügen dem entspricht, was heute zu § 113 HGB vertreten wird. Zumindest folgt daraus aber auch, daß für die Gesellschafter einer allgemeinen Gesellschaft der Nebenhandel keinerlei wirtschaftliche Vorteile brachte, da er damit

247. zit. nach Woelkern; zur Geschichte siehe Schultheiß in MVGN 1974, S. 188 ff. (190) und Eisenhardt, Gerichtsbarkeit, S. 97 f.
248. zit. nach Woelkern, S. 153
249. "Von bezalung gemainer Gesellschafft schulden/Auch von denen/die in ain Gesellschafft/Gelt/zu gewyn und verlust legen"
250. siehe Woelkern, S. 154 f.

rechnen mußte, daß die Gesellschaft die wirtschaftlichen Vorteile eines Geschäftes abschöpfte.

Bei dieser Regelung der Gewinnabschöpfung handelte es sich im übrigen nicht um eine spezifische Erscheinung des Nürnberger Ortsrechts. Die vom Verfasser des Kommentars als Beleg zitierten Literaturstellen verdeutlichen vielmehr, daß hier die zuvor behandelte Regel des gemeinen Rechts Anwendung fand, so daß sich abschließend feststellen läßt, daß das Nürnberger Stadtrecht auf die eigenständige Regelung von Wettbewerbsverboten verzichtete und dies dem gemeinen Recht bzw. den vorrangig anwendbaren Gesellschaftsverträgen überließ.

3. Frankfurter Reformationen

In dem Zeitraum, in welchem die Nürnberger Reformationen entstanden, schuf sich auch die Stadt Frankfurt ein neues Recht. Einer ersten noch unvollständigen Reformation aus dem Jahre 1509 folgte 1578 die sogenannte erneuerte Reformation. Als Vorbild diente u.a. die Nürnberger Reformation von 1564, jedoch war das Frankfurter Werk wesentlich umfangreicher als die Nürnberger Regelung[251].

Während Wettbewerbsverbot in der älteren Frankfurter Reformation von 1509 keine Beachtung fanden[252], wurden sie in der Reformation von 1578 als Möglichkeit einer vertraglichen Regelung ausdrücklich erwähnt. Die Gesellschaft wurde im zweiten Teil dieser Reformation im dreiundzwanzigsten Titel geregelt[253], § 1 dieses Titels führt vertragliche Wettbewerbsverbote als eine gebräuchliche und nützliche Regelung eines Gesellschaftsvertrages auf:

Nach dem in anfänglicher Auffrichtung einer Gesellschafft, zwischen hanthierenden Personen, gewöhnlich und bräuchlich ist, daß, wie dieselbig abgeredt worden, und künfftiglich soll gehalten werden, ein glaubwürdige Verschreibung, untter ihre der Gesellschafter Subscription und Insigeln auffgerichtet wirdt: a) so ser dann die darinn verleibte Abreden, Pacta, und Geding, ehrbar, ziemlich und den Rechten gemäß sind: Als daß kein Gesellschaffter, ohn Vorwissen und Bewilligung seiner Mitgesellschaffter,... kein sondern oder neben handel treiben...

Zweck dieser nach Orth nützlichen vertraglichen Regelung eines Wettbewerbsverbotes war nach seiner Auffassung die Sicherung der Arbeitskraft der Gesellschafter

---

251. zum Verhältnis beider Reformationen zueinander siehe Coing, Frankfurter Reformation, S. 5

252. vgl dazu den bei Orth, Zusäze, S. 350 ff. abgedruckten Text

253. zit. nach Orth, Erste Fortsetzung, nach dessen Auffassung die Regelungen dieses Abschnitts nicht nur für Handels- sondern auch für andere Gesellschaften Geltung besaß; a.A. wohl Coing, Frankfurter Reformation, S. 60: Als einzigen handelsrechtlichen Tatbestand enthält die Reformation in 2.23 Regeln über die offene Handelsgesellschaft

für die Gesellschaft[254]. § 2 der Frankfurter Reformation von 1578 leitet dann die gesetzlichen -im Verhältnis zu den vertraglichen Vereinbarungen subsidiären Bestimmungen- über die Gesellschaft ein[255]. Aus dieser Systematik ergibt sich, daß Wettbewerbsverbote zwischen den Gesellschaftern zwar als nützliche Bestandteile eines Vertrages angesehen wurden, jedoch kein gesetzliches Verbot einer Konkurrenztätigkeit bestand.

4. Hamburger Stadtrecht

Auch das Hamburger Stadtrecht von 1603 enthielt, entgegen der Behauptung Lammels[256] ausführliche Regelungen des Gesellschaftsrechts, die allerdings vorwiegend prozeßrechtlicher Natur waren.

Dieses Hamburger Stadtrecht entstand im Jahre 1603 innerhalb von nur neun Monaten aus einer Revision des alten, aus dem Jahre 1497 stammenden Stadtrechts und wurde erstmals 1618 leicht revidiert[257].

Das umfangreiche Werk enthält im zweiten Teil, 10. Titel, 14 Artikel "Von Gesellschaft oder Mascopen"[258]. Eine ausdrückliche Regelung des Wettbewerbsverbotes fehlt hier. Dies ist nicht verwunderlich, wenn man bedenkt, daß in Hamburg ja auch vertragliche Wettbewerbsverbote unüblich waren. So ging das Hamburger Stadtrecht im achten Artikel des zehnten Titels sogar als selbstverständlich davon aus, daß ein Gesellschafter auch außerhalb der Gesellschaft noch eigenen Handel treiben darf, wenn es folgende Regelung traf:

Was die Mascopen belanget/so einer von den Mascopen Gesellen contrahiret, dafür müssen auch die anderen/ so weit sich ihre Mascopen erstrecket/gehalten sein. Was aber ausserhalb der Mascopen/ oder wann die ihre endschafft gewunnen hat/von dem einen gehandelt wird/darzu darff der ander nicht antworten/...

Letztlich darf dieser prozessualen Bestimmung des Hamburger Stadtrechts von 1603 jedoch keine zu weitreichende Bedeutung beigemessen werden, etwa in dem Sinne, in Hamburg sei der Konkurrenzhandel zwischen den Gesellschaftern einer Gesellschaft uneingeschränkt zulässig gewesen. Von ihrem Aussagegehalt her ist diese Regelung nämlich mit dem dritten Gesetz der Nürnberger Reformation von 1564

254. Orth, Erste Fortsetzung, S. 509
255. zum Verhältnis des § 1 als Schilderung gebräuchlicher vertraglicher Regelungen zu den nachfolgenden §§ siehe Orth, Erste Fortsetzung, S. 513 und Coing, Frankfurter Reformation, S. 60 f.
256. Nach Coing-Lammel, Handbuch, Band II/2 S. 626 soll es in dem hier behandelten Zeitraum in den Städten und Ländern nördlich der Mainlinie an einer umfassenden Regelung des Handelsrechts gefehlt haben; bei den einschlägig betitelten Gesetzen dieser Region soll es sich lediglich um Sammlungen ordnungsrechtlicher Vorschriften gehandelt haben.
257. zur Geschichte vgl. Lau, S. 15 ff. und Anderson, S. 3 ff.
258. zit. nach "Der Stadt Hamburg Gerichtsordnung und Statuta"

identisch, so daß erst aus den Bestimmungen über das Innenverhältnis der Gesellschaft folgte, ob der Gesellschafter letztlich vom Nebenhandel profitieren durfte[259]. Dafür spricht allerdings, daß in den Verträgen der norddeutschen hansischen Handelsgesellschaften vertragliche Bestimmungen über Wettbewerbsverbote nicht existierten[260].

Ob dies zur Annahme eines uneingeschränkt zulässigen Nebenhandels zwischen den Gesellschaftern der Hamburger hansischen Handelsgesellschaften berechtigt, ist wegen des Vordringens des römischen Rechts für das 17. Jahrhundert schon fraglich. Dieses Recht war nämlich -wie überall im Reich- auch auf Hamburger Gesellschaften anwendbar, soweit das Hamburger Stadtrecht oder der jeweilige Gesellschaftsvertrag keine abweichende Regelung enthielten[261]. Daher wird man trotz der insoweit offenen -jedoch den Konkurrenzhandel nicht ausdrücklich gestattenden- Bestimmungen des Hamburger Stadtrechts schon für das 17. Jahrhundert von der Existenz eines aus dem gemeinen Recht folgenden Wettbewerbsverbotes auch für Hamburg ausgehen müssen, dessen Umfang aus den oben ausgeführten Gründen[262] jedoch nicht mehr eindeutig feststellbar ist.

5. Revidiertes Lübecker Stadtrecht von 1586

Die Bedeutung des lübischen Rechts für die Geschichte des bürgerlichen und des Handelsrechts kann, wie Wilhelm Ebel zu Recht feststellt, kaum überschätzt werden[263]. Seine Bedeutung resultiert dabei nicht nur auf der Geltung in der Hansestadt Lübeck, sondern auch auf der Beleihung anderer Städte mit lübischem Recht. Der lübischen Stadtrechtsfamilie gehörten etwa achtzig bis einhundert Städte von Tondern im Westen bis Narva im Osten an. Um 1400 standen etwa 250.000 Menschen unter lübischem Recht[264].

Innerhalb der Stadtrechtsreformationen nimmt das "Revidierte Lübeckische Stadtrecht" von 1586 eine Sonderstellung ein. Es entstand nicht auf eigene Initiative der Stadt Lübeck, sondern auf Drängen der mit lübischem Recht beliehenen Tochterstädte. Im Laufe der dieser Reformation vorausgegangenen Jahrhunderte war das Recht der Stadt Lübeck nämlich in mehreren, nicht völlig miteinander übereinstimmenden, Formen verzeichnet worden, so daß sowohl in Lübeck als auch in den mit dem Recht der Stadt Lübeck beliehenen Städten mehrere verschiedenartige Fassungen des lübischen Rechts in Umlauf waren. Die daraus resultierenden Unsicherheiten durch eine Sammlung des geltenden lübischen Rechts zu beseitigen, war das Ziel

259. siehe dazu Kapitel B III 1 und 2
260. siehe dazu Kapitel B II 2
261. Pöhls, S. 226, der auf S. 219 die Auffassung vertritt, daß nach gemeinen Recht aus der Natur der Sache der Satz galt, das Privatgeschäft eines Gesellschafters dürfe die Gesellschaft nicht beeinträchtigen
262. siehe dazu Kapitel B III 1
263. Ebel, Ratsurteile, Band 1, Vorbemerkung S. V
264. zur Verbreitung des lübischen Rechts siehe Graßmann, S. 240; Ebel, Lübisches Recht, S. 24 ff.

der Redaktoren des "Revidierten Lübeckischen Stadtrechts" von 1586; dagegen hatten sie nicht die Absicht, das bestehende Recht mit dem gemeinen Recht zu verbinden[265].

Das Lübeckische Stadtrecht befaßt sich unter der Überschrift "De Societatibus, Von Gesellschaften und Marscopeyen" mit den Handelsgesellschaften. Unter Punkt 2 dieses Abschnitts regelte es[266]:

Es sol kein Hansischer mit demjenigen, welche nicht Hänsisch seyn, er sey gleich wer er wolle, Gesellschaft oder Factoreyen anstellen.

Dieses Verbot des "Revidierten Lübeckischen Stadtrechts" von 1586, bei dem es sich um die einzige wettbewerbsbeschränkende Vorschrift dieser Reformation handelt, ist für den hier behandelten Themenbereich nicht einschlägig. Es untersagte zum Schutz des hansischen Handels lediglich Gesellschaften zwischen hansischen und sonstigen Kaufleuten, ohne dem hansischen Kaufmann zu verbieten, sich an einer Vielzahl hansischer Handelsgesellschaften zu beteiligen.

Anders als in Hamburg kann für den Geltungsbereich des Lübecker Stadtrechts auch nicht davon ausgegangen werden, daß das gemeine Recht und dessen wettbewerbsbeschränkende Regel subsidiär zur Anwendung kam. Jedenfalls ignorierte der Lübekker Rat zum Zeitpunkt der Schaffung des Revidierten Stadtrechts noch die von den Parteien in Rechtstreitigkeiten vorgebrachten römisch-rechtlichen Begriffe[267], und die umfangreiche, von Wilhelm Ebel bis zum Jahr 1550 ausgewertete Sammlung Lübecker Ratsurteile enthält keine einschlägige Entscheidung aus dem Bereich der Wettbewerbsverbote[268].

IV. Zusammenfassung

Während in den Verträgen süddeutscher Handelsgesellschaften das Wettbewerbsverbot zwischen den Gesellschaftern als Folge italienischen Einflusses der Regelfall war, stellten derartige Verbote in den Verträgen der norddeutschen Handelsgesellschaften den Ausnahmefall dar. Die zeitlich nach den hier behandelten Gesellschaftsverträgen entstandenen Stadtrechte verzichteten selbst dort auf ein gesetzliches Verbot des Nebenhandels, wo dies nach der Ausgestaltung der Verträge der Ortsüblichkeit entsprach, so daß sich der Regelungsgehalt des Nürnberger und Hamburger Rechts nicht unterschieden.

Unter diesen Umständen kommt dem bisher wenig beachteten gemeinen Recht für die Frage der Existenz von Wettbewerbsverboten außerhalb eindeutiger vertraglicher Regelungen eine besondere Bedeutung zu. Zwar läßt sich nicht mehr feststellen, ob und ggf. in welchem Umfang danach ein -z. B. von Treitschke mit der Auslegung

265. Stobbe, S. 293 ff.; Ebel, Lübisches Recht, S. 211 ff.
266. zit. nach Bunge/Madai, S. 163
267. vgl. Ebel, Lübisches Recht, S. 214 Fn. 14
268. vgl. Ebel, Ratsurteile, Band 1-4

des Gesellschaftsvertrages begründetes- allgemeines Verbot des Konkurrenzhandels im Geschäftsbereich der Gesellschaft galt; wohl aber waren die Gesellschafter nach gemeinen Recht unter Umständen verpflichtet, den aus einem Nebenhandel im Geschäftsbereich der Gesellschaft erzielten Gewinn an diese abzuführen. Insoweit kann von der Existenz eines "faktischen Wettbewerbsverbotes" im gemeinen Recht ausgegangen werden, welches auch in Hamburg Geltung besaß, während der Rat der Stadt Lübeck römisch-rechtlichen Regelungen anscheinend grundsätzlich ablehnend gegenüberstand.

C. **Kodifikationen im Zeitalter der Aufklärung**

Mit Christian Wolf (1679 – 1754) fand die Geschichte der Naturrechtslehre in Deutschland ihren absoluten Höhepunkt und Abschluß. Erst als Wolf sein vernunftrechtliches Gesamtsystem vollendet und damit eine ganze Entwicklungsepoche zum Abschluß gebracht hatte[1], war die Zeit reif für eine Gesetzgebung, die letztlich Aufforderung sämtlicher von den Naturrechtslehrern der frühen Neuzeit entworfenen Rechtssysteme an den Gesetzgeber war[2].

Mit dem Anspruch des allein der Vernunft und dem Gemeinwohl verpflichteten Souveräns auf das Rechtssetzungsmonopol konnte die Kodifikationsidee nunmehr Gestalt annehmen. In Deutschland gingen die ersten Impulse zu einer Gesetzgebung, die den Kriterien einer Kodifikation nach modernem Verständnis entsprach, von den sich aus dem Reichsverband lösenden Territorien aus, auf die sich das Schwergewicht der (partikularen) Gesetzgebung verlagert hatte[3]. Die Idee einer möglichst umfassenden Regelung ganzer Lebensbereiche und Rechtsbeziehungen in einer Gesamtgesetzgebung führte um 1756 in Bayern und um die Wende zum 19. Jahrhundert u.a. in Preußen und Österreich zu eigenständigen Kodifikationen des Rechts bzw. einzelner Rechtsgebiete[4]. Andere deutsche Staaten, wie z.B. Baden, übernahmen in Folge der napoleonischen Eroberungen den 1804 in Frankreich als code civil verkündeten code Napoleon[5].

Die Verfasser der Kondifikationen waren, in Abkehr von der im Mittelalter wurzelnden, auf Bewahrung und Konservierung ausgerichteten, Rechtstradition bemüht, eine erschöpfende und systemgeleitete Neuordnung des Rechts zu schaffen[6]. Es stellt sich die Frage, ob sie dabei auch Regelungen über Wettbewerbsverbote für die Gesellschafter einer Gesellschaft trafen und welchen Inhalt diese Regelungen ggf. hatten.

I. **Codex Maximilianeus Bavaricus Civilis**

Auf dem Kontinent unternahm zunächst Bayern den Versuch, das geltende Recht zu verbessern und zu vereinheitlichen. Der von dem Juristen und geheimen Staatskanzler Kreittmayr (1705 - 1790) geschaffene CMBC trat 1756 in Kraft. Innerhalb der Kodifikationen nimmt der CMBC eine Sonderstellung ein. Zwar erkannte Kreittmayr das Naturrecht als Grundlage des bürgerlichen Rechts an; der tatsächliche Einfluß dieses Rechts auf den CMBC blieb jedoch gering. Es lag nämlich nicht in der Absicht Kreittmayrs, mit dem CMBC ein in sich geschlossenes, widerspruchsfreies und vollständiges System einer privatrechtlichen Normordnung zu schaffen. Der den

1. zur Enwicklungsgeschichte siehe Schlosser, S. 70 ff.
2. vgl. Schlosser, S. 89
3. vgl. Schlosser, S. 92
4. Eisenhardt, Rechtsgeschichte, Rn. 186 ff.; Schlosser, S. 92 ff.
5. dazu Eisenhardt, Rechtsgeschichte, Rn. 204 f.; Schlosser, S. 109 f.
6. Eisenhardt, Rechtsgeschichte, Rn. 192; vgl. auch Schlosser, S. 91

einzelnen Rechtsmaterien zugeordnete Gesetzestext des CMBC bestand vielmehr aus umständlich formulierten Regelungsanordnungen grundsätzlichster Art[7].

Der CMBC enthielt im vierten Teil, achtes Kapitel, Vorschriften über die Gesellschaften (Von dem Compagnie oder Associations - Contract (Societate)). Die insgesamt vierzehn Paragraphen des achten Kapitels enthielten keinerlei Aussagen zu Wettbewerbsverboten[8]. Auch in seinen Anmerkungen zum CMBC, die Kraft höchstrichterlicher Rechtsprechung gesetzesgleiche Autorität besaßen, beschäftigte sich Kreittmayr nicht mit der Frage, ob für die Gesellschafter der bayrischen Gesellschaften ein Wettbewerbsverbot gelten sollte[9].

Dennoch kann nicht davon ausgegangen werden, daß den Gesellschaftern der Gewinn aus im Geschäftsbereich der Gesellschaft geschlossenen Geschäften uneingeschränkt zugute kommen sollte. Neben dem CMBC galt in Bayern nämlich subsidiär das gemeine Recht weiter[10]. Daher galt dort u.a. auch die Vorschrift des L. 52 § 5.6 D. pro soc. (17), wonach die Gesellschafter den Gewinn aus im Geschäftsbereich der Gesellschaft abgeschlossenen Geschäften unter Umständen an die Gesellschaft abführen mußten[11].

II. Allgemeines Landrecht für die preußischen Staaten

Das am 5. Februar 1794 verkündete "Allgemeine Landrecht für die Preußischen Staaten" trat am 1. Juni 1794 in Kraft. Obwohl das ALR als Produkt des aufgeklärten Absolutismus in mancher Hinsicht, so insbesondere durch die Proklamation der Glaubens- und Gewissensfreiheit, ein fortschrittliches Gesetzbuch war, war das ihm zugrunde liegende Sozialmodell das des jahrhundertealten Ständestaates. So waren die Bausteine der ständischen Hierachie, das Königstum ("der Staat"), Adel, Bürger und Bauern, wichtigste Bezugspunkte für die Stoffordnung des ALR[12]. Dementsprechend regelte das ALR das Recht der Handelsgesellschaften im zweiten Teil, achter Titel, unter der Titelüberschrift "Vom Bürgerstand".

1. Überblick über die Entstehungsgeschichte des ALR und der §§ 636 f. ALR Th.II Tit. 8

Um die Vielzahl der weit auseinanderliegenden Gebiete Preußens zu einer Einheit zu integrieren, bemühte man sich in den preußischen Staaten schon seit Beginn des 18. Jahrhunderts um die Schaffung eines einheitlichen Gesetzbuches[13]. Sowohl das 1714 an die Hallische Juristenfakultät gerichtete Begehren Friedrich Wilhelms I nach

7. zur Geschichte und Bedeutung des CMBC siehe Schlosser, S. 92 ff.; Eisenhardt, Rechtsgeschichte, Rn. 193; Kobler, S. 338 f.
8. vgl. dazu den Text des CMBC
9. zum Wortlaut der Anmerkungen siehe Kreittmayer, S. 495 ff.; zur Bedeutung der Anmerkungen Schlosser, S. 94
10. Kobler, S. 338 f.; Pöpperl, S. 75 ff.
11. vgl. dazu Kapitel B III 1
12. Eisenhardt, Rechtsgeschichte, Rn. 196 ff.; Hattenhauer, Einführung, S. 33
13. Thieme, S. 99 f.

"Ausfertigung einiger Constitutionen" als auch das von seinem Sohn und Nachfolger, Friedrich der Große, in Auftrag gegebene Projekt des "Corpus juris Fridericiani", das der vom König 1746 mit der Justizreform und Gesetzeserneuerung beauftragte Großkanzler Samuel von Cocceji erstellen sollte[14], führten jedoch nicht zum gewünschten Erfolg. Dies wird u.a. auf die Unvollkommenheit der zeitgenössischen gesetzgeberischen Methode und das Fehlen eines inhaltlich bestimmten Rechtsideals zurückgeführt[15], zudem verstarb von Cocceji, der noch den Entwurf einer das Privatrecht umfassenden Kodifikation vorlegen konnte, vor Vollendung seines Werkes[16].

In seiner Kabinettsorder vom 14.4.1780 erteilte Friedrich der Große sodann den Auftrag zur Schaffung eines allgemeinen Gesetzbuches. Diese Order war Anlaß für die noch 1780 einsetzenden Vorarbeiten zum ALR, denen sich der ehmalige schlesische Justizminister Graf von Carmer, der in Folge des Müller-Arnold-Prozesses zum Nachfolger für den vom König entlassenen Großkanzler Freiherr von Fürst und Kupferberg ernannt worden war, vor allem aber dessen langjähriger Gehilfe, Carl Gottlieb Svarez, ein sehr bedeutender und vom Geist der Aufklärung durchdrungener Jurist, in den folgenden Jahren widmeten[17].

Der von Svarez auf der Grundlage umfangreicher Vorarbeiten[18] verfaßte "Entwurf eines allgemeinen Gesetzbuchs für die Preußischen Staaten" wurde in den Jahren von 1783 bis 1788 in insgesamt sechs Bänden publiziert. Das Handelsrecht war unter der Überschrift "Von den Rechten und Pflichten der verschiedenen Stände des Staates" im ersten Teil der zweiten Abteilung des Entwurfes zusammengefaßt, und zwar in dessen dritten Titel "Vom Bürgerstand". Für Handelsgesellschaften enthielt dieser Titel keinerlei besondere Bestimmungen. Mithin sollten für diese Gesellschaften die allgemeinen Bestimmungen des ersten Teils, zweite Abteilung, erster Titel, des Entwurfs "Von den Rechten und Pflichten der Gesellschaften überhaupt", die sich mit der allgemeinen Gesellschaft befaßten, zur Anwendung kommen. Wettbewerbsverbote für die Gesellschafter einer Gesellschaft waren dort nicht geregelt[19].

Aufgrund der öffentlichen Aufforderung zur Kritik des Entwurfes gingen nach dessen Veröffentlichung eine Vielzahl von Stellungnahmen ein, darunter auch Beiträge zum

---

14. Conrad, Band II, S. 387
15. Thieme, S. 99 f.
16. Conrad, Band II, S. 387
17. siehe dazu Conrad, Band II, S. 387 f.; Heymann, S. XXII, XXIV; Thieme; S. 100 f.
18. hierzu Heymann, S. XXIV
19. zum Wortlaut der Vorschriften siehe den Entwurf eines allgemeinen Gesetzbuchs für die Preußischen Staaten, Erster Theil, Zweyte Abtheilung, Berlin und Leipzig 1785

handelsrechtlichen Teil des Entwurfes[20]. So schlug Christian von Eggers eine Ergänzung des Entwurfs durch Wettbewerbsverbote für die Gesellschafter von Handelsgesellschaften vor. Eggers, der nach vorausgegangenem Studium der Rechts- und Staatswissenschaften in Kiel, Leipzig und Göttingen seit 1785 in Kopenhagen als außerordentlicher Professor der Rechts- und Kameralwissenschaften tätig war[21], führte zunächst aus, daß jede Gemeinschaft großes Vertrauen zwischen allen Teilnehmern voraussetze. Es sei deshalb sehr wichtig, daß alle Teilnehmer einer Gemeinschaft durch die Gesetze in die Lage versetzt würden, Vertrauen in ihre Mitgesellschafter, insbesondere in diejenigen, welche die gemeinschaftlichen Angelegenheiten verwalten, zu setzen[22].

Bei den Handelsgesellschaften seien, so Eggers, zwei Formen zu unterscheiden. Die Societätshandlung erstrecke sich auf den ganzen Umfang der Handelsgeschäfte, die von der Gesellschaft betrieben würden und auf deren gesamtes in der Handlung steckendes Kapital. Den Gesellschaftern einer solchen Gesellschaft sei weder der Betrieb einer eigenen Handlung noch die Beteiligung an einer anderen Gesellschaft gleicher Art zu gestatten[23].

Anders sei es dagegen bei den gemeinschaftlichen Expeditionen. Diese gingen nur auf einen besonderen Handelsgegenstand, wegen dem die Verbindung geschlossen werde. Die Gesellschafter dieser Gesellschaftsform könnten sogar eigene Expeditionen von derselben Art machen, ohne daß die Mitgesellschafter dagegen etwas einwenden dürften[24].

Eggers befürwortete somit ein Wettbewerbsverbot für die Gesellschafter der Dauerhandelsgesellschaften (Societätshandlungen), während ein solches Verbot nach seiner Auffassung bei Gelegenheitsgesellschaften (Expeditionen) nicht angebracht war. Nach seiner Auffassung war den Gesellschaftern einer Societätshandlung der Betrieb jedes eigenen Handels und die Beteiligung an anderen Handelsgesellschaften gleicher Art zu verbieten. Obwohl Eggers für seinen Vorschlag zur Einführung des dergestalt beschriebenen Wettbewerbsverbotes nicht ausdrücklich auf seine vorangestellten Ausführungen über das zwischen den Gesellschaftern einer Gesellschaft notwendige Vertrauensverhältnis Bezug nahm, ist doch anzunehmen, daß dieses Vertrauensverhältnis der innere Grund für die von ihm vorgeschlagene Regelung war. Dafür spricht, daß die Ausführungen über Wettbewerbsverbote denjenigen über das Vertrauensverhältnis nachfolgen und das Eggers keine andere Begründung gibt, aus der sich das von ihm befürwortete Wettbewerbsverbot herleiten ließe.

20. den Aufruf zur Abgabe von Erinnerungen enthält das Vorwort des Justizministers v. Carmer zum Entwurf eines allgemeinen Gesetzbuchs für die Preußischen Staaten, Erster Theil; einen Überblick über die eingegangenen Erinnerungen gibt Heymann, S. XXV

21. zur Person siehe Kellenbenz, S. 335

22. Eggers, S. 277

23. Eggers, S. 294 ff., 301 f.

24. Eggers, S. 294

Weitere wesentliche Beiträge zum Handelsrecht lieferte u.a. der durch v. Carmer nach Eingang der Erinnerungen um Mithilfe gebetene Hamburger Professor Büsch mit Unterstützung der aus den Hansestädten Lübeck und Bremen stammenden Praktiker Sieveking, Moller und Gaedertz[25], deren Monita, wie auch die sonstigen Erinnerungen zum "Entwurf eines allgemeinen Gesetzbuchs für die Preußischen Staaten" sich heute im GStA Merseburg befinden[26].

2. Die Regelung des Wettbewerbsverbotes im ALR

Am 1. Juni 1794 trat das zunächst als "Allgemeines Gesetzbuch für die Preußischen Staaten" im März 1792 verkündete, dann jedoch wegen Widerstandes an der zu aufklärerischen Haltung vom König zunächst suspendierte, Gesetzbuch nach einer Umarbeitung als "Allgemeines Landrecht für die Preußischen Staaten" in Kraft[27].

Für die Mitglieder der handelsrechtlichen Societäten enthält das ALR in § 636 Th. II Tit. 8 ein eindeutiges Wettbewerbsverbot[28].

§ 636. Ein Mitglied, welches von dem Betriebe der Societätsgeschäfte nicht ganz ausgeschlossen ist, darf ohne Genehmigung der übrigen keine eigene Handlung von eben der Art, als die Societätshandlung ist, errichten, oder als Gesellschafter daran Theil nehmen.

Die von Eggers im Laufe des Gesetzgebungsverfahrens gemachten Ausführungen zur Notwendigkeit eines Wettbewerbsverbotes hatten also Erfolg gehabt und zur Aufnahme einer entsprechender Bestimmung in das ALR geführt, die in der handelsrechtlichen Literatur Preußens als Folge der Verpflichtung der Gesellschafter zur Treue angesehen wurde[29]. Mit der auf die Mitglieder einer Societätsgesellschaft beschränkten Geltung der Wettbewerbsverbote war der preußische Gesetzgeber der Vorstellung Eggers gefolgt, der ein entsprechendes Verbot lediglich für Societätshandlungen befürwortet hatte, für die von ihm sogenannten Expeditionen jedoch abgelehnt hatte. Unter Societätshandlungen verstand das ALR nämlich, genau wie Eggers, nur die zum Zwecke der fortdauernden Handlung errichteten Firmen[30]. Auch das auf die Beteiligung an Handelsgesellschaften gleicher Art beschränkte Verbot der Teilnahme an anderen Gesellschaften entsprach der Konzeption Eggers.

25. dazu Heymann, S. XXVII; Servos, S. 16
26. ein vorzügliches Hilfsmittel für das Auffinden der Materialien stellt der Bericht von Simon in AJM Band 11, S. 191 ff. dar, in welchem die nach Abschluß der Gesetzgebungsarbeiten erfolgte Ordnung des vorhandenen Materials geschildert wird
27. vgl. Conrad, Band II, S. 388 f.
28. zum Wortlaut der hier und im folgenden zitierten Vorschriften des ALR siehe den bei Hattenhauer abgedruckten Text des Allgemeinen Landrechts für die Preußischen Staaten
29. so Ferd. Fischer, S. 383: "aus der Verpflichtung zur Treue folgt..."
30. siehe dazu §§ 614 ff. ALR Th. II Tit. 8

In anderen Punkten wich das preußische ALR dagegen von den Vorschlägen Eggers ab. So beschränkte es das Verbot der Errichtung einer eigenen Handlung auf solche von der Art der Gesellschaft, während Eggers hier ein sich auf alle Handlungen erstreckendes Verbot vorgesehen hatte. Auch die Befreiung des vom Betrieb des Societätesgeschäftes gänzlich ausgeschlossenen Gesellschafters vom Wettbewerbsverbot des ALR Th. II Tit. 8 § 636 stellte eine Abweichung von den Vorstellungen Eggers dar, weil dieser jeden Gesellschafter unter dieses Verbot fallen lassen wollte.

Fraglich ist, ob aus der von Eggers ebenfalls nicht vorgesehenen Befreiung der gänzlich vom Betrieb der Societätsgeschäfte ausgeschlossenen Gesellschafter die Schlußfolgerung gezogen werden kann, daß die stillen Gesellschafter nach den Bestimmungen des ALR immer von der Befolgung des in ALR § 636 Th. II Tit. 8 normierten Wettbewerbsverbotes freigestellt waren. Den Begriff des stillen Gesellschafters definiert § 651 ALR Th. II Tit. 8 wie folgt:

§ 651. Derjenige, welcher der Societät ein bestimmtes Kapital mit der Bedingung anvertraut hat, daß er, statt der Zinsen, am Gewinne oder Verluste nach Verhältniß dieses Capitals Theil nehmen wolle, wird ein stiller Gesellschafter (Associe en commendite) genannt.

Ein Verbot der Beteiligung an den Geschäften der Gesellschaft enthielt das ALR für den stillen Gesellschafter nicht. Nach preußischem Recht war es nicht zwingend, daß sich der stille Gesellschafter jeder Beteiligung am Betrieb der Gesellschaft enthielt. Beteiligte er sich an deren Betrieb, so galt auch für ihn das Wettbewerbsverbot des ALR Th. II Tit. 8 § 636[31].

Von dem derart beschriebenen Wettbewerbsverbot waren diejenigen Gesellschafter ausgenommen, die im Zeitpunkt der Aufnahme in die Gesellschaft bereits eine eigene Handlung betrieben, sofern nicht von ihnen ausdrücklich die Aufgabe dieser Tätigkeit verlangt worden war. Dies folgt aus § 637 ALR Th. II Tit. 8:

§ 637. Hat aber ein Gesellschafter schon zur Zeit seiner Aufnahme in die Societät eine eigene Handlung gehabt: so kann er sie fortsetzen, in so fern die Niederlegung derselben nicht ausdrücklich vorbedungen worden.

Dieser Vorschrift des ALR lag die Vermutung zugrunde, daß die Gesellschafter mangels Widerspruch mit der Fortführung des Handelsgeschäfts durch den Gesellschafter einverstanden waren[32]. Für im Zeitpunkt der Aufnahme in die Gesellschaft schon bestehende Beteiligungen an anderen Handelsgesellschaften sah § 637 ALR Th. II Tit. 8 dagegen keine Befreiung von dem in ALR Th. II Tit. 8 § 636 angeordneten Wettbewerbsverbot vor.

---

31. Ferd. Fischer, S. 383
32. vgl. dazu die Motive des preußischen Entwurfes von 1857, Kapitel E V 3

Es stellt sich die Frage, ob und ggf. welche Rechtsfolgen das preußische ALR im Falle eines Verstoßes gegen das Wettbewerbsverbot vorsah. Nach Servos enthielt das ALR hierzu keinerlei Regelungen. Servos vermutet, daß insoweit die gesellschaftsvertraglichen Bestimmungen oder die allgemeinen schadensersatzrechtlichen Bestimmungen des ALR zur Anwendung gekommen seien[33]. Auch Swoboda vertritt die Auffassung, es habe im ALR an einer Regelung der Rechtsfolgen eines Verstoßes gegen § 636 ALR Th. II Tit. 8 gefehlt. Daher will er auf die allgemeinen Bestimmungen des ALR Th. I Tit. 5 §§ 277 f. zurückgreifen, die Schadensersatzansprüche im Falle der fehlerhaften Erfüllung eines Vertrages enthalten[34].

Entgegen Servos und Swoboda regelte das ALR in einer Verweisungsnorm, beschränkt auf den Fall des verbotenen Betriebes einer eigenen Handlung, ausdrücklich die Folgen eines Verstoßes. § 649 ALR Th. II Tit. 8 bestimmte:

§ 649. Wenn ein Gesellschafter nicht im Namen der Societät oder unter deren Firma Verträge schließt: so finden die Vorschriften des Ersten Theils Tit. XVII. § 232 sqq. Anwendung.

Der in diesem § u.a. in bezug genommene § 232 ALR Th. I Tit. 17 lautet[35]:

Hat jedoch ein Gesellschafter, zwar nur in eigenem Namen, aber in Angelegenheiten der Societät, einen Vertrag geschlossen, ist er schuldig, den daraus entstandenen Vortheil der Gesellschaft zu überlassen.

Da § 636 ALR. Th. II Tit. 8 den Gesellschaftern die Errichtung einer eigenen Handlung von der Art der Societätshandlung untersagte, stellte meines Erachtens jedes verbotenerweise mit Dritten abgeschlossene Geschäft einen Vertragsschluß in Angelegenheiten der Gesellschaft dar. Der Gesellschafter war deshalb verpflichtet, den aus dem Geschäft gezogenen Vorteil der Gesellschaft zu überlassen. Im Falle einer nach § 636 ALR Th. II Tit. 8 nicht erlaubten Beteiligung an einer anderen Handelsgesellschaft fehlte es dagegen im ALR an einer ausdrücklichen Regelung der Rechtsfolgen.

Die Vorschriften des ALR Th. I Tit. 17 über die allgemeine Gesellschaft enthalten dagegen in Abweichung von der für Handelsgesellschaften vorgesehenen Rechtslage keinerlei Wettbewerbsverbot.

33. Servos, S. 36
34. Swoboda, S. 20
35. Diese Vorschrift wurde in der preußischen Literatur (vgl. Koch, S. 472) und Rechtsprechung (vgl. Strietenhorst 56, 116) auf L. 74 D. pro soc. (17) zurückgeführt, nicht dagegen auf die hier schon zuvor behandelte Bestimmung L. 52 § 5.6 D. pro soc. (17). L. 74 D. pro soc. (17) lautet (zit. nach Momsen, S. 227):
"Si quis societatem contraxerit, quod emit ipsius fit, non commune: sed societatis iudicio cogitur rem communicare"

III. Badisches Landrecht

Nachdem sich Frankreich stark vergrößert und seine Grenzen bis an den Rhein, in Norddeutschland bis nach Hamburg und über ganz Westitalien ausgedehnt hatte, drängte Napoleon auch seine Vasallenstaaten, die in Frankreich geltende Gesetzgebung zu übernehmen. So trat in dem zu den Rheinbundstaaten gehörenden Baden am 1.1. 1810 der code Napoleon in einer von Brauer bearbeiteten Übersetzung als "Badisches Landrecht" in Kraft. Unter dem Titel "Anhang von den Handelsgesetzen" wurde auch der code de commerce in besonderer Redaktion mit Auslassungen und Zusätzen geltendes badisches Recht[36]. Damit befand sich Baden in der Reihe der großen Zahl von deutschen Staaten, die den code Napoleon übernahmen und ihn -wenn auch nicht allesamt- bis zur Einführung des Bürgerlichen Gesetzbuches bzw. des ADHGB beibehielten[37].

Dabei galt nur in Baden die deutsche Fassung des Landrechts, in den anderen deutschen Staaten dagegen der französische Originaltext des code Napoleon; die amtlichen Übersetzungen bezweckten hier lediglich eine Erleichterung des Verständnisses[38]. Die von Brauer bearbeitete Fassung trug den Rechtsbesonderheiten Badens Rechnung; sie enthielt rund fünfhundert dem gemeinen und älteren badischen Landrecht entlehnte Zusätze, einen von der französischen Vorlage häufig abweichenden Gesetzeswortlaut sowie ein Subsidiaritätsgebot, das dem gemeinen Recht neben dem code Fortgeltung garantierte[39].

1. Unterschiede bei der gesetzlichen Regelung der Wettbewerbsverbote zwischen Baden und Frankreich

In allen deutschen Staaten, auch in denen der code Napoleon im Originaltext galt, nahm der einmal übernommene Gesetzestext an der weiteren innerfranzösischen Entwicklung nicht mehr teil[40], so daß es bei den Regelungen über die zwischen den Gesellschaftern einer Gesellschaft geltenden Wettbewerbsverbote in der Folge zu Unterschieden zwischen dem in Frankreich geltenden Recht und dem in Deutschland geltenden französischen Zivilrecht kam. Art. 1847 des code civil -auf den im folgenden noch eingegangen wird- lautete gegen Ende des 19. Jahrhunderts in Frankreich wie folgt:

Die Gesellschafter, die ihre Thätigkeit in die Gesellschaft einzubringen versprochen haben, sind schuldig, derselben jeden Gewinn zu berechnen, den sie durch die Art der Thätigkeit,welche der Gegenstand dieser Gesellschaft ist, gezogen haben.

---

36. vgl. Coing-Dölemeyer, Handbuch, Band III/2 S. 1444 f.; Goldschmidt, S. 46; Schlosser, S. 109 f.
37. zu Geschichte siehe Coing-Dölemeyer, Handbuch, Band III/2 S. 1440 ff.; Goldschmidt, S. 45 ff.; einen guten Überblick bietet Leiser, S. 622 ff.; ausführlich Schubert, S. 70 ff.
38. Leiser, S. 624
39. vgl. Schlosser, S. 110; Zachariä (2. Aufl.), S. LXXVII
40. Leiser, S. 624

Ein Gesellschafter darf ohne Genehmigung der anderen Gesellschafter in dem Handelszweig der Gesellschaft für eigene Rechnung oder für Rechnung eines Dritten nur insoweit Geschäfte machen, sowie an einer anderen gleichartigen Handelsgesellschaft als offener Gesellschafter nur insofern theilnehmen, als dadurch nicht die demselben in Angelegenheiten der Gesellschaft obliegende Sorgfalt verletzt wird[41].

Mit diesem Artikel besaß Frankreich, insbesondere im Hinblick auf den zweiten Absatz des Art. 1847, eine eindeutige gesetzliche Regelung über den Umfang des zwischen den Gesellschaftern einer Gesellschaft geltenden Wettbewerbsverbotes. Diese nach 1810 erfolgte Änderung des code civil durch Einfügung eines zweiten Absatzes wurde für den Bereich des in Deutschland geltenden französischen Rechts nicht übernommen[42]. So galt in Baden auch gegen Ende des 19. Jahrhunderts der LRS 1847 noch in der ursprünglichen, von Brauer dem code Napoleon entnommenen[43], Fassung mit folgendem Wortlaut:

Gesellschafter, welche die Benutzung ihrer Kräfte der Gesellschaft einbringen, sind schuldig, ihr jeden Gewinn zu berechnen, der mit solchen Beschäftigungsarten gemacht wird, welche Gegenstand dieser Gesellschaft sind.

Moderne gesetzgeberische Tendenzen, wie etwa die Regelung eines ausdrücklichen Wettbewerbsverbotes durch Ergänzung des Art. 1847 des code Napoleon in Frankreich durch einen zweiten Absatz, wurden demnach in Baden -ebenso wie in den anderen deutschen Staaten- nicht übernommen. Hier galt das französische Zivilrecht nach dem Stand von 1810; eine ausdrückliche Regelung der Wettbewerbsverbote zwischen den Gesellschaftern einer Gesellschaft fehlte mithin in denjenigen deutschen Staaten, die das französische Zivilrecht übernommen hatten, während des gesamten Geltungszeitraumes dieses Rechts.

2. Bedeutung der Bestimmungen des in Deutschland geltenden französischen Zivilrechts über die Wettbewerbsverbote zwischen den Gesellschaftern einer Gesellschaft für die geschichtliche Entwicklung dieses Verbotes in Deutschland

Obwohl die Frage, ob und ggf. in welchem Umfang zwischen den Gesellschaftern einer Gesellschaft Wettbewerbsverbote bestehen, in der deutschsprachigen Literatur zum französischen Zivilrecht, wenn überhaupt, nur am Rande angesprochen wurde und das auswertbare Material deshalb nicht sehr ergiebig ist, wird hier trotz der dadurch auftretenden Unsicherheiten bei der genauen Erfassung der gesetzlichen

---

41. zum Text des in Frankreich geltenden Rechts siehe Späing, S. 89
42. vgl. Leiser, S. 624; zum Gesetzeswortlaut siehe einerseits: code Napoleon mit Zusätzen und Handelsgesetzen als Landrecht für das Großherzogthum Baden, Karlsruhe 1809, S. 496, und andererseits: Kah, S. 446 (Abdruck der nach Einführung der Reichsjustizgesetze geltenden Fassung)
43. der LRS 1847 wurde von Brauer im Vergleich zum Originalwortlaut des Art. 1847 code Napoleon im wesentlichen wortgetreu übersetzt; vgl. dazu die Übersetzung des Art. 1847 code Napoleon bei Spielmann, S. 524, mit der hier wiedergegebenen Übersetzung Brauers

Regelung nicht auf deren Beschreibung verzichtet. Schon wegen der großen Anzahl deutscher Staaten, wie z.B. Baden, das Herzogtum Westfalen, das Großherzogtum Berg und der zum Rheinland gehörende Teil Preußens, in denen das französische Zivilrecht zumindest vorübergehend galt[44], wäre eine Untersuchung über die im Deutschland des 19. Jahrhunderts zwischen den Gesellschaftern einer Gesellschaft geltenden Wettbewerbsverbote unvollständig, verzichtete sie auf die Darstellung des in Deutschland geltenden französischen Rechts.

Entsprechend dem Untersuchungsgegenstand beschränkt sich die folgende Untersuchung dabei auf deutschsprachige Literatur unter besonderer Berücksichtigung badischer Literatur.

3. Die in Baden geltenden gesetzlichen Wettbewerbsverbote

a. Arten der Gesellschaft

Das badische Landrecht regelt die Nichthandelsgesellschaft im neunten Teil des Landrechts in den LRS 1832-1873. Daneben wurden in den Sätzen 18-64 des Anhangs Regelungen über die Handelsgesellschaften getroffen. Die Sätze 19 ff. des Anhangs erkannten dabei drei Arten der Handelsgesellschaft an, nämlich die offene Gesellschaft (LRS 20), die vertraute Gesellschaft (Kommandite, LRS 23 f.)[45] und die unbenannte Gesellschaft (Aktiengesellschaft, LRS 30 ff.)[46].

Regelungen über das Innenverhältnis der Handelsgesellschaften finden sich in dem "Anhang von den Handelsgesetzen" nicht. Hier galt nach Satz 18 des Anhangs neben den besonderen Handelsgesetzen und den Übereinkünften der Parteien das bürgerliche Recht, also das allgemeine Landrecht, dessen Bestimmungen auch für die Handelsgesellschaften die Rechte und Verbindlichkeiten der Gesellschafter gegeneinander zu entnehmen waren, weil der "Anhang von den Handelsgesetzen" überwiegend die Verhältnisse nach außen regelte[47].

Daraus folgt, daß Regeln über gesetzliche Wettbewerbsverbote zwischen den Gesellschaftern einer Handelsgesellschaft ebenso wie die für die Gesellschafter einer Nichthandelsgesellschaft in den LRS 1832 ff., nicht im "Anhang von den Handelsgesetzen" zu suchen sind.

b. Die Bedeutung des LRS 1847

Zunächst stellt sich die Frage, ob sich der Regelung des schon oben erwähnten LRS 1847, der nach richtiger Auffassung über Satz 18 des Anhangs auch für die Han-

---

44. siehe dazu Leiser, S. 621 ff.; Eisenhardt, Rechtsgeschichte, Rn. 290
45. siehe dazu Kapitel E Fn. 8
46. vgl. zu den damaligen Ausprägungen dieser einzelnen Gesellschaftsformen Broicher/Grimm, S. 11 ff. und Servos, S. 72 ff.
47. siehe Broicher/Grimm, S. 11 Fn. c 2

delsgesellschaften galt[48], ein gesetzliches Wettbewerbsverbot für diejenigen Gesellschafter entnehmen läßt, die ihre Arbeitskraft in die Gesellschaft einzubringen hatten.

Eine ausdrückliche und ausführliche Auseinandersetzung mit der Bedeutung des LRS 1847 unter diesem Gesichtspunkt fehlt in der badischen Literatur und Rechtsprechung.

Fischer vertrat in seinem Lehrbuch zum preußischen Handelsrecht die Auffassung, daß der LRS 1847 entgegen eines ersten Eindrucks kein Wettbewerbsverbot enthalte, weil den Gesellschaftern die in diesem Satz geregelte Tätigkeit gerade nicht verboten sei. Vielmehr stehe ihnen die Ausübung dieser Tätigkeit frei, lediglich den damit erzielten Gewinn müßten sie an die Gesellschaft abführen[49]. Gegen diese Auffassung Fischers sprechen jedoch die kurzen Bemerkungen, die in der badischen Literatur -soweit überhaupt eine Beschäftigung mit der Bedeutung des LRS 1847 erfolgte- zu den sich aus diesem Satz für die Gesellschafter einer Gesellschaft im Falle der anderweitigen Verwendung ihrer Arbeitskraft ergebenden Konsequenzen gemacht wurden.

Zachariä, der wohl bedeutenste badische Jurist dieser Epoche[50], sprach, ohne sich für diese Äußerung auf L. 52 § 5.6 D. pro soc. (17) oder eine andere Quelle außer dem LRS 1847 zu berufen, davon, daß der gegen LRS 1847 verstoßende Gesellschafter die Gesellschaft nach deren Befinden zu entschädigen habe[51], eine Auffassung, die unverändert auch noch in der 8. Auflage des von Crome bearbeiteten Lehrbuches Zachariäs vertreten wurde[52]. Eine Verpflichtung zur Entschädigung ohne zuvor erfolgten Verstoß gegen ein Verbot erscheint jedoch begrifflich nicht denkbar, so daß die hier angeführten Stellen aus der badischen Literatur für die Auslegung des LRS 1847 im Sinne eines Wettbewerbsverbotes sprechen. Dafür lassen sich auch Äußerungen Behagels anführen, wonach ein Gesellschafter, welcher seine Arbeitskraft einzubringen habe, die zugesagte Beschäftigungsweise **nur für die Gesellschaft verwenden dürfe**[53] und er ihr jeden Gewinn berechnen müsse, welche er mit derselben gemacht habe[54].

---

48. offengelassen für das Verhältnis zwischen Badischem Landrecht und HGB in RGZ 19, S. 184 ff. (186)
49. Ferd. Fischer, S. 383
50. sein "Handbuch des französischen Civilrechts" war das erfolgreichste Lehrbuch über dieses Rechtsgebiet im 19. Jahrhundert und wurde u.a. dreimal ins Französische übersetzt, siehe Schubert, S. 64 ff.
51. Zachariä, S. 376 f.; ders. (2. Aufl.) S. 362 f.
52. Zachariä-Crome, S. 606
53. Anm.: Der Fettdruck im Text der Arbeit entspricht einer Hervorhebung durch Sperrdruck im Original
54. Behagel, S. 296

Welche Bedeutung der LRS 1847 in der Praxis des badischen Rechts gehabt hat, läßt sich mangels Gerichtsentscheidungen zu diesem Satz des Badischen Landrechts nicht mehr abschließend klären. Die Auslegung, die Fischer diesem LRS gibt, berücksichtigt jedoch zumindest nicht die praktischen Auswirkungen dieser Vorschrift. Den Gesellschaftern war es danach nicht möglich, materiellen Nutzen aus einem Geschäft zu ziehen, welches sie mit einer der Gesellschaft geschuldeten Tätigkeit machten. Für sie bestand daher kein Anreiz zu einer solchen Tätigkeit außerhalb der Gesellschaft. LRS 1847 enthielt daher ein Wettbewerbsverbot für die Arbeitsgesellschafter[55].

c. Über LRS 1847 hinausgehende Wettbewerbsverbote

Enthielt danach LRS 1847 für die Gesellschafter, die die Einbringung ihrer Kräfte in die Gesellschaft schuldeten, eine spezielle Regelung des Wettbewerbsverbotes, so stellt sich darüber hinaus die Frage, ob daneben für die anderen Gesellschafter ein allgemeines Wettbewerbsverbot existierte.

Eine ausdrückliche gesetzliche Regelung dieser Frage findet sich im badischen Landrecht nicht. Dennoch läßt sich für Baden die Geltung eines solchen Verbotes nachweisen, wobei, da sich die zitierte Literatur auf das französische Recht im allgemeinen bezieht, davon auszugehen ist, daß dieses Verbot in allen Staaten des deutschsprachigen Raumes mit französischer Zivilgesetzgebung galt.

Anerkannt war zunächst, daß jeder einzelne Gesellschafter einer Gesellschaft deren Interesse als das seinige zu betrachten habe; er war verpflichtet, das Interesse der Gesellschaft nicht hinter sein eigenes zu stellen[56]. Ebenfalls noch Einigkeit bestand darüber, daß aufgrund dieser Pflicht der Gesellschafter, die zwar nicht ausdrücklich als Treuepflicht bezeichnet wurde, es wegen der Verpflichtung der Gesellschafter zur allgemeinen Förderung des Gesellschaftszweckes im Sinne der heutigen Terminologie der Sache nach aber war, Beschränkungen der erlaubten Wettbewerbstätigkeit der einzelnen Gesellschafter bestanden. Über den konkreten Umfang dieser Beschränkungen jedoch gingen die Meinungen auseinander.

Brinkmann war lediglich der Ansicht, daß ein Gesellschafter, der seine Industrie (Arbeitskraft) zur Gesellschaft beizutragen habe, nicht Geschäfte derselben Art wie die Gesellschaft auf eigene Rechnung betreiben dürfe[57]. Andere Autoren führten dagegen aus, daß der Gesellschafter seine Interessen nicht denen der Sozietät vorziehen und sich dadurch in eine Lage versetzen dürfe, durch die er das gemein-

---

55. zur Einordnung des LRS 1847 in die Reihe der gesetzlichen Wettbewerbsverbote vgl. auch die Nennung dieser Vorschrift in den Motiven des Frankfurter Entwurfes, Kapitel E Fn. 57

56. Zachariä, S. 377; Behagel, S. 291; Zachariä-Crome, S. 607

57. Brinkmann, S. 151 Fn. 24, der damit wohl ein über LRS 1847 hinausgehendes Verbot ablehnte

schaftliche Interesse gefährde[58]. Daraus ergebe sich z.B., daß ein Gesellschafter, der ein Handelshaus habe, nicht alle Waren einer Gattung aufkaufen dürfe, weil es dadurch der Sozietät, die diese Waren benötige, unmöglich gemacht würde, sich diese zu verschaffen[59]. Eher als Ergänzung denn als Widerspruch zu dieser Ansicht ist es zu verstehen, wenn ausgeführt wurde, daß auch der geschäftsführende Gesellschafter einer Gesellschaft dieselben Geschäfte wie diese betreiben dürfe, es sei denn, dies wäre ihm ausdrücklich untersagt oder ergebe sich aus der Natur der Sache. Bei der Annahme eines Wettbewerbsverbotes aus der Natur der Sache sei zwischen Gesellschaften mit sehr ausgedehntem Tätigkeitsfeld und Gesellschaften mit einem eher speziellen Geschäftsbereich zu unterscheiden. Bei den zuletzt genannten Gesellschaften sei eine Untersagung des Betreibens derselben Geschäfte wie die der Gesellschaft für den geschäftsführenden Gesellschafter bei Schweigen des Gesellschaftsvertrages leichter zu vermuten als bei den allgemeinen Gesellschaften[60].

Der überwiegende Teil der Literatur zum Badischen Landrecht vertrat also die Auffassung, daß auch über LRS 1847 hinaus für die Gesellschafter einer Gesellschaft ein Wettbewerbsverbot existiere. Als dessen Inhalt wurde zunächst das Verbot der konkreten Schädigung der Gesellschaft durch eine Wettbewerbshandlung des Gesellschafters angesehen, darüber hinaus könne sich für den geschäftsführenden Gesellschafter einer Gesellschaft ein generelles Tätigkeitsverbot im Geschäftszweig der Gesellschaft aus der Auslegung des Gesellschaftsvertrages ergeben.

Die badischen Gerichte haben sich, soweit ersichtlich, lediglich in einem Fall ansatzweise mit der Frage des Bestehens und des Umfangs eines gesetzlichen Wettbewerbsverbotes zwischen den Gesellschaftern einer Handelsgesellschaft beschäftigt. Das Fehlen weiterer Entscheidungen der badischen Gerichte ist sicherlich auch darauf zurückzuführen, daß LRS 51 ff. des Anhangs "Von den Handelsgesetzen" jeden Streit zwischen Handelsgesellschaftern in Gesellschaftsangelegenheiten zunächst den Schiedsgerichten zuwies, gegen deren Entscheidungen nach LRS 52 des Anhangs lediglich die Berufung an das Oberhofgericht möglich war[61].

In der einzigen bekannten Entscheidung befaßte sich das großherzogliche Oberhofgericht mit der Frage, ob die Übereinkunft einer Anzahl Holzhandlungshäuser darüber, ihren Holzbedarf bei Holzversteigerungen in einem gewissen Umkreis insgesamt durch einen Vertreter decken zu lassen und sich jedes eigenen Steigerns zu enthalten, wirksam sei. Diese Frage bejahte das Oberhofgericht. Die Übereinkunft, durch

58. Ferd. Fischer, S. 383 unter Hinweis auf leider nicht zitierte Jurisprudenz; Schiebe, Nr. 102

59. Schiebe, Nr. 102

60. Schiebe, Lehrbuch, S. 546 ff.

61. vgl. dazu das Großherzogliche Oberhofgericht des Mittelrheinkreises in Annalen 1839, S. 12 ff.

gemeinschaftlichen Ankauf den Holzbedarf zu decken, sei ein Gesellschaftsvertrag. Es verstehe sich nach dem Zweck der Übereinkunft **und den LRS 1857; 1870**[62], daß sich Gesellschafter bei einer Versteigerung nicht überböten. Die Beseitigung der Konkurrenz der Gesellschafter untereinander widerspreche der Staatsordnung und der Sittlichkeit nicht. Es sei ein gewöhnlicher Handelszweck, auf wohlfeilen Einkauf hinzuwirken. Die Verpflichtung eines Gesellschaftsmitgliedes zur Unterlassung des Überbietens sei kein unzulässiges Aufgeben der persönlichen Freiheit, sondern eine Beschränkung, wie sie in Gesellschaftsverhältnissen auch in anderer Form vorkomme[63].

Auch das großherzogliche Oberhofgericht ging demnach als selbstverständlich davon aus, daß in einer bestehenden Gesellschaft die Freiheit des Gesellschafters zur Betreibung eigener Geschäfte beschränkt sei und erkannte damit mittelbar die Existenz eines gesetzlichen Wettbewerbsverbotes zwischen den Gesellschaftern einer Handelsgesellschaft an.

d. Geltungsbereich der Wettbewerbsverbote in bezug auf die Gesellschaftsform

Soweit in der oben aufgeführten Literatur Wettbewerbsverbote zwischen den Gesellschaftern einer Gesellschaft erwähnt werden[64], geschieht dies in Kapiteln über die OHG. Lediglich Schiebe[65] bespricht die Wettbewerbsverbote in einem allgemeinen Kapitel über die Gesellschaft. Dennoch kann, soll die systematische Einordnung der Abhandlung über Wettbewerbsverbote bei Schiebe nicht überbetont werden, lediglich für die OHG und für den persönlich haftenden Gesellschafter einer Kommanditgesellschaft von der Existenz eines gesetzlichen Wettbewerbsverbotes ausgegangen wer-

---

62. **Anm.**: Hervorhebung nicht im Original; die LRS 1857, 1870 enthalten keine direkte Aussage über Wettbewerbsverbote, allerdings untersagte LRS 1870 die Aufkündigung einer Gesellschaft zu dem Zweck, im Geschäftsbereich der Gesellschaft Gewinn zu machen. Daraus folgt mittelbar, daß ein solches Geschäft während des Bestehens der Gesellschaft nicht möglich war. Die Vorschriften lauten:
"LRS 1857
Wird die Geschäfts-Besorgung mehreren Gesellschaftern aufgetragen, ohne ihre Verrichtungen zu bestimmen, auch ohne auszudrucken, daß Einer ohne den anderen nicht handeln soll; so kann jeder von ihnen für sich allein alle dahin gehörigen Geschäfte besorgen.
LRS 1869
Nur Gesellschaften von unbestimmter Dauer können einseitig aufgekündigt werden. ..., doch daß solche nicht unredlicher Weise, noch zur Unzeit geschehe.
LRS 1870
Die Entsagung ist unredlich, wenn sie von einem Teilhaber geschieht, um sich einen Gewinn allein zuzueignen, der für gemeinsame Rechnung zu machen gewesen wäre."

63. Großherzogliches Oberhofgericht in Annalen 1870, S. 295 ff. (297)

64. siehe Fn. 49 ff.

65. Schiebe, Nr. 102

den. Dies entspricht auch dem Vorschlag, den Schiebe selbst für eine vertragliche Regelung des Problems machte[66].

e. Gründe für die lückenhafte Regelung der gesetzlichen Wettbewerbsverbote im Badischen Landrecht

Fraglich ist, warum im Badischen Landrecht und damit im code Napoleon darauf verzichtet wurde, über das zwischen den Gesellschaftern einer Gesellschaft bestehende Wettbewerbsverbot ausführliche und eindeutige Regelungen zu treffen. Solche Regelungen sind in anderen bedeutenden Kodifikationen dieser Zeit, nämlich dem ALR und dem ABGB, enthalten und gehen dort weit über die spärliche Bestimmung des LRS 1847 hinaus.

Das Fehlen einer entsprechenden Regelung dürfte auf das Bekenntnis des vom Gedankengut der Französischen Revolution von 1789 beeinflußten code Napoleon zum Prinzip der Freiheit der Person zurückzuführen sein[67]. Zwischen diesem Prinzip und der ausführlichen Regelung von Wettbewerbsbeschränkungen bestand nach der Auffassung der damaligen Zeit offenbar ein Widerspruch. Diese These läßt sich zwar im Hinblick auf die fehlenden Regelungen über gesetzliche Wettbewerbsverbote zwischen den Gesellschaftern einer Gesellschaft nicht direkt belegen, ergibt sich aber mittelbar aus Erwägungen, die in Urteilen und Urteilsanmerkungen zur Gültigkeit von vertraglichen Wettbewerbsverboten zu finden sind. Als entscheidend für die Gültigkeit eines solchen Verbotes wurde jeweils die Abwägung zwischen dem Grundsatz der Freiheit der Arbeit und des Gewerbes und der Möglichkeit, sich selbst vertragliche Beschränkungen aufzuerlegen, angesehen[68]. Daraus folgt meines Erachtens, daß Wettbewerbsverbote als ein Eingriff in die Freiheit eines Gesellschafters angesehen wurden, den es zu vermeiden galt.

4. Ergebnis

Als Ergebnis läßt sich festhalten, daß es auch im Badischen Landrecht gesetzliche Wettbewerbsverbote zwischen den Gesellschaftern einer Gesellschaft gab. Damit ist zunächst die Aussage Swobodas widerlegt, das Badische Landrecht habe keine Bestimmungen über Wettbewerbsverbote enthalten[69]. Auch die von Servos verneinte Frage, ob sich aus LRS 1847 ein allgemeines Wettbewerbsverbot herleiten lasse[70], stellt sich so nicht. Vielmehr gab es neben der Regelung des LRS 1847 zumindest für die persönlich haftenden Gesellschafter einer Gesellschaft ein eigenständiges

---

66. siehe Schiebe, S. 334 ff.

67. vgl. zu diesem Bekenntnis des code Napoleon Schubert, S. 20 ff.; Leiser, S. 621; Wieacker, S. 343; Eisenhardt, Rechtsgeschichte, Rn. 205

68. siehe z.B. ZffC 1870, S. 163 ff. m.w.N. und Anm. Puchelt, S. 165 f.; ROHG in Annalen 1875, S. 67 ff. (70)

69. Swoboda, S. 20 f., der sogar auf eine Behandlung des LRS 1847 verzichtet

70. siehe Servos, S. 91, der die Frage der Wettbewerbsverbote im badischen Recht allerdings nur am Rande behandelt

Wettbewerbsverbot. Danach war es diesen Gesellschaftern untersagt, durch eigene Geschäftstätigkeit der Gesellschaft konkrete Schwierigkeiten zu machen[71].

Die im Badischen Landrecht geltenden Wettbewerbsverbote wurden dabei nicht aus dem in Baden subsidiär weitergeltenden gemeinen Recht entwickelt. Sie wurden vielmehr unmittelbar aus LRS 1847 bzw. aus der Pflicht der Gesellschafter, auf die Interessen der Gesellschaft Rücksicht zu nehmen, hergeleitet.

IV. Allgemeines Bürgerliches Gesetzbuch für die gesamten Deutschen Erbländer der österreichischen Monarchie

Bei dem ABGB von 1811 handelt es sich im Gegensatz zum Preußischen Landrecht um ein modernes Gesetzgebungswerk[72], welches in Abweichung vom Badischen Landrecht ausdrückliche Regelungen über Wettbewerbsverbote zwischen den Gesellschaftern einer Gesellschaft enthält[73].

Das ABGB regelt in den §§ 1175 ff. die allgemeine Erwerbsgesellschaft. An einem speziellen handelsrechtlichen Tatbestand fehlte es dagegen im hier behandelten Zeitraum; der im Jahre 1842 begonnene "Entwurf eines österreichischen Handelsrecht" wurde nie Gesetz, lag allerdings in einer in den Jahren 1853-1857 mehrfach revidierten Fassung den Nürnberger Beratungen zur Einführung eines Allgemeinen deutschen Handelsgesetzbuches zugrunde[74].

1. Die gesetzliche Regelung und ihre Auslegung

Die für die Regelung der Wettbewerbsverbote zwischen den Gesellschaftern einer Gesellschaft einschlägigen §§ des ABGB lauten:

§ 1182 ABGB
Alles, was ausdrücklich zum Betrieb des gemeinschaftlichen Geschäfts bestimmt worden ist, macht das Capital, oder den Hauptstamm der Gesellschaft aus. Das übrige, was jedes Mitglied besitzt, wird als ein abgesondertes Gut betrachtet.

§ 1186
Kein Mitglied ist befugt, die Mitwirkung einem Dritten anzuvertrauen oder jemand in die Gesellschaft aufzunehmen; oder ein der Gesellschaft schädliches Nebengeschäft zu unternehmen.

---

71. vgl. Schiebe, Nr. 102; Großherzogliches Oberhofgericht in Annalen 1870, S. 295 ff.
72. zu dieser Einschätzung siehe auch Wieacker, S. 337
73. Diese Regelungen sind auch heute noch unverändert geltendes österreichisches Recht; vgl. dazu und zur neueren Literatur und Rspr, zu diesem Bereich Rummel, § 1186 Rn. 7 f.. Da jedoch nicht die heutige Interpretation der Vorschriften Thema dieser Arbeit ist, wurde hier lediglich Literatur des 19. Jahrhunderts verwandt.
74. vgl. dazu und zum geringen Einfluß dieses Entwurfes auf den weiteren Gang der Nürnberger Beratungen Kapitel F Fn. 9

Aus diesen gesetzlichen Vorschriften zogen die Kommentatoren des 19. Jahrhunderts zunächst den Schluß, daß jedes Mitglied einer Gesellschaft mit seinem abgesonderten Vermögen und der seiner freien Anwendung vorbehaltenen Kräften (§ 1182 ABGB) Nebengeschäfte betreiben dürfe[75], woraus im Gegenschluß folgt, daß derartige Geschäfte mit dem unter § 1182 ABGB fallenden Vermögen und der darunter fallenden Arbeitskraft nicht betrieben werden durften. Bei diesen Ausführungen zu § 1182 ABGB ging es aber wohl nicht um die Bestimmung des Umfangs eines Wettbewerbsverbotes. § 1182 ABGB regelt den Umfang des Gesellschaftsvermögens, wozu auch die Arbeitskraft des Gesellschafters gehören kann. Bei der durch die Bezugnahme auf § 1182 ABGB erfolgten Einschränkung des Rechts der Gesellschafter zum Betrieb eines Nebengeschäftes ging es um die Sicherung der Arbeitskraft als Einlage und als Bestandteil des Gesellschaftsvermögens, nicht um ein echtes Wettbewerbsverbot.

Ein solches Verbot, nämlich kein der Gesellschaft schädliches Nebengeschäft zu betreiben, bestand aber nach dem Gebot des § 1186 ABGB. Nach dem Wortlaut des Gesetzes lag danach nur eine recht allgemein gehaltene, auf die Unterlassung konkreter Schädigungen gerichtete, Regelung vor. Die zeitgenössische Literatur zog aus dieser Bestimmung jedoch weitgehende Schlußfolgerungen, ohne auf eine konkrete Schädlichkeit des Nebengeschäftes abzustellen. So sollte es den Gesellschaftern durch § 1186 ABGB verboten sein, eine Handelsgesellschaft in der Art wie die Sozietätshandlung zu errichten oder als Gesellschafter an einer solchen Gesellschaft teilzunehmen. Sogar einzelne Geschäfte von der Art, wie sie von der Gesellschaft betrieben würden, dürfe der Gesellschafter nicht auf eigene Rechnung unternehmen[76].

Das dem Wortlaut nach zunächst nicht sehr weitgehende Verbot des § 1186 ABGB wurde also schon im 19. Jahrhundert extensiv ausgelegt, wobei nicht mehr nach der konkreten Schädlichkeit einer Handlung gefragt wurde, sondern grundsätzlich alle Handlungen im Geschäftsbereich der Gesellschaft als schädlich angesehen und verboten wurden. Gleichzeitig mit dieser Ausdehnung des Anwendungsbereiches des § 1186 AGBG erfolgte jedoch in einem anderen Bereich eine dem Wortlaut dieser Vorschrift nicht zu entnehmende, aus dem Preußischen Allgemeinen Landrecht bekannte, Einschränkung der Anwendbarkeit der Norm. Danach konnte ein Gesellschafter, der vor der Zeit seines Gesellschaftsbeitritts ein Geschäft von der Art der Gesellschaft geführt hatte, dieses fortsetzen, es sei denn, er hätte sich zur Niederlegung desselben ausdrücklich verpflichtet[77].

Angesichts dieser mit der Regelung des Allgemeinen Landrechts für die Preußischen Staaten nahezu identischen Reichweite des Wettbewerbsverbots für die Gesellschaf-

---

75. Nippel, § 1186; Zeiler, § 1186; zur identischen heutigen Rechtsauffassung in Österreich vgl. Rummel-Strasser, § 1186 Rn. 7

76. Nippel, § 1186

77. vgl. Nippel, § 1186; so auch für die heutige Rechtslage in Österreich Rummel-Strasser, § 1186 Rn. 8

ter einer Gesellschaft ist die Kritik Swobodas an der von ihm als ungenau bezeichneten Regelung des Wettbewerbsverbots im ABGB zurückzuweisen[78]. Jedenfalls in der Rechtspraxis dürften die von Swoboda befürchteten Unsicherheiten in der Frage, wann denn ein Nebengeschäft schädlich sei, angesichts der weiten, nicht nach der konkreten Schädlichkeit einer Wettbewerbshandlung fragenden Auslegung, nicht bestanden haben.

2. Die Entstehungsgeschichte der §§ 1182 ff, ABGB
Schon der erste Entwurf des österreichischen ABGB enthielt eine Regelung über Wettbewerbsverbote zwischen den Gesellschaftern einer Gesellschaft, die auch Gegenstand der nachfolgenden Beratung des Urentwurfs wurde[79]. Die einschlägigen §§ 288 ff. im dritten Teil, Neuntes Hauptstück "Von dem Gesellschaftsvertrage" lauteten im Entwurf[80]:

§ 288
Die Pflichten der Mitglieder werden durch den Vertrag bestimmt. Wer sich bloß zur Arbeit verbunden hat, der ist keinen Beitrag schuldig. Wer lediglich einen Geld, oder anderen Beitrag bedungen hat, der hat weder die Verbindlichkeit, noch das Recht auf eine andere Art zu dem Erwerbe mitzuwirken.

§ 289
In der Regel sind alle Mitglieder verbunden, ohne Rücksicht auf ihren größeren oder geringeren Antheil, zu dem gemeinschaftlichen Nutzen gleich mitzuwirken. Keiner ist befugt, diese Mitwirkung einem Dritten anzuvertrauen, oder einen der Gesellschaft schädlichen Nebenhandel zu treiben, am wenigsten aber ohne Einwilligung aller Mitglieder Jemanden in die Gesellschaft aufzunehmen.

Mangels einer ausdrücklichen Ausnahmeregelung ist davon auszugehen, daß diese Bestimmung des ersten Entwurfs auch für die in § 304 des Entwurfs erwähnte Handels- und die stille Gesellschaft gelten sollte.

Bei gesetzessystematischer Betrachtung fällt auf, daß die nunmehr in § 1186 ABGB getroffene Bestimmung in § 289 des ersten Entwurfs Bestandteil einer umfassenderen Regelung der Pflichten der Gesellschafter war, von der sie erst im weiteren Verlauf des Gesetzgebungsverfahrens losgelöst wurde und so eine selbstständige Stellung im Text des ABGB erlangte. Die Regelung des § 289 des Entwurfes wurde nämlich auf der ersten Beratung zu dieser Bestimmung am 22. Juni 1805 von Vertretern der Wiener juristischen Fakultät vor allem deshalb kritisiert, weil sprachlich nicht klar werde, daß die im letzten Halbsatz des § 289 geforderte Einwilligung der

78. vgl. Swoboda, S. 21, der sich allerdings nur mit dem Wortlaut des § 1186 beschäftigt, ohne die für die Rechtspraxis bedeutende Auslegung dieser Vorschrift zu berücksichtigen
79. zur Entstehungsgeschichte des österreichischen ABGB und zur Bedeutung der Beratungsprotokolle für dessen Auslegung siehe Ofner, Band I, Vorrede
80. zit. nach Ofner, Band I, S. CXVI

Mitglieder der Gesellschaft für die Befreiung von dessen Bestimmungen sich auf alle dort geregelten Tatbestände beziehe[81]. Um dies klarzustellen und um zu verdeutlichen, daß § 288 eine Ausnahme von der Regel des § 289 sei, wurde folgende Fassung des § 289 vorgeschlagen[82]:

§
In der Regel sind alle Mitglieder verbunden, ohne Rücksicht auf ihren größeren oder geringeren Antheil zu dem gemeinschaftlichen Nutzen gleich mitzuwirken.

§
Kein Mitglied ist befugt, die Mitwirkung einem Dritten anzuvertrauen, oder jemand in die Gesellschaft aufzunehmen, am wenigsten aber einen der Gesellschaft schädlichen Nebenhandel zu treiben.

Nachdem v. Sonnenfels an diesem Vorschlag bemängelt hatte, daß die im zweiten § aufgestellten Befolgungsregeln alle gleich seien und daher keine überschritten werden dürfe, mihin die Fassung "am wenigsten" mißverständlich und falsch sei, entschloß sich die Kommision, diese Worte zu streichen[83], womit dieser § die Fassung erhielt, die heute noch § 1186 ABGB hat.

Während der folgenden Revision war die Regelung über Wettbewerbsverbote zwischen den Gesellschaftern einer Gesellschaft nicht mehr Gegenstand der Erörterungen[84].

V. Zusammenfassung

Die hier untersuchten Kodifikationen weisen, legt man lediglich den Wortlaut der einschlägigen Bestimmungen zugrunde, stark voneinander abweichende Regelungen über das zwischen den Gesellschaftern einer Gesellschaft geltende Wettbewerbsverbot auf.

Am weitesten reicht die -allerdings nur für Handelsgesellschaften einschlägige- Vorschrift des ALR Th. II Tit. 8 § 636 f., die den nicht gänzlich vom Betrieb der Gesellschaft ausgeschlossenen Handelsgesellschaftern Preußens im Geltungsbereich des ALR die Errichtung von Handlungen in der Art der Gesellschaftshandlung und die Beteiligung an derartigen Gesellschaften untersagte, ohne daß es darauf ankam, ob diese verbotene Tätigkeit für die Gesellschaft tatsächlich schädlich war. Dagegen war den Gesellschaftern der österreichischen Erwerbsgesellschaften nach dem Wortlaut des § 1186 ABGB lediglich der für die Gesellschaft schädliche Nebenhandel untersagt. In Baden konnten auf den ersten Blick zumindest die Gesellschafter, de-

---

81. siehe Ofner, Band II, S. 113
82. zit. nach Ofner, Band II, S. 114; die folgenden §§ enthielten sodann Regelungen über die Abstimmung der Gesellschafter etc.
83. siehe Ofner, Band II, S. 114
84. vgl. Ofner, Band II, S. 118 und 861

ren Einlage nicht in ihrer Arbeitskraft bestand, der Gesellschaft ohne jede Einschränkung Konkurrenz machen.

Die Rechtswirklichkeit in Preußen, Österreich und Baden lag allerdings näher beieinander, als ein bloßer Blick in die Texte der jeweiligen Kodofikationen vermuten läßt. So fand in Österreich § 1186 ABGB eine Auslegung, die mit dem Wortlaut des in § 636 ALR Th. II Tit. 8 geregelten Wettbewerbsverbotes übereinstimmte. In Baden war zumindest den persönlich haftenden Gesellschaftern einer Handelsgesellschaft untersagt, dieser durch eigene Handelstätigkeit konkret Schwierigkeiten zu bereiten. Dabei wurde das in Baden geltende Wettbewerbsverbot in Ermangelung eines ausdrücklichen gesetzlichen Anknüpfungspunktes auf die ungeschriebene Pflicht der badischen Gesellschafter gestützt, die Interessen der Gesellschaft als ihre eigenen zu betrachten. Bei dieser Pflicht der badischen Gesellschafter handelte es sich der Sache nach, wenn auch dieser Ausdruck in der badischen Literatur und Rechtssprechung noch nicht verwandt wurde, um die Pflicht der Gesellschafter zur Treue. Somit finden wir im badischen Landrecht erstmals Wettbewerbsverbote, die ausschließlich auf die Treuepflicht der Gesellschafter gestützt werden.

Bayern dagegen verzichtete im CMBC gänzlich auf die eigenständige Regelung eines Wettbewerbsverbotes und begnügte sich mit der Fortgeltung der Regelung des gemeinen Rechts.

D. Wettbewerbsverbote für Gesellschafter im preußischen Aktienrecht bis zur Einführung des Aktiengesetzes von 1843 einschließlich

Dem preußischen Aktienrecht kommt bei der Entwicklung des deutschen Aktienrechts eine Schlüsselfunktion zu. Die Schaffung des preußischen Gesetzes über Aktiengesellschaften von 1843 war bis zur Einführung des ADHGB das wichtigste Ereignis in der Entwicklung der inneren Organisation dieser Gesellschaftsform. Neben dem code de commerce war das preußische Aktiengesetz von 1843 das einzige Gesetz in Deutschland, das das Recht der Aktiengesellschaften ausführlich regelte. Weiterhin bildete das preußische Gesetz über Aktiengesellschaften neben der Gesetzgebung Frankreichs, Englands und Hollands die maßgebliche Grundlage für den den Beratungen zur Schaffung des ADHGB zugrunde gelegten preußischen Entwurf eines Handelsgesetzbuches von 1857[1].

I. Überblick über die geschichtliche Entwicklung des preußischen Aktienrechts

In den preußischen Provinzen gab es, abgesehen vom Rheinland, wo der code de commerce galt, bis 1843 keine Kodifikation des Aktienrechts. Lediglich einige Bestimmungen des ALR wurden auch auf die Aktiengesellschaften angewandt[2]. Dabei können in der Entwicklung des preußischen Aktienrechts für den hier behandelten Zeitraum zwei sich ablösende Systeme unterschieden werden, nämlich das Oktroi-System und das Konzessionssystem[3]. In der Zeit vor 1800 wurde die Stellung der Aktiengesellschaften durch Oktroi, d.h. durch ein Einzelfallgesetz geregelt, das vorrangig die Stellung der jeweiligen Aktiengesellschaft nach außen behandelte. Daneben enthielten die Oktroi auch privatrechtliche Bestimmungen über das für diese Untersuchung interessante Innenverhältnis der Gesellschaft[4]. Erst gegen Ende der zwanziger Jahre des 19. Jahrhunderts entschied sich die preußische Regierung endgültig für die Konzessionspflicht[5].

II. Wettbewerbsverbote innerhalb der Aktiengesellschaften unter dem Oktroi-System

Im 17. und 18. Jahrhundert kam es in Preußen zur Gründung von Handelsgesellschaften (Compagnien), deren privatrechtliche Ordnung in teilweise überraschendem Maß derjenigen entsprach, die heute noch bei Aktiengesellschaften anzutreffen sind[6].

---

1. Schumacher, Innere Organisation, S. 1 ff. (3 f.); vgl. dazu auch Kapitel E V 3 und Kapitel F
2. Bösselmann, S. 67 ff; differenzierend dagegen Schumacher, Innere Organisation, S. 29 ff. und Rauch in ZRG GA 69, S. 239 ff. (272), wonach die problematische Anwendung der Regeln des ALR auf die Aktiengesellschaft ein Problem der nichtbestätigten Gesellschaften war, mithin für die bestätigten Gesellschaften, deren Verhältnisse sich allein nach dem erteilten Privileg richteten, nicht in Betracht kam; siehe dazu auch Kapitel D III mit näheren Erläuterungen
3. Bösselmann, S. 67 ff.
4. vgl. Bösselmann, S. 60 f. und Gmür in Festschrift für H. Westermann, S. 182 ff.
5. Bösselmann, S. 69 f.
6. Ring, S. 232 ff.; vgl. zur Organisation auch Gmür, S. 186 ff.

Die sogenannten Emdener Compagnien werden daher zu Recht als frühe Aktiengesellschaften angesehen[7].

Ein Kennzeichen der Handelscompagnien war es, daß sie aufgrund des ihnen erteilten Oktroi Handelsprivilegien genossen. Zu ihren Gunsten galt ein mehr oder minder weit reichendes Wettbewerbsverbot für alle möglichen außerhalb der Gesellschaft stehenden Konkurrenten. Insofern bestand eigentlich keine Notwendigkeit, für die Gesellschafter ein besonderes Wettbewerbsverbot auszusprechen. Daß in einigen Oktroi ein solches Verbot dennoch erwähnt wurde, zeigt, daß hier gedanklich zwischen einem allgemeinen -alle Staatsbürger treffenden- und einem besonderen -nur für die Gesellschafter geltenden- Wettbewerbsverbot klar unterschieden wurde. Diese Unterscheidung war allerdings nicht durchgängig vorhanden[8].

1. Reglement für die brandenburgisch-amerikanische Kompagnie vom 15/25 Oktober 1688

Eine erste gedankliche Unterscheidung zwischen dem für alle geltenden Wettbewerbsverbot und dem für die Gesellschafter geltenden Wettbewerbsverbot finden wir im Reglement der brandenburgisch-amerikanischen Kompagnie von 1688 vor.

Das allgemeine Wettbewerbsverbot regelten die §§ 38 und 45 des Reglement[9]:

§ 38

Niemand soll außer dem Handel, welcher supra artic. 17 und 18 permittiret ist, einigen particulier Handel mögen treiben bei Verlust der Güter und Monatgelder, auch Straf der Cassation, Infamiae und gestalten Sachen nach arbitrairer Correction.

§ 45

Außer dieser Compagnie soll niemand von Unsern Unterthanen, Angehörigen oder Andere mit Unserer Commission auf einige Landen oder Insulen innerhalb den Limiten dieses Octroys mögen equipiren, fahren oder handeln bei Verlust der Schiffe und Güter, als welche diese Compagnie (: soviel sie derselben wider den Einhalt dieses Octroys zu handeln innerhalb besagten Limiten betreten wird :) thätlich ohne weitere Permission angreifen, wegnehmen und zu ihrem Vortheil, jedoch praevia juris citationis et appellationis via, confisciren mögen. Jedoch soll dieses Unserer Africanischen Compagnie an ihrer freien Fahrt und Handel in den Limiten des an derselben verliehenen Octroys unabbrüchig sein.

7. Rauch in ZRG GA 69, S. 239 ff.; Gmür in Festschrift für H. Westermann, S. 167 ff.; als einziger zweifelnd Schück, Band I, S. 360 ff.

8. so enthält das Reglement der brandenburgisch-afrikanischen Compagnie vom 18/28. April 1683 keine besonderen Regeln über für die Gesellschafter geltende Wettbewerbsverbote, siehe dazu das bei Schück, Band II, abgedruckte Reglement der Gesellschaft

9. zum Text siehe Schück, Band II, S. 334 und 336

Im Gegensatz zu diesem für alle geltenden Konkurrenzverbot, das die Privilegierung der Gesellschaft bezweckte, wurde den Gesellschaftern der Compagnie in §§ 17 f. des Regelements in weitergehendem Umfang der Wettbewerb mit der Gesellschaft gestattet als den Nichtgesellschaftern[10]:

§ 17
Denjenigen, der eine Action in dieser Compagnie hat, soll permittiret werden, alle Jahr einige Güter und Kaufmanschaften bis zu dem Werth ermelter seiner Action an das Collegium der Bewindhaber[11] in Commission zu senden, und dieselbe auf Risico des Eigenern mit der Compagnie Schiffen nach dem District des verliehenen Octroys zu verschicken, und daselbst nebst den Gütern der Compagnie durch derselben Commission zu verhandeln, und Retouren davor wieder zurück=bringen zu laßen, welche die Bewindhaber nebst der Compagnie Retouren verkaufen, und das Provenu davon an den Eignern in aller Treu und Aufrichtigkeit, jedoch mit der Condition auszahlen solle, daß ... ein gewißes Tantum, in einer Summa an die Compagnie von denen, die auf diese Weise ihre Güter begehren verhandeln zu lassen, gezahlet werden soll, ...
Welche Permission in den ersten aufeinander folgenden zehen Jahren oder so lange bis mit gemeinsamer Advis der Participanten ein anders gutgefunden ist, bestehen soll.

Das Reglement der brandenburgisch-amerikanischen Compagnie gestattete den Gesellschaftern -zumindest für die ersten zehn Jahre der Existenz dieser Gesellschaft bzw. bis zu einem anderslautenden Beschluß der Gesellschafter- in größerem Umfang Handel im Geschäftsbereich der Gesellschaft als den Nichtgesellschaftern.

Obwohl demnach § 17 des Reglements der brandenburgisch-amerikanischen Compagnie der heutigen Tendenz -nämlich Einschränkung der Wettbewerbsfreiheit der Gesellschafter zugunsten der Gesellschaft- genau entgegenläuft, ist es gerechtfertigt, § 17 als für den behandelten Themenbereich einschlägige Vorschrift anzusehen. Auch § 17 reglementiert den Wettbewerb zwischen Gesellschaft und Gesellschaftern, der nur in beschränktem Umfang zugelassen wird. Somit stellt diese Vorschrift ein echtes Wettbewerbsverbot dar. Die Gründe, aus denen das Wettbewerbsverbot für die Gesellschafter der brandenburgisch-amerikanischen Compagnie weniger weitreichend war als für Außenstehende, können heute nur noch vermutet werden. Offenbar profitierte die als Kommissionär auftretende Gesellschaft von dem Eigenhandel der Gesellschafter, zudem mag in der Regelung des § 17 des Reglements für Handelstreibende ein gewisser Anreiz gelegen haben, der Gesellschaft beizutreten.

10. zum Text siehe Schück, Band II, S. 329
11. = Gesellschafter-Direktoren

2. Neues Oktroi für die brandenburgisch-afrikanisch-amerikanische Compagnie vom 14/24 September 1692

Einen Schritt weiter ging sodann das neue Oktroi für die brandenburgisch-afrikanisch-amerikanische Compagnie von 1692. § 28 des Oktroi dieser Gesellschaft regelte[12]:

§ 28

Sechszehentens, sollte sich nun also befinden, daß ein Bewindhaber oder jemand anders, der von der Compagnie dependiret, außerhalb den Limiten des Octroys gehandelt hätte, so soll solcher Bewindhaber, Participant oder Bedienter nebens Confiscation der Güter und Schiffe zugleich auch seiner Charge ipso facto verlustig und überdem in eine Geldstrafe von 200 Thl. den Armen verfallen sein, und sollen allemal Bewindhabers wie auch andere Bediente bei eräugender geringsten Suspicion, schuldig und gehalten sein, auf Requisition der oft gedachten Generalversammlung das juramentum purgatorium abzulegen.

Hier wurden die Gesellschafter (= participant) einem besonderen Wettbewerbsverbot unterworfen, welches im Hinblick auf die im Falle eines Verstoßes gegen das Wettbewerbsverbot angeordneten Rechtsfolgen nicht für alle Staatsbürger, sondern daneben nur noch für die Organe der Gesellschaft (Bewindhaber = Gesellschafter-Direktoren) und ihre Angestellten (Bediente) galt. Die Pflicht der Gesellschafter zur Wahrung der Gesellschaftsinteressen wurde also nicht als identisch mit der Verpflichtung sämtlicher anderen Staatsbürger, die die durch das Okroi ausgesprochenen Privilegien der Gesellschaft ebenfalls zu achten hatten, angesehen, sondern stand auf einer Stufe mit den Verpflichtungen der Organe und Angestellten der Gesellschaft, also auf einer besonders hervorgehobenen Ebene.

III. Wettbewerbsverbote zwischen den Gesellschaftern einer Aktiengesellschaft unter der Geltung des ALR bis zur Einführung des Aktiengesetzes von 1843

Das allgemeine Landrecht für die preußischen Staaten enthielt zwar einige verstreute Bestimmungen über Aktien (ALR Th. I Tit. 2 § 12; Th. I Tit. 11 § 793; Th. I Tit. 12 § 415) jedoch keine besonderen Regeln über die Rechtsverhältnisse der Aktiengesellschaften[13]. Dagegen befaßte es sich in der ihm eigentümlichen Ausführlichkeit in Th. II Tit. 6 "Von Gesellschaften überhaupt, und von Corporationen und Gemeinen insonderheit" mit den Gesellschaften und Corporationen, in Th. II Tit. 8 "Vom Bürgerstande" u.a. mit den Handelsgesellschaften und schließlich im dritten

---

12. zum Text siehe Schück, Band II, S. 425

13. siehe dazu auch die dem Entwurf eines Aktiengesetzes von der Kommission für die Revision des Handelsrechts beigefügten Motive, abgedruckt bei Baums, Aktiengesellschaft, S. 54; ders., a.a.O., S. 15; Fischer, S. 495; Pöhls, Aktiengesellschaften, S. 11

Abschnitt des Th. I Tit. 17 "Vom gemeinschaftlichen Eigenthume" mit "Gemeinschaften, welche durch Vertrag entstehen"[14].

Es ist fraglich. ob im Geltungsbereich des ALR vor dem Inkrafttreten des preußischen Aktiengesetzes von 1843 zwischen den Gesellschaftern einer Aktiengesellschaft Wettbewerbsverbote bestanden. Insbesondere stellt sich die Frage, ob das innerhalb der preußischen Handelsgesellschaften geltende Wettbewerbsverbot des ALR Th. II Tit. 8 § 636 auch auf Aktiengesellschaften Anwendung fand. Dieses Problem hat bisher lediglich Schumacher für die sogenannten nichtbestätigten, also nach dem ALR bloß erlaubten, Aktiengesellschaften angesprochen[15].

Ausgangspunkt einer Untersuchung über die Frage, ob vor 1843 zwischen den Gesellschaftern einer Aktiengesellschaft im Geltungsbereich des ALR Wettbewerbsverbote bestanden, muß die in ALR Th. II Tit. 6 §§ 1 ff. getroffene Unterscheidung zwischen den bloß erlaubten (ALR Th. II Tit. 6 § 2) und den privilegierten Gesellschaften sein[16]. Dagegen besitzt die innerhalb der Gruppe der privilegierten Gesellschaften nochmals getroffene Unterscheidung zwischen einfachen (teilprivilegierten) Gesellschaften und echten Korporationen für die hier behandelte Fragestellung keinerlei Bedeutung. Obwohl in der Rechtsprechung des preußischen Obertribunals kaufmännische Aktiengesellschaften trotz Erteilung staatlicher Privilegien mangels "echter Gemeinnützigkeit" nicht als "echte Corporationen" i.S.d ALR angesehen wurden[17], wandte das Obertribunal die das Innenverhältnis der echten Korporation regelnden Vorschrift des ALR Th. II Tit. 6 § 22 auch auf die einfachen (teilprivilegierten) Gesellschaften an[18]. Somit folgte das Innenverhältnis dieser beiden Unterformen der privilegierten Gesellschaft identischen Regeln.

Über das Innenverhältnis der bloß erlaubten Gesellschaft[19] traf ALR Th. II Tit. 6 § 11 folgende Regelung:

§ 11. Die Rechte und Pflichten der Mitglieder erlaubter Gesellschaften werden nach dem unter ihnen bestehenden Vertrage, in dessen Ermangelung, nach den für die

---

14. zum Wortlaut der zitierten Vorschriften des ALR siehe hier und im folgenden den bei Hattenhauer abgedruckten Text des Allgemeinen Landrechts für die preußischen Staaten

15. siehe dazu Schumacher, Innere Organisation, S. 29 f.

16. zur Unterscheidung dieser beiden Erscheinungsformen siehe auch Schumacher, Innere Organsisation, S. 10 ff. und Baums, Aktiengesellschaft, S. 15 ff.

17. vgl. dazu EKO Band 52, 417 ff.; Striethorst 59, 329 ff.; ebenso wie das preußische Obertribunal z.B. Förster, S. 334 f.; a.A. z.B. Pöhls, Aktiengesellschaften, S. 173 ff.

18. siehe dazu Striethorst 59, 329 ff. (332 f.)

19 also einer Gesellschaft, die nicht nach ALR Th. II Tit. 6 §§ 22 ff. mit Privilegien ausgestattet war, jedoch auch nicht zu den verbotenen Gesellschaften des ALR Th. II Tit. 6 §§ 3 ff. zählte; von Schumacher, Innere Organisation, zutreffend als nichtbestätigte Aktiengesellschaft bezeichnet

verschiedenen Arten solcher Gesellschaften ergangenen besonderen Gesetzen, und wo auch diese nicht entscheiden, nach dem Zwecke ihrer Verbindung beurtheilt.

Dagegen galt für das Innenverhältnis der privilegierten Gesellschaft nach ALR Th. II Tit. 6 § 22[20]

§ 22. Die Rechte und Verhältnisse einer vom Staate ausdrücklich privilegierten Gesellschaft müssen hauptsächlich nach dem Inhalte der ihr ertheilten Privilegii beurteilt werden.

vorrangig die Regelungen des der Gesellschaft erteilten Privilegs.

1. Privilegierte Aktiengesellschaften

Privilegierte Aktiengesellschaften gab es, da die preußische Regierung dem Aktienwesen insgesamt zurückhaltend gegenüberstand, nur in geringer Zahl[21]. Nach der Vorschrift des ALR Th. II Tit. 6 § 25 konnten die Rechte einer Corporation nämlich nur solchen Gesellschaften zukommen, die sich fortdauernd zu einem gemeinnützigen Zweck verbunden hatten. Als gemeinnützig wurde dabei lediglich ein dem allgemeinen Landesinteresse dienlicher Zweck angesehen. Dies konnte auch der im staatswirtschaftlichen Interesse liegende Betrieb eines Handels- oder Gewerbegeschäftes sein. Als im staatswirtschaftlichen Interesse liegend wurde z.B. der Betrieb von Lebensversicherungsvereinen angesehen, dagegen nicht der Betrieb solcher Unternehmen, die in hinreichender Zahl auch von einzelnen Unternehmern betrieben wurden. Dies führte z.B. bei den Zuckersiedereigesellschaften im Regelfall zur Ablehnung des Privilegierungsersuchens[22]. Das Erfordernis der Gemeinnützigkeit stellte für Handelsgesellschaften, und nur hier kann ernsthaft die Frage nach der Existenz eines Wettbewerbsverbotes gestellt werden, somit ein schwerwiegendes Hindernis bei dem Bemühen dar, als Aktiengesellschaft privilegiert zu werden, sofern nicht das

20. zur Anwendung des ALR Th. II Tit. 6 § 22 auf die kaufmännische privilegierte Aktiengesellschaft trotz Verweigerung der vollen Korporationsrechte durch das preußische Obertribunal für diese Gesellschaftsform (vgl. Kapitel D Fn. 17) siehe Striethorst 59, 329 ff. (332 f.)

21. zur Genehmigungspraxis der preußischen Regierung siehe auch die dem Entwurf eines Aktiengesetzes von der Kommission für die Revision des Handelsrechts beigefügten Motive, abgedruckt bei Baums, Aktiengesellschaft, S. 54 ff. sowie das Votum Rother, in: GStA Merseburg, Ministerium für Handel und Gewerbe, Akte betreffend die Bestimmungen über die Verhältnisse der Aktiengesellschaften, Rep. 120 A XII Nr. 5 Band 1, S. 18 ff.

22. vgl. dazu das Votum Rother zu dem von der Stettiner Zuckersiederei gegen die Ablehnung der Privilegierung eingereichten Immediatsgesuchs, a.a.O. (Fn. 21), S. 18 ff., 27 f.

staatswirtschaftliche Interesse an ihrer Existenz bejaht wurde[23]. Vorrangig kamen Versicherungs- und Eisenbahngesellschaften[24] in den Genuß eines staatlichen Privilegs[25]. Aber auch anderen Handelsgesellschaften wurden wirksam staatliche Privilegien erteilt. Der von ALR Th. II Tit. 6 § 25 geforderte gemeinnützige Zweck war nämlich nicht ein Wirksamkeitserfordernis für die Verleihung der Privilegien, sondern nur deren Motiv, so daß im Fall der erfolgten Verleihung der Privilegien eine Überprüfung des tatsächlichen Vorliegens eines gemeinnützigen Zweckes ausgeschlossen war[26].

Die Statuten der derart privilegierten Gesellschaften enthalten zu der Frage, ob für ihre Aktionäre ein Wettbewerbsverbot galt, keine Bestimmungen. Sie befassen sich auch nicht mit der Anwendbarkeit oder dem Ausschluß des ALR Th. II Tit. 8 § 636 f. in bezug auf die Aktionäre der Gesellschaft[27]. Wegen der Vorschrift des ALR Th. II Tit. 6 § 22 über das Innenverhätnis dieser Gesellschaften, wonach sich die Rechte und Verhältnisse der vom Staat ausdrücklich privilegierten Gesellschaften **hauptsächlich**[28] nach dem Inhalt der erteilten Privilegien richteten, stellt sich daher wegen des Schweigens der Privilegien zu der Frage, ob zwischen den Aktionären einer Aktiengesellschaft ein Wettbewerbsverbot bestand, das Problem, ob auf diese Gesellschaften die Regelung des ALR Th. II Tit. 8 § 636 über das zwischen den Gesellschaftern einer Handelsgesellschaft bestehende Wettbewerbsverbot Anwendung fand[29].

---

23. vgl. das Votum Rothers, in: GStA Merseburg, Ministerium für Handel und Gewerbe, Akte betreffend die Rechtsverhältnisse der Aktiengesellschaften, Rep. 120 A XII Nr. 5 Band 1, S. 18 ff.
24. für die ab dem 3. Nov. 1838 das Gesetz über Eisenbahn=Unternehmungen (Gesetzes=Sammlung für die Königlich Preußischen Staaten von 1838, S. 505 ff.) das Erfordernis der Gemeinnützigkeit nicht mehr vorsah
25. vgl. Schumacher, Innere Organisation, S. 10 ff; in der Gesetzes=Sammlung für die Preußischen Staaten dominieren bei den Veröffentlichungen der Statuten privilegierter Gesellschaften zwischen 1839 und 1845 eindeutig die Eisenbahngesellschaften, daneben finden sich hauptsächlich die Statuten von Versicherungs- und Straßenbaugesellschaften, aber auch das "Statut des Aktienvereins des zoologischen Gartens", was die Ausrichtung der Erteilung eines Privilegs am Erfordernis der Gemeinnützigkeit und damit die Eigenartigkeit des preußischen Aktienrechts zu verdeutlichen vermag
26. vgl. Rauch in ZRG GA 69, S. 239 ff. (274 f.) m.w.N.; auch Rother erwähnt in seinem Votum a.a.O. (Kapitel D Fn. 21) einige Gesellschaften, die trotz der Verfolgung eines vorwiegend privatwirtschaftlichen Interesses privilegiert wurden, so z.B. die Pommersche Zuckersiederei-Gesellschaft
27. siehe zu dieser Vorschrift Kapitel C II
28. Hervorhebung durch den Verfasser
29. Auf diese Fragestellung beschränkt sich die vorliegende Arbeit, deren Zweck es nicht ist, die innere und äußere Rechtsnatur der preußischen Aktiengesellschaften abschließend zu klären. Einen Überblick über die in diesem Zusammenhang auftauchenden Fragen gibt Schumacher, Innere Organisation, S. 22 ff. m.w.N.

Die praktische Relevanz dieser Fragestellung kann nicht einfach unter Hinweis auf den Wortlaut des ALR Th. II Tit. 8 § 636, wonach ein Wettbewerbsverbot für gänzlich vom Betrieb der Sozietätshandlung ausgeschlossene Mitglieder nicht galt, verneint werden. Dies wäre nur dann der Fall, wenn der Aktionär einer preußischen Aktiengesellschaft im fraglichen Zeitraum immer ein vom Betrieb der Sozietätshandlung gänzlich ausgeschlossener Gesellschafter gewesen wäre. Gerade dies war der Aktionär der preußischen Aktiengesellschaft jedoch nicht. Zwar unterschieden die Statuten der Aktiengesellschaften[30] zwischen bloßen Aktionären, die als solche nicht unmittelbar an den Geschäften der Gesellschaft beteiligt waren, und dem Direktorium und Aufsichtsrat. Es war jedoch nicht ausgeschlossen, daß sich Aktionäre im Direktorium oder Aufsichtsrat engagierten und sich so an den Geschäften ihrer Aktiengesellschaft beteiligten[31]. So wurden in Preußen, da das Prinzip der Fremdorganschaft sich noch nicht durchgesetzt hatte, die Direktoren der Gesellschaften regelmäßig aus den Reihen der Mitglieder der Gesellschaft gewählt[32]. Weil in den Statuten der Gesellschaften besondere Wettbewerbsverbote für die Direktoren fehlten, stellt sich daher die höchst praktische Frage, ob für diese Direktoren dann wenigstens wegen ihrer gleichzeitigen Gesellschafterstellung das für die Mitglieder einer Handelsgesellschaft geltende Wettbewerbsverbot des ALR Th. II Tit. 8 § 636 Anwendung fand, sie also einem aus ihrer Gesellschafterstellung folgendem Wettbewerbsverbot unterlagen.

Aber auch die Aktionäre, die keine Organstellung innerhalb ihrer Aktiengesellschaften innehatten, können heute nicht mit Sicherheit als "gänzlich vom Betrieb der Sozietätshandlung ausgeschlossene" Mitglieder der Aktiengesellschaften i.S.d. ALR Th. II Tit. 8 § 636 angesehen werden. Sie konnten ihre Rechte auf der Generalversammlung wahrnehmen und sich so am Betrieb der Gesellschaft beteiligen[33]. Zwar mag die These, die Tätigkeit eines Aktionärs auf der Generalversammlung sei als Beteiligung am Betrieb der Gesellschaft anzusehen, für heutige Vorstellungen etwas ungewöhnlich erscheinen, dem preußischen Gesetzgeber war ein solcher Gedanke aber

30. Die hier und im folgenden getroffenen Feststellungen zum Inhalt der Statuten beruhen im wesentlichen auf der Auswertung der in der Gesetzes=Sammlung für die Königlich Preußischen Staaten zwischen 1838 und 1856 veröffentlichten Statuten von Aktiengesellschaften. Eine Aufstellung der einschlägigen Fundstellen der Statuten und Verträge findet sich bei Bösselmann, S. 74 ff.

31. was von dem Wirklichen Geheimen Ober=Regierungsrat Hoffmann in seinem bei Baums, Aktiengesellschaft, S. 77 abgedrucktem "Gutachten wegen der Begünstigung der Aktienvereine durch Verleihung der Korporationsrechte an dieselben" als ein wesentlicher Vorzug dieser Gesellschaftsform herausgestellt wurde; vgl. zur teilweise engagierten Mitarbeit der Aktionäre auch Schumacher, Innere Organisation, S. 10 ff.

32. siehe Pöhls, Aktiengesellschaften, S. 179 ff.

33. was Schumacher, Innere Organisation, S. 29 ff. ohne nähere Darlegung, worin denn die Beteiligung der Aktionäre zu sehen sein könnte, ausreicht, bei der Behandlung der nichtbestätigten Aktiengesellschaften die Frage aufzuwerfen, ob ALR Th. II Tit. 8 § 636 durch den Gesellschaftsvertrag abbedungen werden konnte

nicht fremd. Dies ergibt sich beispielhaft aus dem Statut der ritterschaftlichen Privatbank in Pommern vom 23. Januar 1833, dessen § 12 (Randtitel: Von der Verwaltung der Bank) bestimmt:

Die gemeinschaftlichen Angelegenheiten der Sozietät werden theils durch die Bank=Direktion, deren Hauptsitz Stettin ist, theils durch das Kuratorium der Bank, theils durch die Beschlüsse der Korporation in ihrer General=Versammlung besorgt und wahrgenommen[34].

Der preußische Gesetzgeber sah also die Beschlußfassung der Aktionäre auf der Hauptversammlung ihrer Gesellschaft als Verwaltungstätigkeit für die Gesellschaft an, so daß zumindest zweifelhaft ist, ob die Aktionäre dieser Gesellschaft gänzlich vom Betrieb der Gesellschaft ausgeschlossen i.S.d. ALR Th. II Tit. 8 § 636 waren.

Der Wortlaut des ALR gibt keine eindeutige Antwort auf die Frage, ob die Vorschrift des ALR Th. II Tit. 8 § 636 in Ermangelung einer Regelung in den Statuten der privilegierten Gesellschaften auch innerhalb dieser Aktiengesellschaften Anwendung fand. Dennoch kann eine Anwendung des ALR Th. II Tit. 8 § 636 auf bestätigte Aktiengesellschaften im Geltungsbereich des ALR für die preußischen Staaten im Ergebnis jedenfalls für den bloßen Aktionär ohne Organstellung innerhalb der Gesellschaft eindeutig verneint werden. Lediglich die Begründung für die Nichtanwendbarkeit dieser Vorschrift bleibt im Dunkeln. Nach der überwiegenden, und damit für die Rechtspraxis entscheidenden, Auffassung der an der Schaffung des Aktiengesetzes von 1843 Beteiligten war die bestätigte Aktiengesellschaft des preußischen Landrechts keine Handelsgesellschaft, so daß auf sie in Ermangelung besonderer Rechtsvorschriften ergänzend zwar die Regeln des ALR Th. II Tit. 6, nicht jedoch die Vorschriften des ALR Th. II Tit. 8 über Handelsgesellschaften zur Anwendung kamen[35]. Nach anderer Ansicht fanden auf die privilegierten Aktiengesellschaften die Bestimmungen des ALR über Handelsgesellschaften Anwendung. Von den Vertretern

---

34. Statut der ritterschaftlichen Privatbank in Pommern, abgedruckt in der Gesetzes=Sammlung für die Königlich Preußischen Staaten 1833, S. 5 ff; ähnlich das neue Statut dieser Gesellschaft, abgedruckt in der Gesetzes=Sammlung für die Königlich Preußischen Staaten 1849, S. 361 ff. in § 10; zur Einordnung dieser Gesellschaft als AG siehe Rauch in ZRG GA 69, S. 282, der in Fn. 117 darlegt, daß das Aktiengesetz von 1843 auf diese Gesellschaft auch nach 1843 keine Anwendung fand

35. so das Votum Savignys, der selbst anderer Auffassung war, auf der dreiundvierzigsten Sitzung des Königlichen Staatsrates, abgedruckt bei Baums, Aktiengesellschaft, S. 170

dieser Auffassung wurde die Aktiengesellschaft als eine Handelsgesellschaftsform angesehen, bei der alle Sozien als stille Gesellschafter beteiligt waren[36]. Geht man zunächst von der These dieser Mindermeinung aus und legt weiterhin zugrunde, daß der stille Gesellschafter einer preußischen Handelsgesellschaft nach der gesetzlichen Regelung des ALR Th. II Tit. 8 nicht zwingend "ein von dem Betrieb der Sozietätshandlung ausgeschlossenes" Mitglied seiner Gesellschaft war[37], ja sogar der preußische Gesetzgeber von einer Beteiligung des bloßen Aktionärs an der Verwaltung seiner Gesellschaft ausging[38], so ließe sich auf dieser Grundlage durchaus ein aus ALR Th. II Tit. 8 § 636 für den Aktionär einer Aktiengesellschaft folgendes Wettbewerbsverbot konstruieren. Indes würde eine solche Konstruktion das Bild der preußischen Rechtswirklichkeit verfälschen. Niemand dachte daran, den bloßen Aktionär ohne Organstellung innerhalb seiner Gesellschaft dem Wettbewerbsverbot des ALR Th. II Tit. 8 § 636 zu unterwerfen. Bei dem zeitgenössischen Streit um die Frage, welche Regeln ergänzend auf die Aktiengesellschaften anzuwenden seien, ging es ausschließlich um die Streitfrage nach dem "Wesen" der Aktiengesellschaft. Forderungen nach einem Wettbewerbsverbot für den bloßen Aktionär sind nirgends ersichtlich, entsprechende Schlußfolgerungen wurden nie gezogen. Im Gegenteil führt Fischer für den gesetzlichen Zustand nach Einführung des Aktienrechts von 1843[39] aus, daß es einem Aktionär im Gegensatz zu einem am Betrieb seiner Handelsgesellschaft teilnehmenden stillen Gesellschafter nicht verwehrt sei, an anderen Aktiengesellschaften teilzunehmen, sofern er sich nicht, etwa als Direktor, bei dem Betriebe der Gesellschaft beteilige[40]. Damit bleibt festzuhalten, daß der bloße Aktionär einer Aktiengesellschaft unabhängig von dem Streit um die Rechtsnatur der privilegierten preußischen Aktiengesellschaft nicht dem aus ALR Th. II Tit. 8 § 636 folgendem Wettbewerbsverbot unterlag.

Dagegen griff ein Wettbewerbsverbot ein, wenn der Aktionär zugleich als Direktor Organ seiner Gesellschaft war, ohne daß dabei eine Differenz zwischen den ver-

36. so Savigny, a.a.O. (Kapitel D Fn. 35) und z.B. Pöhls, Aktiengesellschaften, S. 55 f.; zu dieser Betrachtungsweise siehe auch Kapitel E IV; diese Auffassung wurde aber in dem "Gutachten der vereinigten Abtheilungen des Königlichen Staatsrath für die Finanzen und die Justiz über den Entwurf eines Gesetzes über Aktien=Gesellschaften", abgedruckt bei Baums, Aktiengesellschaft, S. 140, mit der Begründung abgelehnt, daß die Bestimmungen des ALR über die stille Gesellschaft die Existenz zumindest eines persönlich haftenden Gesellschafters voraussetzten
37. zu den Möglichkeiten eines stillen Gesellschafters, sich nach preußischem Recht an dem Betrieb seiner Gesellschaft zu beteiligen siehe Fischer, S. 383 f.
38. siehe dazu Kapitel D III 1 Fn. 34
39. der, da auch § 10 des Aktiengesetzes von 1843 das ergänzend anzuwendende Recht offenließ (vgl. dazu § 10 des Aktiengesetzes von 1843, abgedruckt in Kapitel D IV) insoweit mit der Rechtslage vor Einführung des Aktiengesetzes von 1843 identisch war
40. Fischer, S. 383

schiedenen Auffassungen über die Rechtsnatur der Aktiengesellschaft ersichtlich ist[41]. In diesem Falle wurde also das als notwendig erachtete Wettbewerbsverbot für die Organe der Gesellschaft aus deren Stellung als Gesellschafter hergeleitet.

2. Nichtbestätigte Aktiengesellschaften

Für die bloß erlaubten Aktiengesellschaften stellte sich wegen der Regelung des ALR Th. II Tit. 6 § 11[42] die Frage, ob

a) die für diese Gesellschaft "ergangenen besonderen Gesetze" auch die Vorschriften des ALR Th. II Tit. 8 über Handelsgesellschaften und damit auch das dort in § 636 geregelte Wettbewerbsverbot waren, und

b) ob ein danach eventuell bestehendes Wettbewerbsverbot durch den Gesellschaftsvertrag abbedungen werden konnte.

Schumacher vertritt die Auffassung, es sei vor der Einführung des preußischen Aktiengesetzes von 1843 für den Bereich der nichtbestätigten Aktiengesellschaft nicht geklärt gewesen, ob die nach seiner, Schumachers, Auffassung mit dem Wesen der Aktiengesellschaft als einem großen Kapitalverein mit wechselndem Mitgliederbestand unvereinbare Vorschrift des § 636 ALR Th. II Tit. 8 über das Wettbewerbsverbot zwischen den Gesellschaftern einer Handelsgesellschaft wirksam durch den Gesellschaftsvertrag abgeändert werden konnte[43]. Für diese Auffassung, die unter Umgehung der oben aufgeworfenen, logisch vorrangigen Frage a) sogleich die Frage b) problematisiert, beruft sich Schumacher, ohne überhaupt die Frage der Vertragsfreiheit im preußischen ALR zu erörtern, auf die Berichte Rothers und v. Alvensleben in den Akten des Handelsministeriums betreffend die Rechtsverhältnisse der Aktiengesellschaften. Diese Berichte stützen die These Schumachers in der von ihm vorgenommenen Nuancierung jedoch nicht. Es trifft allerdings zu, daß man grundsätzlich, obwohl die Vorschriften des ALR über Handelsgesellschaften für die nichtbestätigten Aktiengesellschaften nach allgemeiner Auffassung beachtliche Erschwerungen mit sich brachten, die Bestimmungen der §§ 614 ff. ALR Th. II Tit. 8 über Handelsgesellschaften wegen des Gesellschaftszwecks und -gegenstandes dieser Unternehmungen auf die nichtbestätigten Aktiengesellschaften anwenden wollte[44]. Aus dieser grundsätzlichen Anwendung der Bestimmungen der §§ 614 ff. ALR Th. II

41. Fischer, S. 383 ohne weitere Problematisierung der verschiedenen Auffassungen über die Rechtsnatur der AG; Fischer stützt das von ihm angenommene Wettbewerbsverbot dabei dogmatisch nicht auf die Vorschrift des ALR Th. II Tit. 8 § 636, sondern leitet es aus der Verpflichtung der Mitglieder einer Gesellschaft zur Treue her

42. zum Wortlaut siehe Kapitel D III a.A.

43. Schumacher, Innere Organisation, S. 30

44. Bericht des Grafen v. Alvensleben an Justizminister Mühler vom 17.4.1837, in: GStA Merseburg, Ministerium für Handel und Gewerbe, Akte betreffend die Bestimmungen über die Verhältnisse der Aktiengesellschaften, Rep. 120 A XII Nr. 5 Band 1, S. 62 ff. (67)

Tit. 8 folgte aber nach damaliger Auffassung nicht zwingend auch die wortlautgetreue Anwendung der Regelungen der §§ 633 ff. ALR Th. II Tit. 8 (2. Bey dem Betriebe der Geschäfte) über das Innenverhältnis der Handelsgesellschaften auf die kapitalistisch strukturierten nichtbestätigten Aktiengesellschaften. Gerade weil man die Problematik dieser Vorschriften erkannte, hielt man sie nur mit gewissen, allerdings nicht näher dargelegten, Modifikationen auf das Innenverhältnis der nichtbestätigten Aktiengesellschaften für anwendbar. Am deutlichsten tritt diese Auffassung in dem Bericht des Finanzministers Graf v. Alvensleben an den Justizminister Kamptz vom 25.9.1838 in Erscheinung, wenn es dort wörlich heißt[45]:

Gegen eine streng erscheinende Anwendung dieser Grundsätze auf das Verhältnis des einzelnen Mitgliedes einer AktienGesellschaft zu den übrigen Mitgliedern derselben dürfte indes zu Recht einzuwenden sein, daß ein wesentliches Recht- das Recht der persönlichen Theilnahme und Thätigkeit bei der Ausführung und dem Betrieb des gemeinschaftlichen Unternehmens-, welches den einzelnen Mitgliedern der im Land-Rechte abgehandelten gewerblichen u. Handelsgesellschaften in der Regel zu steht (§ 206 ff. Tit. 17 u. §§ 633 ff. Tit. 8 Th. II LRecht) den Mitgliedern der Aktiengesellschaften abgeht und bei dem weiteren Aufschwung, den dergleichen AktienUnternehmungen zu haben pflegen, wohl auch abgehen muß.

Damit bleibt als Zwischenergebnis festzuhalten, daß man zwar grundsätzlich von der Anwendbarkeit der Vorschrift des § 636 ALR Th. II Tit. 8 über das zwischen den Gesellschaftern einer Handelsgesellschaft bestehende Wettbewerbsverbot auf die Aktionäre einer nichtbestätigten Aktiengesellschaft ausging, jedoch gewisse, nicht näher dargelegte, Einschränkungen machen wollte. Entgegen Schumacher[46] stellte sich daher nicht erst die Frage der vertraglichen Abdingbarkeit des gesetzlich vorgesehenen Wettbewerbsverbotes, zweifelhaft war schon dessen Anwendbarkeit.

Dagegen war es, anders als von Schumacher behauptet, nicht zweifelhaft, daß das Wettbewerbsverbot des ALR Th. II Tit. 8 § 636 vertraglich abbedungen werden konnte. Für eine vertragliche Abdingbarkeit des § 636 ALR Th. II Tit. 8 spricht zunächst, daß dem preußischen ALR das Prinzip der Vertragsfreiheit nicht unbekannt war. Grundsätzlich war diese Freiheit nur im Falle entgegenstehender öffentlichrechtlicher Vorschriften eingeschränkt[47]. Öffentlich-rechtliche Vorschriften standen der Abbedingung des Wettbewerbsverbotes aber nicht entgegen. Zudem sah ALR Th. II Tit. 6 § 11[48] ausdrücklich den Vorrang vertraglicher Vereinbarungen vor den gesetzlichen Vorschriften vor. Dementsprechend beziehen sich die in den von Schu-

---

45. Bericht des Grafen v. Alvensleben an Justizminister Kamptz vom 25.9.1838, in: GStA Merseburg, Ministerium für Handel und Gewerbe, Akte betreffend die Bestimmungen über die Verhältnisse der Aktiengesellschaften, Rep. 120 A XII Nr. 5 Band 1, S. 91 ff. (99 f.)

46. Schumacher, Innere Organisation, S. 30

47. vgl. dazu z.B. ALR Th. I Tit. 5 § 9; Dernburg, 1. Band, S. 140 ff., 152 f.; Wieacker, S. 333

48. siehe zum Wortlaut Kapitel D III a.A.

macher zitierten Berichten geäußerten Zweifel an der vertraglichen Abänderbarkeit von Bestimmungen des ALR Th. II Tit. 8 nur auf solche Vorschriften, die auch das Interesse Dritter bzw. der Öffentlichkeit berührten, so z.B. auf die Bestimmungen über die Vertretungsmacht der Gesellschafter für die Gesellschaft, die persönliche Haftung der Aktionäre für die Gesellschaftsschulden etc.[49]. In diesen Fällen war auch das Interesse der Öffentlichkeit, die die entsprechenden Regelungen des Innenverhältnisses nicht kannte, berührt. Dieser Gesichtspunkt, der zu den geäußerten Zweifeln geführt haben mag, griff aber bei vertraglichen Vereinbarungen über den Ausschluß des in ALR Th. II Tit. 8 § 636 geregelten Wettbewerbsverbotes nicht ein, so daß insoweit kein Anlaß zur Abweichung von dem im preußischen ALR grundsätzlich geltenden und in § 11 ALR Th. II Tit. 6 für die erlaubten Gesellschaften nochmals ausdrücklich ausgesprochenen Grundsatz des Vorranges vertraglicher Vereinbarungen vor gesetzlichen Bestimmungen bestand.

Es bleibt daher festzuhalten, daß schon die Anwendbarkeit des § 636 ALR Th. II Tit. 8 auf die bloßen Aktionäre der nichtbestätigten Aktiengesellschaften zweifelhaft war, jedenfalls aber war es möglich, durch entsprechende vertragliche Vereinbarungen dieses gesetzliche Wettbewerbsverbot abzubedingen.

IV. Wettbewerbsverbote zwischen den Gesellschaftern einer Aktiengesellschaft nach dem preußischen Aktiengesetz von 1843

Auch das preußische Aktiengesetz von 1843 ließ in § 10[50]-

So weit das Statut über die Rechte und Pflichten der Aktionaire gegeneinander keine besonderen Bestimmungen enthält, kommen die am Sitz der Gesellschaft geltenden gesetzlichen Vorschriften über Gesellschaftsverträge zur Anwendung.

-offen, welche Bestimmungen ergänzend auf die Aktiengesellschaften zur Anwendung kommen sollten und ob zu diesen Bestimmungen im Geltungsbereich des ALR auch die Vorschrift des § 636 ALR Th. II Tit. 8 gehörte. Eine Anwendung des § 636 ALR Th. II Tit. 8 wäre demnach in Betracht gekommen, wenn die preußische Aktiengesellschaft nach dem Aktiengesetz von 1843 auch im Innenverhältnis als Handelsgesellschaft i.S.d. ALR Th. II Tit. 8 anzusehen gewesen wäre. Entgegen Baums[51] enthält § 10 des preußischen Aktiengesetzes von 1843 jedoch keine Bestätigung dafür, daß die preußische Aktiengesellschaft unter der Geltung dieses Gesetzes eine

---

49. besonders deutlich wird dies in dem Bericht Rothers an v. Alvensleben, in: GStA Merseburg, Ministerium für Handel und Gewerbe, Akte betreffend die Bestimmungen über die Verhältnisse der Aktiengesellschaften, Rep. 120 A XII Nr. 5 Band 1, S. 18 ff. (20a ff.) und in dem Bericht v. Alvensleben an den Justizminister Mühler, a.a.O, S. 62 ff. (68 ff.)

50. zitiert nach Baums, Aktiengesellschaft, S. 215

51. Baums, Aktiengesellschaft, S. 42, der eine entsprechende Schlußfolgerung aus der Verwendung des Begriffs "Gesellschaftsverträge" in § 10 des preußischen Aktiengesetzes von 1843 zieht, ohne zwischen Innen- und Außenverhältnis dieser Gesellschaftsform zu unterscheiden

Sozietät war. So schloß die zeitgenössische Literatur aus dieser Verweisungsvorschrift gerade nicht auf die Anwendbarkeit der Bestimmungen des ALR Th. II Tit. 8, sondern wollte, soweit es um das Innenverhältnis der Gesellschaft ging, die Bestimmungen der §§ 42 bis 80 ALR Th. II Tit. 6 über Corporationen und Gemeinen anwenden, die keinerlei Wettbewerbsverbote enthielten[52]. Somit trat in bezug auf das Innenverhältnis der Aktiengesellschaften gegenüber der vor Einführung des Aktiengesetzes von 1843 für die bestätigten Aktiengesellschaften geltenden Rechtslage keinerlei Änderung ein. Trotz des Schweigens der Statuten der Aktiengesellschaften zur Frage eines zwischen ihren Gesellschaftern bestehenden Wettbewerbsverbotes kann aus der Bestimmung des § 636 ALR Th. II Tit. 8 mangels Anwendbarkeit dieser Vorschrift kein Wettbewerbsverbot für die Aktionäre der preußischen Aktiengesellschaften im Geltungsbereich des ALR hergeleitet werden.

Soweit die Aktionäre jedoch zugleich als Direktoren der Gesellschaft tätig waren, galt für sie aufgrund ihrer Treuepflicht als Gesellschafter das schon oben näher beschriebene Wettbewerbsverbot[53].

V. Zusammenfassung

Unter dem Oktroi-System unterschied man in Preußen überwiegend zwischen einem allgemeinen, für alle geltenden, und einem speziellen, nur für die Aktionäre der Compagnien geltenden, Wettbewerbsverbot. Die Schlußfolgerungen aus dieser klaren gedanklichen Unterscheidung waren allerdings unterschiedlich. Während daraus teilweise eine Verschärfung der Strafvorschriften für den gegen das Wettbewerbsverbot verstoßenden Gesellschafter abgeleitet wurde, dessen Verpflichtung zur Einhaltung des Verbotes mit der entsprechenden Verpflichtung der Organe und Angestellten der Gesellschaft auf einer Stufe gestellt wurde, führte diese Unterscheidung in anderen Gesellschaften dazu, den Gesellschaftern in weitergehendem Umfang als den sonstigen Dritten Wettbewerbshandlungen zu gestatten. In diesem letzten Fall stand wahrscheinlich das Bemühen im Vordergrund, kapitalkräftige Interessenten für die Teilnahme an der Gesellschaft zu gewinnen, mit der ja ein staatswirtschaftlicher Zweck verfolgt werden sollte.

Für die einfachen Aktionäre der im frühen 19. Jahrhundert entstandenen privilegierten Aktiengesellschaften bestand dagegen weder ein vertragliches noch ein gesetzliches Wettbewerbsverbot. Auch das Verbot des ALR Th. II Tit. 8 § 636 kam nicht zur Anwendung. Dies ergab sich nach damals herschender Auffassung daraus, daß

---

52. Gräff in Archiv, S. 169 Bem. 3, der im übrigen nur das Außenverhältnis der Aktiengesellschaften den Regelungen des ALR Th. I Tit. 17 über die allgemeine Gesellschaft unterwerfen will; vgl. zum Streit um die **äußere** Rechtsnatur der erlaubten preußischen Privatgesellschaft bei anscheinend vorhandener Einigkeit über die Anwendung der Regeln der Corporationen auf das **Innen**verhältnis dieser Gesellschaften auch Rosin in Beiträge XXVII, S. 108 ff. (128); Dernburg (Band 1), S. 118, ders. (Band 2), S. 617; Rehbein/Reincke, S. 270 f. Fn. 2; RG in Beiträge XXVII, S. 964 ff.

53. siehe dazu Kapitel D III 1 a.E.

privilegierte Aktiengesellschaften keine Handelsgesellschaften waren, eine Auffassung, die wohl maßgeblich durch die Bestimmung des ALR Th. II Tit. 6 § 25 geprägt wurde. Anders war dagegen die Rechtslage für die einfachen Aktionäre der bloß erlaubten Aktiengesellschaften. Diese Aktiengesellschaften waren Handelsgesellschaften, die Vorschrift des ALR Th. II Tit. 8 § 636 damit grundsätzlich anwendbar. Allerdings wurde die Anwendbarkeit dieser vertraglich abdingbaren Vorschrift in einem nicht mehr feststellbaren Umfang für die in der Gesellschaft nicht tätigen Aktionäre eingeschränkt, da man erkannte, daß die der Vorschrift des ALR Th. II Tit. 8 § 636 zugrunde liegenden Motive bei diesem Personenkreis nicht einschlägig waren.

Ohne Rückgriff auf § 636 ALR Th. II Tit. 8 wurde dagegen auch für die Gesellschafter-Direktoren der privilegierten Aktiengesellschaften unter Rückgriff auf ihre Treuepflicht ein Wettbewerbsverbot bejaht.

Diese beiden zuletzt aufgezeigten Entwicklungen, Einschränkung des Wettbewerbsverbotes des ALR Th. II Tit. 8 § 636 für die bloßen Aktionäre der nichtbestätigten Aktiengesellschaften und Begründung eines im Gesetz nicht vorgesehenen, aus der Treuepflicht der Gesellschafter hergeleiteten, Wettbewerbsverbotes für die Gesellschafter-Direktoren der bestätigten Aktiengesellschaften, belegen, daß bei der Begründung eines Wettbewerbsverbotes im preußischen Aktienrecht das Finden sinnvoller Ergebnisse vor dem Beharren auf dem Wortlaut einer Regelung stand.

E. Wettbewerbsverbote in den handelsrechtlichen Entwürfen der Staaten des Deutschen Bundes bis zum ADHGB

Die Neuordnung Gesamtdeutschlands auf dem Wiener Kongreß (Deutsche Bundesakte 1815, ergänzt durch die Wiener Schlußakte 1820) führte nicht zu der von vielen erhofften Einigung der Nation. Es kam lediglich zur Schaffung des Deutschen Bundes. Diesem Staatenbund stand keinerlei gesetzgebende Gewalt zu. Die Gesetzgebung war Aufgabe der Bundesstaaten. Diese bemühten sich insbesondere auf dem Gebiet des Handels- und Wechselrechts um die Beseitigung der vielfach beklagten Rechtszersplitterung. So entstanden in der Zeit bis 1857 in Württemberg, Nassau, Preußen und Österreich handelsrechtliche Entwürfe, die, neben anderen Zielen, auch den Zweck verfolgten, eine bundeseinheitliche Handelsgesetzgebung vorzubereiten und dieser als Vorbild zu dienen. Der 1849 als Produkt der bürgerlichen Revolution entstandene Frankfurter Entwurf sollte darüber hinaus nicht nur die Rechtsvereinheitlichung auf dem Gebiet des Handelsrechts herbeiführen, sondern als Nationalgesetzbuch auch die angestrebte Einheit der Nation festigen und stärken[1].

I. Entwurf eines Handelsgesetzbuches für das Königreich Württemberg

1. Die Geschichte des württembergischen Entwurfes

Bei dem "Entwurf eines Handelsgesetzbuches für das Königreich Württemberg" handelt es sich um den ersten Versuch einer umfassenden Kodifikation des Handelsrechts in Deutschland.

Verfasser des Entwurfes war der von der württembergischen Regierung auf Veranlassung der Kammer der Abgeordneten mit der Erstellung eines Gutachtens in Form eines Gesetzentwurfs beauftragte Carl von Hofacker. Hofacker, der nach dem Studium der Rechtswissenschaften in Tübingen und Heidelberg 1817 zum Privatdozenten und 1819 zum außerordentlichen Professor in Tübingen ernannt worden war, war im Zeitpunkt seiner Beauftragung, nach vorausgegangener wechselnder Tätigkeit im württembergischen Staats- und Justizdienst, Obertribunalrat in Stuttgart. Hofacker legte den Entwurf im Jahre 1839 (Motive 1840) vor[2]. Entsprechend dem Auftrag seiner Regierung verwandte er als Materialien in erster Linie den code de commerce, daneben jedoch auch die Handelsrechtsteile des preußischen ALR, das nieder-

---

1. vgl. dazu Mitteis/Lieberich, S. 417 ff.; Baums, S. 14 ff.
2. zur Person Hofackers siehe Coing-Bergfeld, Handbuch, Band III/3 S. 2864 Fn. 1; Schubert, Entwurf, 1. Teil , Einführung S. 3 f. ; allgemein zu Geschichte dieses Entwurfes Coing-Bergfeld, Handbuch, Band III/3 S. 2864 ff; Goldschmidt S. 72 ff; Baums S. 25 ff; Schubert, Entwurf, 1. Teil, Einführung S. 3 ff. sowie Mayer, Beitrag, S. 94 ff, die auch die innen- und außenpolitischen Motive für den Entwurf darlegen (Einfluß auf den Zollverein, Etablierung der Kleinstaaten als dritte Macht neben Preußen und Österreich)

ländische, portugiesische und - in besonderem Maße- das spanische Handelsgesetzbuch[3]. Württembergische Literatur und das württembergische Landrecht von 1610[4] konnten Hofacker nicht als Vorlage dienen, soweit es um die Regelung des Wettbewerbsverbotes zwischen den Gesellschaftern einer Gesellschaft ging. Sowohl in der württembergischen Literatur als auch im Landrecht von 1610 fehlte eine Behandlung dieses Themenbereiches[5].

Die württembergische Regierung konnte sich aus heute nicht mehr abschließend klärbaren Gründen nicht dazu entschließen, den Entwurf den Ständen zur Beratung vorzulegen[6]; diese Untätigkeit führte dazu, daß der Entwurf nie die Chance hatte, Gesetz zu werden.

2. Die Regelungen des württembergischen Entwurfes über die Wettbewerbsverbote

a. Der Wortlaut des Entwurfes

Im ersten Buch des württembergischen Entwurfes "Vom Handelsstand" finden sich die Regelungen über die Handelsgesellschaften im vierten Titel "Von besonderen Arten Handel zu treiben", drittes Kapitel "Vom Gesellschaftshandel".

In Art. 178[7] erkennt der Entwurf drei Arten von Gesellschaften an, nämlich

---

3. Coing-Bergfeld, Handbuch, Band III/3 S. 2869; Goldschmidt S. 73; Baums S. 26; Wächter, Band I/2, S. 963 Fn. 13; vgl. dazu auch bei Schubert, Entwurf, 1. Teil das Vorwort des Geheimen Rates von Schwab -Justizministerium- und die den Motiven im 2. Teil auf S. 4 ff. vorangestellten allgemeinen Bemerkungen, wo die Mangelhaftigkeit der Regeln des französischen Rechts über die Handelsgesellschaften erwähnt wird. Dies und die Vergleichbarkeit der württembergischen und spanischen Gesetzgebungssituation (Fehlen eines einheitlichen Zivilgesetzbuches, Nebeneinander von einheimischem Zivilrecht und gemeinem Recht) führte entgegen dem Auftrag zur Einarbeitung insbesondere des spanischen Handelsgesetzbuches; siehe dazu auch Raisch, S. 81 und die bei Schubert, Entwurf, 2. Teil S. 8 ff. abgedruckten Vorbemerkungen zu den Motiven.
4. vgl. dazu Wächter, S. 33 und Weishaar, S. 25
5. siehe dazu beispielhaft Weishaar, §§ 1175 ff. und Griesinger, S. 313 ff.
6. Coing-Bergfeld, Handbuch, Band III/3 S. 2874 sieht den Grund in der zu starken Abweichung vom württembergischen Recht; Schubert, Entwurf, 1. Teil, Einleitung S. 5 m.w.N. führt die Nichteinführung auf den Widerspruch zwischen dem vom ausländischem Recht geprägten Entwurf und dem erwachenden deutschen Nationalgefühl zurück
7. der Wortlaut dieses und der im folgenden zitierten Artikel ist bei Schubert, Entwurf, 1. Teil, S. 57 ff. abgedruckt

- die offene Handelsgesellschaft, Gesellschaft unter einem Handlungsnamen (Firma),
- die stille Gesellschaft (Commandite)[8] und
- die Aktiengesellschaft.

Außerdem enthält das dritte Kapitel in den Art. 274 ff. noch Regelungen über Handelsgeschäfte für gemeinschaftliche Rechnung.

Nach Art. 179 des Entwurfes[9] waren die Regeln über den Gesellschaftshandel -und damit auch die in diesem Entwurf enthaltenen Regelungen über Wettbewerbsverbote-dispositiver Natur[10]. Sie sollten auf bloße Handelsgemeinschaften keine Anwendung finden[11].

Die Anordnung eines Wettbewerbsverbotes für die Gesellschafter einer OHG ist unter der Überschrift "Verbot der Betheiligung an anderen Handelsunternehmungen" in Art. 201 ff. des württembergischen Entwurfes zu finden. Diese Artikel lauten[12]:

Art. 201
Ein Gesellschafter kann ohne Genehmigung der Uebrigen kein Handelsgewerbe derselben Art errichten, oder als offener oder stiller Gesellschafter an einem anderen Handelsgewerbe dieser Art Theil nehmen, oder wenn er die Geschäftsführung hat, auch nur einzelne Handelsunternehmungen derselben Art für sich machen.

---

8. Hier werden die Begriffe "Stille Gesellschaft" und "Kommanditgesellschaft" synonym gebraucht, die Unterscheidung zwischen beiden Gesellschaftsformen setzte sich erst mit dem ADHGB durch und war zum hier behandelten Zeitraum so verwischt (Servos, S. 9 ff.), daß eine genaue Untersuchung der in den Entwürfen vorgefundenen Erscheinungsformen auf ihre tatsächliche Zuordnung nach heutiger Begrifflichkeit nicht sinnvoll erscheint. Der württembergische Entwurf gebraucht beide Begriffe nebeneinander (Servos, S. 203). Die Entwicklungsgeschichte dieser beiden Gesellschaftsformen wird u.a. von Servos, S. 9 ff., Goldschmidt, Gutachten, S. 56 ff. und Schliemann, S. 42 ff. dargestellt.

9. " Die Rechtsverhältnisse bei Handelsgesellschaften werden durch die Übereinkunft der Parteien, durch die Handelsgesetze, und, soweit diese die Entscheidung nicht an die Hand geben, durch das allgemeine bürgerliche Recht bestimmt."

10. vgl. Schubert, Entwurf, 2. Teil, S. 162 :"weil immer das später genannte aushülfsweise zur Anwendung kommt"

11. Art. 180 lautet:
"Die nachfolgenden gesetzlichen Bestimmungen...finden keine Anwendung auf mehrere Inhaber eines Handelsgewerbes, welche das Miteigenthum ohne vertragsgemäße Vereinigung erlangt haben: so lange sie nicht Verabredungen treffen, wodurch die Rechte Dritter beschränkt werden."

12. vgl. dazu neben Schubert, Entwurf, 1. Teil, den ebenfalls bei Swoboda, S. 23 ff. abgedruckten Text des Entwurfes und die auszugsweise Widergabe der Motive; die zudem noch unvollständige Behandlung der Materie bei Swoboda beschränkt sich auf die OHG.

Doch kann die Genehmigung nicht verweigert werden, wenn die Gesellschaft keine Beeinträchtigung zu besorgen hat.

Art. 202
Ebenso kann ein sogenannter industrieller Gesellschafter, dessen Dienstleistungen ihm als Einlage angerechnet werden, ohne Genehmigung der Uebrigen sich mit keiner Handelsunternehmung irgend einer Art beschäftigen.

Art. 203
Der Uebertreter (Art, 201, 202) verliert seinen etwaigen Gewinn zum Besten der Gesellschaft, und kann noch außerdem aus derselben ausgeschlossen werden: wenn die Gesellschaft es nicht vorzieht, ihm die Geschäftsführung und Einsicht der Handelsbücher und Papiere (Art, 204) zu entziehen.

Im letzteren Falle wird ihm blos das Ergebnis des jährlichen Rechnungsabschlusses mitgetheilt.

In Art. 214 des Entwurfes ist dann nochmals die Möglichkeit des Ausschlusses ausdrücklich erwähnt[13]. Die sich für den Gesellschafter aus einem Ausschluß ergebenden Folgen regelt Art. 215 des Entwurfes, der damit zugleich neben Art. 203 die finanziellen Folgen eines Verstoßes gegen das Wettbewerbsverbot für den Gesellschafter festlegt. Er lautet:

Der Ausgeschlossene muß seinen Antheil am Gesellschaftsvermögen bis zur Beendigung der zur Zeit der Ausschließung angefangenen Geschäfte stehen lassen, oder genügende Sicherheit wegen seines Antheils an dem sich hierbei ergebenden Verluste leisten.

An dem Gewinn oder an sonstiger Entschädigung hat er keinen Anspruch.

Nach Art. 239 des Entwurfes sollte der stille Gesellschafter (bzw. Kommanditist) zwar - anders als der Komplementär - das Recht haben, Wettbewerbshandlungen vorzunehmen. Für diesen Fall wurde jedoch das ihm sonst zustehende Recht auf Einsicht in die Geschäftsunterlagen regelmäßig beschränkt. Artikel 239 hat folgenden Wortlaut:

Ein stiller Gesellschafter, welcher ein Handelsgewerbe derselben Art errichtet, oder als stiller oder offener Gesellschafter daran Theil nimmt, verliert das ihm sonst zustehende Recht der Einsicht der Handelsbücher und Papiere (Art. 203, 204): ausgenommen, es wäre kein Widerstreit der Interessen zu besorgen.

---

13. "Ein Gesellschafter kann aus der Gesellschaft ausgeschlossen werden:
...
5) wegen Betreibung anderer Handelsgewerbe oder Unternehmungen (Art. 201-203);
..."

Die Art. 243 ff. "Von Aktiengesellschaften" und Art. 274 ff. "Von Handelsgeschäften für gemeinschaftliche Rechnung" enthalten keinerlei Regelung über Wettbewerbsverbote, auch die Motive[14] setzen sich mit dieser Fragestellung insoweit nicht auseinander. Das Fehlen von Wettbewerbsverboten in diesem Zusammenhang wurde offensichtlich als selbstverständlich und nicht begründungsbedürftig angesehen.

b. Motive

Zur Rechtfertigung des beschränkten sachlichen Umfangs des in Art. 201 des Entwurfes geregelten Wettbewerbsverbotes auf Errichtung von und Teilnahme an Handelsgewerbe derselben Art führen die Motive in Auseinandersetzung mit den Art. 313 f. des spanischen HGB aus[15], daß das spanische HGB die Fälle, in denen der Gesellschaftsvertrag den Handelszweig bestimme, in dem die Gesellschaft handeln wolle -in diesem Fall sei jede beliebige Handelsoperation mit anderen Artikeln zugelassen- von denen unterscheide, wo eine solche Regelung im Gesellschaftsvertrag nicht getroffen und damit keine Handelsoperation ohne Erlaubnis zulässig sei. Diese letzte Bestimmung gehe aber zu weit. Fehle es an einer Vorbestimmung im Gesellschaftsvertrag, müsse die bisherige Übung entscheiden[16], womit offensichtlich die vorangegangene Betätigung der Gesellschaft gemeint ist. Dagegen komme es nicht entscheidend auf die Bezeichnung der Gesellschaft über den Gegenstand ihrer Tätigkeit an[17].

---

14. siehe dazu Schubert, Entwurf, 2. Teil, S. 217 ff.

15. Die entsprechenden Artikel lauteten:
"Art. 313
In den Gesellschaften unter gemeinschaftlichen Namen, die auf keine bestimmten Handelsartikel beschränkt sind, dürfen die Mitglieder derselben keine Geschäfte für ihre Privatrechnung machen, wenn die Gesellschaft ihnen nicht zuvor die Erlaubnis ertheilt hat; sie darf ihnen solche aber nur dann verweigern, wenn sie beweiset, daß ihr dadurch ein wirklicher und offenbarer Schaden erwächst. Die Gesellschafter, die dieser Verfügung zuwider handeln, sollen ihren Gewinn bei solchen Geschäften zu dem gemeinschaftlichen Fond liefern und den stattfindenden Verlust persönlich tragen.
Art. 314
Hat die Gesellschaft in ihrem Stiftungscontract den Artikel bestimmt, womit sie namentlich handeln will, so fällt die Verfügung des vorhergehenden Artikels weg, und die Gesellschafter dürfen jede ihnen beliebige Handelsoperation machen, unter der Bedingung, daß sie nicht zu der Art Geschäfte gehöre, die die Gesellschaft treibt, deren Mitglieder sie sind, und daß keine specielle Übereinkunft existire, wodurch es ihnen verboten wird.";
zit. nach Schumacher

16. siehe Schubert, Entwurf, 2. Teil S. 180

17. siehe Schubert, Entwurf, 2. Teil S. 180 f., wo ausgeführt wird, diese in Art. 313 des spanischen HGB getroffene Regelung ergebe sich schon aus dem Wortlaut des Artikels des württembergischen Entwurfes

Bei der Beantwortung der Frage, für welche Gesellschafter das Wettbewerbsverbot in welchem Umfang gelten soll, differenziert Art. 201 des Entwurfes zwischen geschäftsführenden und sonstigen Gesellschaftern, wobei das Wettbewerbsverbot für geschäftsführende Gesellschafter umfassender sein sollte. Dementsprechend wird in den Motiven die Regelung des preußischen ALR Th. II Tit. 8 § 636 über die persönliche Reichweite des Wettbewerbsverbotes abgelehnt, das diese Differenzierung nicht vornimmt und alle Gesellschafter einem gleichförmigen, auf die Art der Sozietätshandlung beschränkten und Einzelgeschäfte nach dem Wortlaut nicht erfassenden Wettbewerbsverbot unterwarf. Für das Eingreifen eines Wettbewerbsverbotes komme es, so führen die Motive aus, zwar nicht entscheidend darauf an, ob das Mitglied zu den geschäftsführenden Gesellschaftern gehöre oder nicht, da auch dem von den Geschäften ausgeschlossenem Mitglied die Einsicht in die Rechnungen und Bücher freistehe und es daher die Gelegenheit habe, die Societätshandlung zu beeinträchtigen. Wenn dieses Mitglied jedoch Geschäftsführer sei, so könnten schon einzelne Handelsunternehmungen derselben Art eine Beeinträchtigung der Gesellschaft darstellen, so daß diese für einen solchen Gesellschafter auch zu verbieten seien[18].

Ausdrücklich betont wurde, daß eine Beteiligung bei gleichartigen Aktiengesellschaften nicht ausgeschlossen sei. Dies gelte auch - an dieser Stelle erfolgt in den Motiven ein ausdrücklicher Hinweis auf ALR Teil II Titel 8 § 637- für die Fortführung eines bestehenden Handelsgewerbes[19].

Abs. 2 des Art. 201 sollte nach den Motiven der Verhinderung von Schikanen dienen, so z.B. für den Fall, daß wegen der Entfernung oder weil die bisherige Gesellschaft bestimmte Unternehmungen nicht machen wolle, eine Konkurrenzsituation nicht bestehe[20].

Zu Art. 202 des Entwurfes, der eine Sonderregelung für den industriellen Gesellschafter enthält, bemerken die Motive, daß auch ein solcher Gesellschafter grundsätzlich über seine freie Zeit beliebig verfügen könne. Es sei aber doppelt gefährlich, wenn sich dieser Gesellschafter mit anderen Handelsgeschäften abgebe, da er so leichte Möglichkeit habe, das Kapital der Gesellschaft zu verwenden und außerdem weniger Garantie darbiete als ein mit seinem Vermögen interessierter Gesellschafter. Daher müsse dem industriellen Gesellschafter jede fremdartige Tätigkeit untersagt werden. Eine solche Tätigkeit könne je nach den Umständen des Falles auch schon die Beteiligung an einer Aktiengesellschaft sein. Bloße Buchführung oder Rechnungsstellung dürfe ein industrieller Gesellschafter aber für andere Unternehmen betreiben, soweit dies in seiner freien Zeit geschehe[21].

---

18. siehe Schubert, Entwurf, 2. Teil, S. 180
19. siehe Schubert, Entwurf, 2. Teil, S. 181
20. siehe Schubert, Entwurf, 2. Teil, S. 181
21. siehe Schubert, Entwurf, 2. Teil, S. 181

Während Art. 315 des spanischen HGB[22] allein dem industriellen Gesellschafter für den Fall der Zuwiderhandlung gegen das Wettbewerbsverbot Ausschließung oder Verlust des etwaigen Gewinns androhe und die übrigen Gesellschafter nach der Regelung dieses Artikels bloß mit dem Verlust des Gewinnes rechnen müßten, müsse die Regelung des Art. 203 des württembergischen Entwurfes strenger sein. Ein Verlust des Gewinns sei nämlich, so wird in den Motiven ausgeführt, nur selten zu verwirklichen. Der Verstoß gegen ein Wettbewerbsverbot stelle meist eine Verletzung von Treu und Glauben dar[23]. Da es jedoch wegen der mit einer Ausschließung für die anderen Gesellschafter verbundenen Nachteile nur selten dazu kommen werde, gebe Art. 203 des Entwurfes außerdem die -auch in manchen Gesellschaftsverträgen enthaltene- Befugnis, die Geschäftsführung und die Möglichkeit zur Einsicht in die Bücher zu entziehen[24].

Zu Art. 239 des Entwurfes wird in den Motiven angemerkt[25], daß ein stiller Gesellschafter, der das Recht auf Einsicht in die Bücher und Papiere der Gesellschaft verloren habe, gegenüber den Verantwortlichen nicht mehr als ein Gläubiger der Gesellschaft sei. Als solcher brauche er in der Errichtung eines Handelsgewerbes nicht beschränkt zu werden.

c. Stellungnahmen in der Literatur

Das Echo auf den Entwurf in der württembergischen Literatur war gering[26]. Lediglich Heinrich Friedrich Osiander nahm ausführlich Stellung. Seine Ausführungen sind von besonderem Interesse, weil Osiander aus der Sicht eines Kaufmanns, der er war, nicht etwa eines Juristen, Stellung bezog. Von sich selbst sagte er, von ihm könnten keine juristischen Kenntnisse, wohl aber solche der handelsrechtlichen Praxis erwartet werden. Osianders Kritik ist jedoch, weil oft überzogen, mit Vorsicht zu bewerten.

Nach der Auffassung Osianders nimmt Art. 201 des Entwurfes die aus einem Gesellschaftsvertrag entspringenden Pflichten nicht ernst genug. Jeder Gesellschafter

---

22. Art. 315 des spanischen HGB lautet:
"Der Gesellschafter, welcher bloß arbeitet, ohne Geld einzuschießen, darf sich auf kein Handelsgeschäft irgend einer Art einlassen; es sei denn, daß die Gesellschaft ihm solches ausdrücklich erlaubt habe; widrigenfalls haben die Gesellschafter, welche Capital eingelegt, die Wahl, ob sie ihn unter Entziehung des ihm für seinen Anteil zukommenden Gewinns von der Societät ausschließen, oder ob sie sich den Gewinn zu Nutze machen wollen, den er bei dem, dieser Bestimmung zuwider, gemachten Geschäfte erlangt hat.";
zit. nach Schumacher

23. Mit dieser Bemerkung soll offenbar auf die Wirkungslosigkeit eines angedrohten Gewinnverlustes hingewiesen und die strenge Rechtsfolge eines Ausschlusses gerechtfertigt werden.

24. siehe Schubert, Entwurf, 2. Teil, S. 182

25. siehe Schubert, Entwurf, 2. Teil, S. 214

26. Wächter, Band I/2, S. 963

sei verpflichtet, mit allen zur Verfügung stehenden Kräften an der Erreichung des Gesellschaftszwecks mitzuwirken. Diese Verpflichtung könne ein Gesellschafter aber zwangsläufig nicht wahrnehmen, wenn er ein anderes Etablissement -gleich welcher Art- errichte oder sich daran beteilige. Dadurch werde er gezwungen, seine Zeit und Arbeit zu verteilen. Deshalb müsse das Verbot, daß ein offener Gesellschafter ohne Genehmigung der übrigen weder ein Handelsgewerbe errichten oder sich an einem solchen beteiligen dürfe, ein absolutes sein. Dieses Verbot dürfe sich nicht auf Geschäfte von der Gesellschaft betrieben Art beschränken[27].

Die Regelung des Art. 201 Abs. 2 des Entwurfes lehnte Osiander mit der Begründung ab, daß sich der Grad der Beeinträchtigung, den die Gesellschaft durch die Beteiligung eines ihrer Gesellschafter an einem anderen Geschäft erleide, niemals nachweisen lassen werde[28].

Zu der in Art. 203 des württembergischen Entwurfes geregelten Möglichkeit der Ausschließung eines Gesellschafters wegen eines Verstoßes gegen das Wettbewerbsverbot und zur Möglichkeit, die Einsicht in die Bücher und Papiere der Gesellschaft zu beschränken, merkte Osiander an, daß solche Maßnahmen nach seiner Auffassung nur durch Aufhebung des Gesellschaftsvertrages mit dem verstoßenden Gesellschafter erfolgen könnten. Dazu berechtige die im Fall eines Verstoßes gegen das Wettbewerbsverbot gegebene Veruntreuung gemeinsamer Interessen allerdings auch[29].

3. Die Bedeutung des württembergischen Entwurfes

Verdienst des württembergischen Entwurfes und seines Verfassers, Carl von Hofacker, ist es, daß durch die ausführliche Behandlung der Wettbewerbsverbote sowohl im Text des Entwurfes als auch in dessen Motiven in der Folgezeit eine umfassende Diskussion über den Umfang des zwischen den Gesellschaftern einer Gesellschaft notwendigen Wettbewerbsverbotes hervorgerufen wurde. Die umfassende Regelung und Erörterung der Materie im Entwurf und in den Motiven ist dem Entschluß Hofackers zu verdanken, nicht nur den code de commerce, sondern auch, weit über den Auftrag seiner Regierung hinausgehend, die Handelsrechtsteile des ALR sowie das niederländische, portugiesische und -in besonderem Maße- das spanische Handelsgesetzbuch zur Grundlage seiner Arbeit zu machen. Auf württembergische oder sonstige deutsche Handelsbräuche oder -verträge griff Hofacker dagegen fast niemals zurück[30].

27. Osiander, S. 46
28. Osiander, S. 46
29. Osiander, S. 47
30. die Motive zu den Vorschriften der Art. 201 ff. über Wettbewerbsverbote enthalten lediglich einen pauschalen Hinweis auf eine in manchen Gesellschaftsverträgen enthaltene Befugnis, im Falle eines Verstoßes die Geschäftsführungsbefugnis und die Möglichkeit zur Einsicht in die Bücher zu entziehen; vgl. dazu Kapitel E I 2 b

Die Heranziehung ausländischer Handelsgesetze durch Hofacker führte dazu, daß der württembergische Entwurf nicht zu einer bloßen Zusammenstellung des im Bereich des Deutschen Bundes geltenden Rechts wurde. Die Artikel des Entwurfs über Wettbewerbsverbote enthalten eine Anzahl im Deutschland dieser Zeit neuartiger Regelungen, die vorwiegend, wenn auch nicht vollständig, auf das spanischen Handelsgesetzbuches zurückzuführen sind. Zu nennen sind in diesem Zusammenhang die Verschärfung des grundsätzlich für alle Gesellschafter einer OHG geltenden Verbotes der Errichtung von und der Teilnahme an anderen Handelsgewerben für die geschäftsführenden Gesellschafter in Art. 201 Abs. 1 des Entwurfes, denen auch der Betrieb nur einzelner Handelsunternehmungen untersagt wurde[31], der Anspruch auf Genehmigung des Konkurrenzgeschäftes im Falle ausgeschlossener Beeinträchtigung der Gesellschaft in Art. 201 Abs. 2 des Entwurfes[32] sowie das umfassende Wettbewerbsverbot für industrielle Gesellschafter in Art. 202 des Entwurfes[33], der für diese Gesellschaftergruppe, anders als der auslegungsbedürftige LRS 1847 des badischen Landrechts[34], ein eindeutiges und vollkommenes Wettbewerbsverbot vorsah.

Diese im Bereich des Deutschen Bundes neuartigen Vorschläge für die Ausgestaltung des zwischen den Gesellschaftern einer Gesellschaft bestehenden Wettbewerbsverbots wurden zum Teil auch in den folgenden handelsrechtlichen Entwürfen aufgegriffen, zumindest aber in deren Motiven diskutiert. So entspricht § 73 Abs. 2 des nassauischen Entwurfs mit seiner unterschiedlichen Ausgestaltung hinsichtlich des zulässigen Betriebes eines Eigenhandels für geschäftsführende und sonstige Gesellschafter nahezu wortgleich der Regelung des Art. 201 Abs. 1 des württembergischen Entwurfes. Art. 21 des Frankfurter Entwurfes stimmt in seinem Regelungsgehalt weitgehend mit Art. 201 Abs. 2 des württembergischen Entwurfes überein. Zudem enthalten sowohl der den Verfassern des ADHGB als vorrangige Diskussionsgrundlage dienende preußische Entwurf von 1857 als auch der Frankfurter Entwurf von 1849 in ihren Motiven nicht nur sachliche Auseinandersetzungen mit den Bestimmungen und Motiven des württembergischen Entwurfs selbst; es finden sich dort auch Würdigungen des spanischen Handelsgesetzbuches, das Hofacker für seinen

31. dieser Artikel beruht auf einer Auseinandersetzung mit ALR Th. II Tit. 8 § 636, dagegen nicht auf spanischem Handelrecht; vgl. dazu die Motive des Entwurfes, abgedruckt in Kapitel E I 2 b

32. dieser Artikel hat seinen Ursprung in Art. 313 des spanischen HGB; vgl dazu den in Fn. 15 abgedruckten Wortlaut des spanischen HGB

33. dieser Artikel hat seinen Urspung in Art. 315 des spanischen HGB; vgl. dazu den in Fn. 22 abgedruckten Wortlaut des spanischen HGB

34. siehe dazu Kapitel C III 3 b

Entwurf verwandt hatte[35]. Daher läßt sich zu Recht sagen, daß von dem württembergischen Entwurf als dem ersten neuzeitlichen Handelsrechtsentwurf in Deutschland eine Signalwirkung ausging, die sich in den anderen Entwürfen widerspiegelte. Die Motive des württembergischen Entwurfes fanden zudem Eingang in die wissenschaftliche Literatur der Zeit und wirkten damit wiederum auf die handelsrechtliche Praxis des 19. Jahrhunderts zurück[36].

II. Entwurf einer Handels- und Wechselordnung für das Herzogtum Nassau
Nach der Veröffentlichung des württembergischen Entwurfes entstand auf wiederholte Anregung der nassauischen Stände der "Entwurf einer Handels- und Wechselordnung für das Herzogthum Nassau", der 1842, allerdings ohne Motive[37], gedruckt wurde. Der nassauische Entwurf lehnte sich eng an den württembergischen an[38]. Während die Wechselordnung im Jahre 1846 von den nassauischen Kammern angenommen wurde, erlangte der handelsrechtliche Teil des Entwurfes niemals Gesetzeskraft. Der zur Bearbeitung des Entwurfes auf dem Landtag von 1842 eingesetzte Ausschuß gab nämlich die von den Kammern aufgegriffene Empfehlung, die Prüfung des Entwurfes zurückzustellen und die Regierung stattdessen zu ersuchen, sich nach Kräften für eine gemeinschaftliche deutsche Gesetzgebung auf dem Gebiet des Handelsrechts einzusetzen[39].

Der nassauische Entwurf erkannte vier Arten des Gesellschaftshandels[40] an, nämlich die offene Handelsgesellschaft (§§ 65-85), die stille Handelsgesellschaft[41]

35. vgl. außer den in diesem Kapitel abgedruckten Bestimmungen bzw. Motiven der entsprechenden Entwürfe zur Signalwirkung des württembergischen Entwurfes auch Coing-Bergfeld, Handbuch, Band III/3 S. 2873; Raisch S. 71; Mayer, Beitrag, S. 101 f.; es lassen sich sogar mittelbare Einflüsse auf ausländische Gesetzentwürfe, so z.B. Argentiniens, nachweisen, dazu Coing-Bergfeld, Handbuch, Band III/3 S. 2875; Schubert, Entwurf, 1. Teil, Einleitung S. 6
36. zur Bedeutung der Motive für die weitere Entwicklung des Handelsrechts siehe Coing-Bergfeld, Handbuch, Band III/3 S. 2874; Ehrenberg-Rehme S. 238; Goldschmidt S. 73; Thöl verweist schon in seinem 1841 erschienenen Werk anläßlich der Behandlung der Handelsgesellschaften auf den württembergischen Entwurf und dessen Motive, siehe dazu Thöl S. 107 Fn. 1
37. vgl. Coing-Bergfeld, Handbuch, Band III/3 S. 2879
38. Coing-Bergfeld, Handbuch, Band III/3 S. 2878; Raisch S. 86; Rehme spricht in Ehrenberg-Rehme S. 238 von einer zum größten Teil wörtlichen Übernahme des württembergischen Entwurfes; Mittermaier in AcP 25, S. 284 ff. (284) sieht zwar auch die Übereinstimmungen, betont jedoch auch die vielen Eigentümlichkeiten des württembergischen Entwurfes
39. zur Geschichte siehe Coing-Bergfeld, Handbuch, Band III/3 S. 2878; Goldschmidt S. 74; Baums S. 26; Mittermaier in AcP 26, S. 114 ff. (138 f.)
40. so die Überschrift des dritten Titels "Von einigen besonderen Arten des Handels", drittes Kapitel "Vom Gesellschaftshandel"; hier und im folgenden zitiert nach der Textausgabe des Entwurfes
41. siehe dazu Fn. 8

(§§ 86-94), die Aktiengesellschaft (§§ 95-101) und die Verbindung zu einzelnen Handelsgeschäften für gemeinschaftliche Rechnung (§§ 102-104).

Ohne weitere Überschrift bestimmt § 73 des Entwurfes für die offene Handelsgesellschaft:[42]

Ein Gesellschafter, welcher das Vermögen und den Handlungsnamen der Gesellschaft zu seinen Privatzwecken mißbraucht, verliert den etwaigen Gewinn zum Besten der Gesellschaft, und kann, unbeschadet seiner Verpflichtung zum vollständigen Ersatz des Schadens, aus der Gesellschaft ausgeschlossen werden.

Ebenso darf kein Gesellschafter ohne Genehmigung der Uebrigen ein Handelsgewerbe derselben Art errichten oder als offener oder stiller Gesellschafter an einem anderen Handelsgewerbe dieser Art Theil nehmen, oder, wenn er die Geschäftsführung hat, auch nur einzelne Handelsunternehmen dieser Art für sich machen.

Der Übertreter dieser Vorschrift verliert seinen etwaigen Gewinn zum Besten der Gesellschaft und kann noch außerdem aus derselben ausgeschlossen werden: wenn die Gesellschaft es nicht vorzieht, ihm die Geschäftsführung und Einsicht der Handelsbücher und Papiere zu entziehen, in welchem letzteren Falle demselben blos das Ergebnis des jährlichen Rechnungsabschlusses mitgetheilt wird.

Für den stillen Gesellschafter bzw. Kommanditisten sah § 91 des Entwurfes folgende Regelung vor:

Ein stiller Gesellschafter, welcher ein Handelsgewerbe derselben Art errichtet, oder als stiller oder offener Gesellschafter daran Theil nimmt, verliert das ihm sonst zustehende Recht der Einsicht der Handelsbücher und Papiere.

Die §§ 95-101 des Entwurfes über Aktiengesellschaften und die §§ 102-104 über die Verbindung zu einzelnen Handelsgeschäften für gemeinschaftliche Rechnung enthalten weder Regelungen über Wettbewerbsverbote noch Bestimmungen, die die Annahme eines ungeschriebenen Verbotes rechtfertigen könnten, z.B. Regelungen über Treuepflichten.

Zwar weisen der württembergische und der nassauische Entwurf einige Gemeinsamkeiten auf, jedoch auch viele Unterschiede, so daß Mittermaier[43], zumindest soweit es um die Regelung der Wettbewerbsverbote geht, zu Recht davon spricht, daß der nassauische Entwurf viele Eigentümlichkeiten enthalte.

42. vgl. dazu Swoboda, S. 26 f., der sich -unter Vernachlässigung des § 91 des Entwurfes- auf die Widergabe des § 73 beschränkt
43. Mittermaier, a.a.O. (Fn. 38)

III. Frankfurter Entwurf

Im März 1848 brachen im zeitlichen Anschluß an entsprechende Bewegungen in Sizilien, Süditalien und Frankreich an vielen Stellen Deutschlands Revolutionen gegen das durch den Wiener Kongreß geschaffene System aus. Diese Erhebungen führten in Deutschland nicht zu einer radikalen Beseitigung bestehender Gewalten. Vielmehr wurde nur deren Stellung erschüttert. So war es die Bundesversammlung, ein Organ des Deutschen Bundes, die am 30. März 1848 auf Vorschlag des sogenannten Siebzehnerausschusses[44] beschloß, die Regierungen des Deutschen Bundes aufzufordern, Wahlen zu einer Nationalversammlung abzuhalten. Die einzelnen Staaten kamen der Aufforderung der Bundesversammlung, der als Organ des Deutschen Bundes eine entsprechende Gesetzgebungskompetenz fehlte, nach und führten in ihren Staatsgebieten Wahlen durch. Die im Anschluß an diese Wahlen erstmals am 18.4.1848 in der Frankfurter Paulskirche zusammengetretene Nationalversammlung setzte sich nahezu ausschließlich aus Mitgliedern der bürgerlichen Führungsschicht Deutschlands zusammen, einer Schicht, die sich gegenüber dem ursprünglich sozialrevolutionärem Element der Bewegung durchgesetzt hatte[45].

Die Nationalversammlung, die nicht nur die allgemeine verfassungsgebende Gewalt sondern auch weitreichende Gesetzgebungskompetenzen, unter anderem auf dem Gebiet des Handelsrechts, für sich in Anspruch nahm, setzte bis zur von ihr angestrebten endgültigen Verabschiedung einer Verfassung eine provisorische Zentralgewalt für Deutschland ein. Diese bestand aus dem Reichverweser, dem von der Nationalversammlung hierzu gewählten Erzherzog Johann von Österreich, und den durch diesem ernannten Reichsministern. Als Justizminister fungierte zunächst Robert von Mohl[46].

Die Nationalversammlung maß der Gesetzgebung eine große Bedeutung bei. Dies ist nicht verwunderlich, wenn man bedenkt, daß die die Nationalversammlung beherschenden bürgerlich-liberalen Kräfte die Träger des Kodifikationsgedankens im 19. Jahrhundert waren[47]. So wurden aus dem Kreis der Abgeordneten zahlreiche Anträge auf die Vorbereitung deutscher Nationalgesetze, unter anderem auch auf Vereinheitlichung des Handelsrechts, gestellt[48].

---

44. zu diesem Ausschuß, der ein Produkt der Revolution war, siehe Eisenhardt, Rechtsgeschichte, Rn. 319
45. zur Geschichte siehe Eisenhardt, Rechtsgeschichte, Rn. 299 ff., 319 ff., 368; Mitteis/Lieberich, S. 440
46. dazu Baums, S. 33
47. zum Zusammenhang zwischen Kodifikationsgedanke und bürgerlichem Liberalismus siehe Eisenhardt, Rechtsgeschichte, Rn. 299
48. Coing-Bergfeld, Handbuch, Band III/3, S. 2928; Raisch, S. 87

Im Auftrag des Reichsjustizministers von Mohl entwarf daher in der Zeit von Dezember 1848 bis März 1849 eine aus Widenmann, Broicher, Grimm und Thöl bestehende Komission die ersten fünf Titel eines Handelsgesetzbuches für Deutschland[49].

Christian Widenmann, von 1833 bis 1848 Advokat-Anwalt am Landgericht Düsseldorf, war seit dem 18.5.1848 Abgeordneter der Nationalversammlung und dort Mitglied des Gesetzgebungsausschusses. Im August 1848 hatte ihn der Reichsverweser zum Unterstaatssekretär im Reichsministerium der Justiz ernannt[50]. Johann Karl Anton Broicher, Appellationsgerichtsrat in Köln, arbeitete als Mitglied der Handelsrechtskommission des Reichsjustizministeriums am Entwurf des Handelsgesetzbuches mit[51]. Franz Ferdinand Grimm, zuvor ebenfalls Appellationsgerichtsrat in Köln, war 1848 zur Mitarbeit am Entwurf der preußischen Verfassung in das preußische Justizministerium berufen worden. Von Dezember 1848 bis April 1849 nahm er an den Beratungen zum Reichshandelsgesetzbuch in Frankfurt teil[52]. Johann Heinrich Thöl war ab 1837 außerordentlicher Professor der Rechtswissenschaft in Göttingen; 1842 wurde er ordentlicher Professor in Rostock. Im Dezember 1848 trat er aufgrund einer Nachwahl in die Nationalversammlung ein, wo er Mitglied der Handelsrechtskommission wurde, die er am 21.4.1849 nach vorausgegangenen Auseinandersetzungen mit den anderen Kommissionsmitgliedern wieder verließ[53]. Die Arbeit der Handelsrechtskommission ist aus zwei Gründen für die Geschichte der Wettbewerbsverbote im Gesellschaftsrecht von Bedeutung. Erstens handelt es sich um den ersten Entwurf, der den Anspruch erhob, für ganz Deutschland zu gelten und dadurch die gerade auf dem Gebiet des Handelsrechts beklagte Zersplitterung des Rechts zu beenden; zweitens trat die Kommission nicht mit dem Anspruch auf, ein vollkommen neues Handelsrecht zu schaffen. Sie wollte vielmehr ein Handelsgesetzbuch schaffen, das in gesetzliche Normen faßte, was der Überzeugung der zum Handelsstand gehörenden Personen entsprach[54].

Obwohl der Entwurf, an dem nach dem Austritt Thöls, der den aus dem Geltungsbereich des französischen Zivilrechts stammenden Praktikern in der Kommission eine einseitige Bevorzugung dieses Rechts vorwarf, und dem Rücktritt des Kabinetts Gagern schon ab Mai 1849 nicht mehr gearbeitet wurde, wegen des Scheiterns der von der Nationalversammlung angestrebten Verfassungsgebung und, damit zusammenhängend, der staatlichen Einheit Deutschlands niemals geltendes Recht wurde, ist

49. zur Geschichte des Entwurfes siehe Goldschmidt, S. 119 f.; Baums, S. 1 ff.; Ehrenberg-Rehme, S. 239 f.; Coing-Bergfeld, Handbuch, Band III/3 S. 2928 ff.; Raisch, S. 87 ff.
50. Baums, S. 37
51. Baums, S. 37
52. Baums, S. 38
53. Baums, S. 38
54. Baums, S. 39; vgl. auch die dort auf S. 54 ff. abgedruckte "Denkschrift über die Hauptprinzipien bei der Ausarbeitung eines allgemeinen Handelsrechts für Deutschland"

er wegen des Bestrebens seiner Verfasser, die Überzeugungen der zum Handelsstand gehörenden Personen zu normieren, in besonderer Weise geeignet, einen Einblick in die damaligen Überzeugungen des Handelsstandes zur Frage der Wettbewerbsverbote zu geben.

Der Entwurf unterscheidet nach Artikel 3[55] drei Formen der Handelsgesellschaft[56], nämlich Collectiv-Gesellschaften (OHG), Commandit-Gesellschaften und Aktiengesellschaften.

Art. 21 enthält ein Wettbewerbsverbot für die Collectiv-Gesellschaft und lautet:

Ein Gesellschafter darf ohne Genehmigung der übrigen für eigene Rechnung kein Geschäft in dem Zweig des Handels treiben, für welche die Gesellschaft errichtet ist.

Die Genehmigung darf nicht versagt werden, wenn ein Nachtheil für die Gesellschaft nicht zu besorgen ist.

Wenn ein Gesellschafter mit Unrecht dergleichen Handelsgeschäfte gemacht hat, so werden dieselben auf Verlangen der Gesellschaft als für deren Rechnung geschlossen angesehen. Die Gesellschaft kann statt dessen Ersatz des verursachten Schadens verlangen, unbeschadet des Rechts auf Auflösung des Gesellschaftsvertrages in den geeigneten Fällen.

Nach Art. 72 sollte Art. 21 des Entwurfes auch auf die Commandit-Gesellschaft Anwendung finden, ohne daß zwischen der Befugnis des persönlich haftenden Gesellschafters und der eines Kommanditisten differenziert wurde. Dagegen finden sich in den Art. 73 ff. "Von Aktien-Gesellschaften" keine Bestimmungen über Wettbewerbsverbote.

55. des dritten Titels "Von Handelsgesellschaften"; die "Verbindung zu einzelnen Handelsgeschäften für gemeinschaftliche Rechnung" wird zusätzlich in den Art. 108 ff. geregelt

56. die Artikel des Entwurfes werden an dieser Stelle und im folgenden zitiert nach Baums, S. 102 ff.

In den Motiven[57] wird ausgeführt, daß sich die Regelung des Art. 21 des Entwurfes aus der Natur der Sache ergebe. Das gesellschaftliche Verhältnis gebiete den Gesellschaftern, nachteilige Konkurrenz sowohl durch Errichtung eines Handelsgewerbes als auch durch einzelne Handelsunternehmen zu unterlassen. Die Regelung über die Pflicht zur Genehmigung solcher Tätigkeiten durch die Gesellschaft ergebe sich aus den Erfordernissen des guten Glaubens. Dagegen wird in den Motiven eine Übernahme der Regelung des preußischen ALR Th. II Tit. 8 § 637, nach der die zur Zeit der Aufnahme in die Gesellschaft betriebene Tätigkeiten, außer bei anderweitiger ausdrücklicher Vereinbarung, fortgeführt werden durfte, als zu starr abgelehnt. Diese Vorschrift enge die Auslegung des Vertrages auf Grund sonstiger Umstände zu sehr ein. Ebenfalls ablehnend äußerten sich die Motive über die strenge Regelung des württembergischen Entwurfes, die dem industriellen Gesellschafter jede Tätigkeit in irgendeinem Handelsgewerbe verbot. Aus der Verpflichtung zur Einbringung der Tätigkeit folge noch nicht automatisch, daß die gesamte Arbeitskraft eingebracht werden müsse.

Bemerkenswert ist insbesondere das in den Motiven erörterte Verhältnis von Verbot und Genehmigung einer Konkurrenztätigkeit. Das Verbot einer Konkurrenztätigkeit wird von der Kommission als durch die Struktur der Gesellschaft vorgegeben angesehen; die Genehmigungspflicht erscheint demgegenüber als durch Treu und Glaube gebotener Ausnahmetatbestand.

Zu Art. 72 führen die Motive aus, daß die Anwendbarkeit der angezogenen Artikel, also auch des Art. 21, auf Commandit-Gesellschaften keinem Zweifel unterliegen[58]. Mit der Nichtanwendbarkeit der Verbote im Aktienrecht beschäftigen sich die Motive nicht[59].

Die Bestimmungen der Art. 108 ff. des Entwurfes "Von Verbindungen zu einzelnen Handelsgeschäften für gemeinschaftliche Rechnung" enthalten für diese Verbindungen ebenfalls keine Regelungen über Wettbewerbsverbote. Obwohl die Motive[60] hierzu bemerken, daß die im Kapitel über Collectiv-Gesellschaften enthaltenen Regelungen analog Anwendung finden sollten, soweit nicht die eigentümliche Natur der Gesell-

57. Hier und im folgenden zitiert nach Baums, S. 124 ff; als gesetzliche Vorbilder für die Regelung des Art. 21 führen die Motive auf (siehe Baums, S. 132):
preuß. AL-R Th. II Tit. 8 § 636, 637
österr. B.G.-B § 1185, 1186
französisches C.G.-B Art. 1847
ungar. XVIII-Gesetz-Art. § 9
span. H.-G.-B. Art. 314-316
portugies. H.-G.-B. Art. 617
württemb. Entw. Art. 201-203
58. siehe Baums, S. 153
59. vgl. Baums, S. 160 ff.
60. siehe Baums, S. 164

schaft entgegenstehe, kann wohl davon ausgegangen werden, daß wegen der Gelegenheitsnatur dieser Verbindung die Regelung des Art. 21 keine Anwendung finden sollte.

Der Aufforderung zur Kritik des Entwurfes kam als einziger Deutscher Brinckmann nach[61]. Brinckmann, Dozent der Rechte und außerordentliches Mitglied des Spruchkollegiums an der Universität Heidelberg, bemängelte - dem Zeitgeist folgend- in scharfer Form den nach seiner Auffassung zu starken Einfluß des französischen Rechts auf den Entwurf und sprach ihm für viele abgehandelte Einzelpunkte die Eigenschaft ab, das Bewußtsein des deutschen Handelsstandes widerzuspiegeln[62]. Im dritten Titel[63] seiner Abhandlung befaßte Brinckmann sich ausführlich mit den im Entwurf enthaltenen Regelungen über die Handelsgesellschaften, ohne die Regelungen über die Wettbewerbsverbote in seine Kritik einzubeziehen. Das legt den Schluß nahe, daß diese Regelungen in der im Entwurf vorgesehenen Fassung wirklich dem entsprachen, was auch nach der Ansicht Brinckmanns die Überzeugung des Handelsstandes in Deutschland war.

IV. Österreichische Entwürfe

Obwohl Österreich mit dem am 1.6.1811 in Kraft getretenen "Allgemeinen bürgerlichen Gesetzbuch für die deutschen Erblande der österreichischen Monarchie" praktisch seit Beginn des 19. Jahrhunderts über eine Zivilrechtskodifikation verfügte, scheiterten die Bemühungen um die Einführung eines einheitlichen Handelsgesetzbuches für die deutschen Erblande Österreichs, an dem seit dem Jahr 1809 gearbeitet wurde. Dies überrascht, weil in den anderen Staaten des Deutschen Bundes die Hauptschwierigkeit für die Schaffung eines einheitlichen Handelsgesetzbuches im Fehlen eines einheitlichen Schuldrechts für den jeweils in Aussicht genommenen Geltungsbereich gesehen wurde[64]. Die Ursache für das Scheitern der österreichischen Bemühungen ist in der sehr unterschiedlichen Entwicklung von Handel und Gewerbe in den einzelnen Teilen der österreichischen Monarchie zu sehen, auf die man zumindest in der ersten Hälfte des 19. Jahrhunderts Rücksicht nehmen wollte. So stellte sich das österreichische Handelsrecht in dieser Zeit als eine zersplitterte

---

61. Goldschmidt, S. 120 f.
62. Brinkmann in AcP 32, S. 356 ff.; 33, S. 57 ff.; 34, S. 151 ff.; Ehrenberg-Rehme, S. 240 Fn. 11 bezeichnet die Kritik Brinkmanns als beachtenswert, auch Coing-Bergfeld, Handbuch, Band III/3 S. 2932 weist auf den starken Einfluß französischen Rechts auf den Entwurf hin. Dennoch ist die aus dem Zeitgeist zu erklärende Kritik Brinkmanns in dieser Betonung nicht gerechtfertigt, da der Entwurf doch eine andere Konzeption hatte als das französische Recht, vgl. Raisch, S. 88 f.. Dies ergibt sich zumindest für den Bereich der Wettbewerbsverbote aus der umfassenden, dem französischen Recht fremden, Regelung derselben.
63. Brinkmann in AcP 34, S. 151 ff.
64. Coing-Bergfeld, Handbuch, Band III/3 S. 3043; Osiander, S. 150; diese Schwierigkeiten betont auch die von Widenmann, Broicher, Grimm und Thöl verfaßte "Denkschrift über die Hauptprinzipien bei der Ausarbeitung eines allgemeinen Handelsrechts für Deutschland", siehe Baums, S. 55 f.

Materie dar, bei der hauptsächlich Wechselordnungen zu finden waren, von denen einige auch handelsrechtliche Bestimmungen enthielten[65].

Der Nürnberger Konferenz wurden dann im Jahre 1857 von österreichischer Seite zwei aus langwierigen Vorarbeiten resultierende Entwürfe vorgelegt, und zwar der erste in gedruckter Fassung als sogenannter "Ministerieller Entwurf", der zweite in lithographierter Form unter der Bezeichnung "Revidierter Entwurf". Der ministerielle Entwurf entstand im Jahre 1855 auf der Grundlage zweier älterer Entwürfe aus den Jahren 1849 und 1853, der revidierte Entwurf wurde erst 1857 fertiggestellt. Obwohl die Nürnberger Versammlung den im folgenden noch zu behandelnden preußischen Entwurf aus dem Jahre 1857 zur Grundlage ihrer Beratung machte, beschloß sie, die österreichischen Entwürfe bei ihrer Beratung ebenfalls zu beachten, ohne jedoch im einzelnen über die §§ dieses Entwurfes abzustimmen[66].

In § 71 des "Revidierten Entwurfes"[67] wurden drei Gesellschaftsformen anerkannt, nämlich die
a) kollektive (öffentliche) Gesellschaft,
b) die Kommanditgesellschaft und
c) Aktiengesellschaft.

Im Vergleich mit den preußischen Entwürfen fiel die Regelung der Wettbewerbsverbote in den österreichischen Entwürfen äußerst knapp aus. Die einzige ausdrückliche Aussage über ein Wettbewerbsverbot findet sich in der Form einer Befreiung des Kommanditisten von diesem Verbot in § 102 des "Revidierten Entwurfes", der dazu folgende Regelung traf:[68]

Dem stillen Gesellschafter[69] ist nicht untersagt, andere Geschäfte zu unternehmen, oder sich bei anderen Handelsgeschäften zu betheiligen. Treten aber dadurch solche Verhältnisse ein, daß die Kenntnis der Bücher der Gesellschaft nachtheilig werden könnte, so darf ihm die Einsicht derselben verweigert werden (§ 101); es ist ihm jedoch Einsicht durch einen Dritten gestattet, dessen Ernennung im Fall eines Widerspruchs von Seiten der öffentlichen Gesellschafter dem Gericht vorbehalten bleibt.

Aus dieser Regelung des Entwurfes folgt im Umkehrschluß, daß die sogenannten öffentlichen Gesellschafter (OHG-Gesellschafter, Komplementäre) einem Wettbe-

65. vgl. Coing-Bergfeld, Handbuch, Band III/3 S. 3042 ff.; Gertscher, S. 6
66. siehe dazu Goldschmidt S. 129 f.; Ehrenberg-Rehme, S. 241 f.; Lutz, Protokolle, S. 6; Coing-Bergfeld, Handbuch, Band III/3 S. 3050 f. und Bergfeld in Ius Commune 1987, S. 101 ff., der betont, daß der Einfluß der österreichischen Entwürfe auf das ADHGB gering blieb, eine These, die sich zumindest für die Regelung über Wettbewerbsverbote im folgenden bestätigen wird
67. hier und im folgenden zitiert nach Lutz, Beilagenband I, S. 69 ff.
68. Lutz, a.a.O. (Fn. 67) S. 87
69. siehe dazu Fn. 8

werbsverbot unterlagen. Über den Umfang dieses Verbotes sagt der "Revidierte Entwurf" nichts. Er dürfte sich jedoch aus dem ABGB ergeben, da § 1 des Entwurfes das Handelsrecht als den Inbegriff der besonderen gesetzlichen Vorschriften für den Handel bezeichnet und dadurch die allgemeinen Regeln des Privatrechts subsidiär für anwendbar erklärte[70]. Zweck des Verbotes war -wie aus der Regelung des § 102 über die Einsichtnahme in die Bücher folgt- die Gesellschaft vor Wettbewerbsnachteilen durch Kenntnis von Geschäftsinterna zu schützen.

In den §§ 108 ff. des "Revidierten Entwurfes", die die Aktiengesellschaft behandeln, fehlt jede ausdrückliche Regelung über ein Wettbewerbsverbot für Aktionäre, es erfolgt auch keine Verweisung auf § 102 des Entwurfes und damit auch keine ausdrückliche Befreiung der Aktionäre von diesem Verbot. Zu beachten ist in diesem Zusammenhang aber, daß die Aktiengesellschaft in § 80 Abs. 2 des "Revidierten Entwurfes" als eine Gesellschaft definiert wird, in der kein Gesellschafter als öffentlicher Gesellschafter haften will, sondern jeder nur mit einem bestimmten Betrag. Die Aktionäre wurden daher nach der Konzeption dieses Entwurfes wie Kommanditisten behandelt und diesen gleichgestellt. Also sollte auch für sie die Regelung des § 102 des Entwurfes gelten, wonach grundsätzlich die Befugnis zum Betreiben eines Konkurrenzhandels bestand. Dabei war die Gleichstellung von Aktionär und Kommanditist nicht etwa eine Eigentümlichkeit des österreichischen Rechts. Sie entsprach einer damals weitverbreiteten Auffassung, wonach die Aktiengesellschaft ihrem Wesen nach eine erweiterte Kommanditgesellschaft sei, bei der jeder persönlich haftende Gesellschafter fehle[71].

Wesentlich unklarer als die Bestimmungen des "Revidierten Entwurfes" war die Rechtslage im Hinblick auf die zwischen Gesellschaftern einer Gesellschaft bestehenden Wettbewerbsverbote im "Ministeriellen Entwurf"[72]. Eine ausdrückliche Regelung dieser Materie fehlt in den §§ 78 ff. "Von den Handelsgesellschaften", dessen § 79 ebenfalls die drei im "Revidierten Entwurf" behandelten Erscheinungsformen der Handelsgesellschaft anerkennt.

Aus dem Fehlen einer ausdrücklichen gesetzlichen Regelung im "Ministeriellen Entwurf" kann jedoch nicht geschlossen werden, daß den Gesellschaftern Konkurrenzhandlungen erlaubt seien sollten. § 78 des Entwurfes verweist im Hinblick auf das

70. zur Bedeutung des § 1 siehe auch Coing-Bergfeld, Handbuch, Band III/3 S. 3051
71. vgl. dazu Vogt in ZHR 1858, S. 476 ff. (501) und Treitschke in ZfdRudR Band V, S. 325 ff. (328 f.); zur abweichenden herschenden Auffassung in Preußen siehe Kapitel D III 1 Fn. 35 f.
72. abgedruckt bei Lutz, a.a.O (Fn. 67) S. 107 ff.

auf eine Handelgesellschaft anzuwendende Recht ausdrücklich auf die subsidiäre Geltung des ABGB[73]. Damit sollte nach der Regelung des "Ministeriellen Entwurfes" das hier schon zuvor näher erläuterte Wettbewerbsverbot des § 1186 ABGB gelten. Von diesem im siebenundzwanzigsten Hauptstück des ABGB geregelten Verbot waren die stillen Gesellschafter der im ABGB geregelten stillen Gesellschaft nicht ausgenommen. Dies folgt im Umkehrschluß aus § 1204 ABGB, der für die stillen Gesellschafter einige Sonderregelungen trifft, jedoch nicht in bezug auf das Wettbewerbsverbot des § 1186 ABGB. Damit sollten zunächst auch die Kommanditisten der im "Ministeriellen Entwurf" geregelten Kommanditgesellschaft dem aus § 1186 ABGB folgenden Wettbewerbsverbot unterliegen, verwandte dieser Entwurf doch die Begriffe Kommanditist und stiller Gesellschafter synonym[74]. Besonders bemerkenswert ist die Verweisung auf das im ABGB geregelte Wettbewerbsverbot jedoch im Hinblick auf die innerhalb einer Aktiengesellschaft geltende Rechtslage. Die Gleichstellung des Aktionärs mit dem Kommanditisten bzw. stillen Gesellschafter nahm der "Ministerielle Entwurf" mit noch größerer Klarheit als der "Revidierte Entwurf" vor. Die in den §§ 99 bis 102 des "Ministeriellen Entwurfes" behandelte AG bezeichnet dieser Entwurf in § 79 als "Handelsgesellschaft zwischen bloß stillen Gesellschaftern"[75]. Aus dieser Gleichstellung von Aktionär und stillem Gesellschafter folgt mangels einer abweichenden Regelung im "Ministeriellen Entwurf", daß die Aktionäre ebenfalls dem für stille Gesellschafter vorgesehenen Wettbewerbsverbot, das sich aus der subsidiären Geltung des § 1186 ABGB ergab, unterworfen sein sollten.

V. Preußische Entwürfe

1. Die Geschichte der preußischen Entwürfe und ihres Einflusses auf das ADHGB

Preußen legte der in Nürnberg tagenden Konferenz zur Ausarbeitung eines allgemeinen deutschen Handelsgesetzbuches im Jahre 1857 den umfangreichen "Entwurf eines Handelsgesetzbuches für die Preußischen Staaten" vor. Dieser Entwurf erlang-

73. abgedruckt bei Lutz, a.a.O. (Fn. 67) S. 120:
"Eine Handelsgesellschaft... ist, je nachdem sie sich als öffentliche oder stille Gesellschafter verpflichtet haben, nach den Vorschriften des sechzehnten und siebenundzwanzigsten Hauptstück des allgemeinen bürgerlichen Gesetzbuches, und den hier folgenden, theils näheren, theils besonderen Vorschriften zu beurtheilen.";
vgl. dazu auch Coing-Bergfeld, Handbuch, Band III/3 S. 3050, der unter Hinweis auf § 1 des Entwurfes von einem Sonderrecht für Kaufleute spricht, das als lex specialis neben das bürgerliche Recht tritt

74. vgl. dazu Fn. 73, in dem dort wiedergegebenen § 78 des Entwurfes ist von stillen Gesellschaftern die Rede, womit, da der Entwurf in § 79 lediglich die Kommanditgesellschaft, nicht aber daneben zusätzlich die stille Gesellschaft anerkennt, nur die Kommanditisten der in § 79 anerkannten Kommanditgesellschaft gemeint sein können; zur allgemeinen Gleichsetzung der Begriffe Kommanditist und stiller Gesellschafter während des hier behandelten Zeitraums vgl. Fn. 8

75. der Wortlaut der Bestimmungen ist abgedruckt bei Lutz, a.a.O. (Fn. 67), S. 107 ff.

te für die Entstehung des ADHGB deshalb eine besonders herausragende Bedeutung, weil die Konferenz beschloß, ihn zur Grundlage ihrer Beratungen zu machen. Damit hatte Preußen sein Ziel erreicht, bei dem Streben der übrigen Zollvereinsmitglieder nach einer Rechtsvereinheitlichung auf dem Gebiet des Handelsrechts die Initiative zu ergreifen[76].

Dieser der Konferenz vorgelegte Entwurf aus dem Jahre 1857 ging aus einem gleichnamigen, im Jahre 1856 als Manuskript gedrucktem, Entwurf hervor, der nach seinem Erscheinen von einer aus Kaufleuten und Juristen bestehenden preußischen Kommision beraten wurde[77].

2. Der Entwurf aus dem Jahre 1856 und dessen Beratung

Der preußische Entwurf aus dem Jahre 1856 regelte im neunten bis zwölftem Titel des ersten Buches das Recht der Handelsgesellschaften.

Nach §§ 85 f. dieses Entwurfes[78] wurden drei Formen der Handelsgesellschaft anerkannt, nämlich die offene Handelsgesellschaft, die stille Handelsgesellschaft[79], die in die allgemeine stille Handelsgesellschaft[80] und die stille Handelsgesellschaft auf Aktien als Sonderfall der stillen Gesellschaft unterteilt wurde[81], und die Aktiengesellschaft.

Im zehnten Titel traf § 104[82] unter der Kapitelüberschrift "Von dem Rechtsverhältnis der Gesellschafter zur Gesellschaft" für die offene Handelsgesellschaft folgende

---

76. vgl. zum Beschluß der Konferenz Lutz, Protokolle, Vorrede und Goldschmidt, S. 129; zu den außenpolitischen Zielen Preußens siehe Coing-Bergfeld, Handbuch, Band III/3 S. 2880 ff. und ders. in Ius Commune 1987, S. 101 ff.

77. Raisch, S. 101 f. und Goldschmidt, S. 130 ff., von dem auch die Jahreszahlangabe 1857 - 1859 für den zweiten Entwurf stammt, während der der zunächst noch nicht fertiggestellte Entwurf nach und nach der Komission vorgelegt worden sei, während dieser Entwurf selbst das Erscheinungsdatum 1857 trägt. So wird in der Literatur selbst nahezu einhellig vom Entwurf aus dem Jahre 1857 gesprochen, beispielsweise von Coing-Bergfeld, Handbuch, Band III/3 S. 2880

78. vgl dazu und zum Wortlaut der übrigen hier zitierten §§ den "Entwurf eines Handelsgesetzbuches für die Preußischen Staaten 1856", S. 1 ff.

79. zur Problematik der Bezeichnung siehe Fn. 8

80. a.a.O. (Fn. 78) §§ 151 ff.

81. vgl. dazu auf S. 25 f. des Entwurfes (Fn. 78) die Aufgliederung des elften Titels, der unter der Hauptüberschrift "Von der stillen Handelsgesellschaft" die Unterpunkte "I. Von der stillen Handelsgesellschaft im Allgemeinen" und "II. Von der stillen Handelsgesellschaft auf Aktien insbesondere" enthält. Aus dieser Aufgliederung und dem Fehlen einer anderslautenden Regelung in Unterkapitel II ergibt sich, daß die Regelung des Wettbewerbsverbotes in der stillen Handelsgesellschaft auf Aktien derjenigen der allgemeinen stillen Handelsgesellschaft folgte, nicht etwa denen der AG.

82. a.a.O. (Fn. 78) S. 17 f.

Regelung über das Wettbewerbsverbot:

Ein Gesellschafter darf ohne Genehmigung der anderen Gesellschafter in dem Handelszweig der Gesellschaft für eigene Rechnung keine Geschäfte machen oder an einer anderen gleichartigen Handelsgesellschaft als offener Gesellschafter Theil nehmen.

Handelt ein Gesellschafter dieser Vorschrift zuwider, so muß er sich auf Verlangen der Gesellschafter gefallen lassen, daß die für seine Rechnung gemachten Geschäfte als für Rechnung der Gesellschaft geschlossen angesehen werden. Die Gesellschaft kann auch stattdessen den Ersatz des entstandenen Schadens fordern, unbeschadet des Rechts, die Auflösung des Gesellschaftsvertrages in den geeigneten Fällen herbeizuführen.

Hat jedoch ein Gesellschafter schon vor dem Eintritt in die Gesellschaft Geschäfte in dem Handelszweig derselben betrieben oder an einer anderen gleichartigen Handelsgesellschaft als offener Gesellschafter Theil genommen, und konnte dies den übrigen Gesellschaftern nach Lage der Sache nicht unbekannt sein, so ist er zur Fortsetzung des Geschäfts und zur Theilnahme an der anderen Gesellschaft berechtigt, sofern nicht ausdrücklich etwas Anderes ausbedungen ist.

Zwischen mehreren persönlich haftenden Gesellschaftern einer stillen Handelsgesellschaft sollte nach § 151 Abs. 2 des Entwurfes ebenfalls die Regelung des § 104 gelten[83]:

Wenn mehrere Gesellschafter persönlich und solidarisch haften, so ist in Ansehung ihrer die Gesellschaft zugleich eine offene Gesellschaft.

Auch für die stillen Gesellschafter verweist § 162 des Entwurfes mit der Bestimmung[84] -

Die Bestimmungen des Zehnten Titels finden auch auf stille Gesellschaften Anwendung, soweit nicht der Inhalt dieses Titels entgegensteht.

-mangels einer anderslautenden Vorschrift auf die Regelung des § 104. Damit sollte nach dem preußischen Entwurf aus dem Jahre 1856 auch der stille Gesellschafter einem Wettbewerbsverbot unterliegen, welches mit dem für einen persönlich haftenden Gesellschafter identisch sein sollte.

Dagegen findet sich im zwölften Titel des Entwurfes "Von Aktiengesellschaften" keine Regelung über ein für Aktionäre vorgesehenes Wettbewerbsverbot. Im Gegenteil

---

83. a.a.O. (Fn. 78) S. 25
84. a.a.O. (Fn. 78) S. 26

kann die vorrangig die persönliche Haftung der Aktionäre regelnde Bestimmung des § 197 des Entwurfes[85]-

Kein Aktionär ist schuldig, zu den Zwecken der Gesellschaft und zur Erfüllung ihrer Verbindlichkeit mehr beizutragen, als den für die Aktie statutenmäßig zu leistenden Betrag...

-mittelbar auch als Absage an ein Wettbewerbsverbot für die Gesellschafter einer Aktiengesellschaft gedeutet werden.

Die Regelung des § 104 des Entwurfes von 1856 fand die Zustimmung der Kommission, lediglich ein rechtsverständiges Mitglied derselben regte an, aus Klarstellungsgründen die Worte "in den geeigneten Fällen" bestimmter dahin auszudrücken, daß die Fälle des § 126 des Entwurfes gemeint seien[86]. Ausdrücklich bemängelt wurde dagegen, daß durch die Regelung des § 162 des Entwurfes § 104 auch für den stillen Gesellschafter gelte und er deshalb einem Wettbewerbsverbot unterliege. Bei Dissens nur eines rechtsverständigen Mitglieds der Kommission beantragte diese, die Unanwendbarkeit des § 104 auf den stillen Gesellschafter auszusprechen[87]. Die Bestimmung des § 197 des Entwurfes fand dagegen keinen Widerspruch[88].

3. Der Entwurf aus dem Jahre 1857 und die Motive

Die Beratungen hatten einen nicht unbedeutenden Einfluß auf den Entwurf aus dem Jahre 1857. § 104 des Entwurfes aus dem Jahre 1856 wurde vom Wortlaut her unverändert als Art. 101 des zweiten preußischen Entwurfes übernommen[89] Dagegen vollzog sich bei der Regelung des Wettbewerbsverbotes für den stillen Gesellschafter aufgrund der Einwendungen während der Beratungen des Entwurfes aus dem Jahre 1856 eine grundlegende Wendung. Während nach den Art. 144 Abs. 2 und 155 -diese entsprechen den §§ 151 Abs. 2 und 162 des preußischen Entwurfes aus dem Jahre 1856- im Verhältnis mehrerer persönlich haftender Gesellschafter untereinander und der persönlich haftenden zu den stillen Gesellschaftern die oben angeführten Regelungen über Wettbewerbsverbote gelten sollten, sollte dem stillen Gesellschafter durch die neu eingefügte Regelung des Art. 154 Abs. 2 -

85. a.a.O. (Fn. 78) S. 32
86. siehe dazu die "Protokolle über die Berathungen mit kaufmännischen Sachverständigen und praktischen Juristen, betreffend den Entwurf eines Handelsgesetzbuches für die Preußischen Staaten", Berlin 1856, S. 29
87. a.a.O. (Fn. 86) S. 38 f.
88. a.a.O. (Fn. 86) S. 51
89. vgl. dazu und zu den im folgenden zitierten Artikeln den "Entwurf eines Handelsgesetzbuches für die Preussischen Staaten", Berlin 1857 , Entwurf. Der Wortlaut dieses Entwurfes und die dazugehörigen Motive sind, beschränkt auf die die offene Handelsgesellschaft betreffenden Regelungen, ebenfalls bei Swoboda, S. 28 f. zu finden.

Ein stiller Gesellschafter darf ohne Genehmigung der anderen Gesellschafter in dem Handelszweig der Gesellschaft für eigene Rechnung Geschäfte machen und an einer anderen gleichartigen Handelsgesellschaft als offener Gesellschafter Theil nehmen.

-ausdrücklich der Wettbewerb zur Gesellschaft erlaubt werden.

Art. 188 des zweiten preußischen Entwurfes ist identisch mit der Regelung des § 197 des Entwurfes aus dem Jahre 1856.

Die Motive[90] bemerken zu Art. 101, daß der Gesellschaftsvertrag mehr als alle anderen Verträge auf dem ganz besonderen gegenseitigen Vertrauen der Gesellschafter beruhe, daß jedes Mitglied der Gesellschaft deren Interessen wie seine eigenen wahrnehmen werde. Mit diesem Vertrauen sei die Tätigkeit eines Gesellschafters für eigene Rechnung im Handelszweig der Gesellschaft unvereinbar. Das Verbot des Art. 101 des Entwurfes müsse daher auf jeden Gesellschafter erstreckt werden, wobei es unerheblich sei, ob er an der Geschäftsführung teilhabe oder nicht; ob er Kapital eingelegt habe oder bloß seine Arbeitskraft beisteuere. Selbst im Fall des von der Geschäftsführung ausgeschlossenen Gesellschafters würden dessen Kenntnis der Bücher und Verbindungen der Gesellschaft ihn zu einem gefährlichen Konkurrenten derselben machen, weshalb das Verbot des Art. 101 entgegen der Regelung des preuß. ALR Th. II Tit. 8 § 636 auch für diesen Fall gerechtfertigt sei.

Unter das Verbot falle, wie die Motive ausdrücklich betonen, auch der Abschluß einzelner Handelsgeschäfte, nicht nur der gewerbsmäßige Handelsbetrieb.

Weiter führen die Motive aus, daß die Beschränkung des Verbotes auf die Beteiligung an einer anderen Handelsgesellschaft als offener Gesellschafter gerechtfertigt sei, da nur ein solcher Gesellschafter Einfluß auf die Führung der Geschäfte habe und dadurch in der Lage sei, die Gesellschaftsinteressen zu gefährden. Dagegen sei die erlaubte Beteiligung als Aktionär oder stiller Gesellschafter im wesentlichen nichts anderes als eine Kapitalanlage, die zudem -hier verweisen die Motive ausdrücklich auf die mangelnde Praktikabilität einer anderen Regelung- nicht kontrolliert werden könne.

Während eine Erörterung des zweiten Absatzes des Art. 101 in den Motiven fehlt, wird die Regelung des dritten Absatzes dieses Artikels nach einem kurzen Hinweis auf das preußische ALR Th. II Tit. 8 § 637 als für die Bestimmung maßgebliches Vorbild gegen den Vorwurf verteidigt, sie berücksichtige nicht, daß die Absicht der Parteien, daß der Gesellschafter das Geschäft nicht fortführen solle, sich auch aus anderen Umständen ergeben könne[91]. Nur das Erfordernis eines ausdrücklichen

90. a.a.O. (Fn. 89), Motive, S. 55 f.; Puchelt bezeichnete diese Vorschrift in den Annalen 1857, S. 89 ff. (92) als eine zweckmäßige Regelung
91. Hier erfolgt in den Motiven ein Hinweis auf den Entwurf eines allgemeinen HGB für Deutschland, siehe dazu Fn. 57

Widerspruchs gegen die Fortführung sei für diesen Fall geeignet, Streitigkeiten zu vermeiden.

Die Regelung der Art. 313 ff. des spanischen HGB, wonach den Gesellschaftern der Betrieb jedes Handelsgewerbes verboten war, es sei denn, die Gesellschaft war ausdrücklich auf einen bestimmten Handelszeig beschränkt, wird in den Motiven als zu weitgehend abgelehnt. Ebensowenig könne es gebilligt werden, wenn nach Art. 319 des spanischen HGB bzw. Art. 202 des württembergischen Entwurfes ein industrielle Gesellschafter gar kein Handelsgewerbe betreiben dürfe. Es gebe keinen Grund, diese Gesellschafter mehr als andere in der Verwendung ihrer freien Zeit zu beschränken.

Ablehnend äußern sich die Motive zu der auf Art. 313 des spanischen HGB zurückgehende Regel[92], nach der ein Anspruch auf Genehmigung der Konkurrenztätigkeit durch die Mitgesellschafter bestand, wenn keine Beeinträchtigung der Gesellschaft zu erwarten war. Diese Vorschrift sei nicht praktikabel. Der Richter könne nur in den allerseltensten Fällen ausschließen, daß ein Schaden eintreten werde. Deshalb werde von einer solchen, zu Weitläufigkeiten und Schikanen führenden Vorschrift Abstand genommen[93].

Zu Art. 154 Abs. 2 führen die Motive aus, daß entgegen dem Grundsatz, wonach eine Anwendung der Regeln über die offene Handelsgesellschaft auf die stillen Gesellschafter geboten sei, dies nicht für den Fall gelte, daß der stille Gesellschafter im Handelszweig der Gesellschaft ein eigenes Handelsgewerbe betreibe. Für diesen Fall treffe der Grund des Verbotes, nämlich die naheliegende Befürchtung, daß der Gesellschaftshandel zu Gunsten des eigenen Handels gefährdet werden könne, nicht zu. Der stille Gesellschafter habe nämlich auf die Geschäftsführung der Gesellschaft keinen Einfluß[94].

Zu Art. 188 des Entwurfes von 1857 bemerken die Motive lediglich, daß dieser den allgemeinen Rechtsgrundsätzen über die stille Gesellschaft sowie dem bestehenden Recht (§ 15 des Gesetzes über Aktiengesellschaften) entspreche[95].

VI. Vergleichende Betrachtung der in den handelsrechtlichen Entwürfen geregelten Wettbewerbsverbote

Bemerkenswerter als jeder Unterschied im Detail ist zunächst, daß keiner der hier behandelten handelsrechtlichen Entwürfe, sieht man von den österreichischen ab, darauf verzichtete, Regelungen über Wettbewerbsverbote zu treffen. Auch die so-

92. so Swoboda, S. 24 f. und S. 29
93. vgl. zu dieser Kritik auch Osiander, Fn. 28
94. a.a.O. (Fn. 89), Motive, S. 80. Im Hinblick auf die Position des stillen Gesellschafters taucht auf S. 79 der Motive wieder der Hinweis auf, daß die Beteiligung an einer stillen Gesellschaft der Anlage von Kapital gleiche.
95. Auch hier zeigt sich wieder die Auffassung, daß AG und stille Gesellschaft einander ähnlich seien, siehe dazu auch Fn. 71

eben erwähnten österreichischen Entwürfe weichen davon in der Sache nicht ab, wegen der Existenz eines einheitlichen Zivilgesetzbuches mit einschlägigen Regelungen in Österreich verzichtete man dort jedoch in den handelsrechtlichen Entwürfen auf eine ausdrückliche Normierung der Wettbewerbsverbote und begnügte sich mit der mittelbaren Geltung des im ABGB schon geregelten Verbotes.

1. Wettbewerbsverbote in der OHG und KG bzw. stillen Gesellschaft

Grundsätzlich galt für alle Gesellschafter einer offenen Handelsgesellschaft nach der Regelung aller Entwürfe[96] ein Wettbewerbsverbot. Unterschiede bestanden lediglich hinsichtlich des Umfangs der Verbote.

Während nach dem württembergischen und nassauischen Entwürfen die Errichtung eines Handelsgewerbes derselben Art untersagt werden sollte, sah der Frankfurter Entwurf das generelle Verbot geschäftlicher Tätigeit im Handelszweig der Gesellschaft vor. Ein solch strenges Verbot sollte nach den württembergischen und nassauischen Entwürfen nur als verschärfte Sonderregelung für den geschäftsführenden Gesellschafter gelten. Die strenge Regelung des Frankfurter Entwurfes wurde in der Sache, bei leichter Abänderung des Wortlautes, in die preußischen Entwürfe übernommen.

Unter den Verfassern der Entwürfe bestand ebenfalls keine Einigkeit darüber, ob die Beteiligung an einer anderen Handelsgesellschaft untersagt und welche Beteiligungsformen von einer eventuellen Untersagung erfaßt sein sollten. Während nach den württembergischen und nassauischen Entwürfen generell sowohl die Beteiligung als offener und als stiller Gesellschafter untersagt war -für den industriellen Gesellschafter sollte nach den Motiven des württembergischen Entwurfes unter Umständen sogar die Beteiligung an einer AG verboten sein- verboten die preußischen Entwürfe nur die Beteiligung an einer gleichartigen Handelsgesellschaft als offener Gesellschafter. Der Frankfurter Entwurf dagegen enthielt über diese Art der Wettbewerbshandlung keine Bestimmungen.

Sämtliche Entwürfe stimmten darin überein, daß das von ihnen ausgesprochene Wettbewerbsverbot bei einer Genehmigung der übrigen Gesellschafter nicht gelten sollte. Während jedoch die preußischen Entwürfe das Vorliegen einer solchen Genehmigung bei einer vorherigen einschlägigen Tätigkeit der Gesellschafter unter gewissen Voraussetzungen vermuteten, fehlt eine solche Regelung in allen anderen Entwürfen.

Nach dem Frankfurter und dem württembergischen Entwurf bestand bei fehlender Besorgnis eines Nachteils eine Pflicht zur Genehmigung. Diese aus dem spanischen Recht übernommene Regelung hat sich, weil in die preußischen Entwürfe nicht aufgenommen und von den Motiven des Entwurfes aus dem Jahre 1857 ausdrücklich als unzweckmäßig abgelehnt, bei der weiteren Entwicklung der Wettbewerbsverbote in Deutschland nicht durchsetzen können.

96. Wegen der grundsätzlich andersartigen Konzeption werden die österreichischen Entwürfe im folgenden von der vergleichenden Betrachtung ausgenommen.

Ein Verstoß gegen das Wettbewerbsverbot sollte den Gesellschaftern nach ihrer Wahl verschiedene Sanktionsmöglichkeiten eröffnen. Nach den württembergischen und nassauischen Entwürfen verlor der Gesellschafter seinen Gewinn zum Besten der Gesellschaft. Dagegen sahen der Frankfurter und die preußischen Entwürfe vor, daß die für die Rechnung dieser Gesellschafter gemachten Geschäfte auf Verlangen als für die Rechnung der Gesellschaft geschlossen angesehen wurden. In der Sache dürfte darin kein Unterschied gelegen haben, wenn man diese Bestimmung im Sinne des heutigen § 113 HGB auslegt[97]. Neben dieser Möglichkeit sahen nur der Frankfurter und die preußischen Entwürfe einen Anspruch der Gesellschaft auf Schadensersatz vor, nach den anderen Entwürfen war eine solche Sanktionsmöglichkeit nicht gegeben. Dafür boten der württembergische und der nassauische Entwurf die Möglichkeit, den verstoßenden Gesellschafter aus der Gesellschaft auszuschließen oder ihm die Geschäftsführung und Einsicht in die Bücher zu entziehen; nach dem Frankfurter und den preußischen Entwürfen bestand dagegen nur die Möglichkeit zur Auflösung der Gesellschaft.

Keinen Anklang in den zeitlich nachfolgenden Entwürfen fand die aus dem spanischen Recht stammende Regelung des Art. 202 des württembergischen Entwurfes, der eine Verschärfung des Wettbewerbsverbotes für den industriellen Gesellschafter vorsah. Alle anderen Entwürfe behandelten industrielle und sonstige Gesellschafter gleich.

Größere Uneinigkeit bestand bei der Beantwortung der Frage, ob das Wettbewerbsverbot auch für einen Kommanditisten bzw. stillen Gesellschafter gelten sollte. Nach dem württembergischen, dem nassauischen und dem für die weitere Entwicklung der gesetzlichen Wettbewerbsverbote im Gesellschaftsrecht besonders bedeutenden preußischen Entwurf von 1857 war das nicht der Fall. Dagegen unterlagen diese Gesellschafter nach dem Frankfurter und dem preußischen Entwurf aus dem Jahre 1856 in vollem Umfang dem für die offenen Gesellschafter geltenden Wettbewerbsverbot.

2. Wettbewerbsverbote in Gelegenheits- und Aktiengesellschaften

Bestand über die Notwendigkeit eines Wettbewerbsverbotes in der OHG und KG bzw. stillen Gesellschaft Einigkeit, so schien den Verfassern der Motive das Fehlen einer solchen Regelung bei den Gelegenheits- und Aktiengesellschaften noch nicht einmal begründungsbedürftig. Einzig der österreichische "Ministerielle Entwurf" enthielt in vollkommener Abweichung von den anderen Entwürfen wegen der in diesem Entwurf enthaltenen Verweisung auf das ABGB auch ein Wettbewerbsverbot für die Mitglieder einer Aktiengesellschaft. Leider sind zu diesem Entwurf keine Motive vorhanden, so daß die Beweggründe für diese Regelung, die sich wohl nur aus der Gleichsetzung von Aktien- und stiller Gesellschaft erklären läßt, im Dunkeln bleiben.

---

97. vgl. dazu Staub-Ulmer, § 113 Rn. 18 f.

F. Das ADHGB

Das ADHGB stellt den unmittelbaren Vorläufer des heutigen HGB dar. Es war das erste in Deutschland geltende einheitliche Handelsgesetzbuch. Diese tatsächliche Bedeutung des ADHGB in seiner Zeit und die Bedeutung dieses Gesetzbuches für die weitere Entwicklung des Handelsrechts machen es zu einer der bedeutensten Quellen für die Geschichte des Handelsrechts in Deutschland[1].

Bei der Darstellung der Entstehung des ADHGB ergibt sich das Problem, daß zwar umfangreiche Materialien über das Gesetzgebungsverfahren -veröffentlicht von J. von Lutz, dem Sekretär der Kommission- existieren und in der Rechtswissenschaft umfangreiche Auseinandersetzungen mit dem entstehenden Werk während des Gesetzgebungsverfahrens erfolgten, jedoch keine zusammenfassenden Motive zu den einzelnen Artikeln des ADHGB herausgegeben wurden. Die Bedeutung des ADHGB rechtfertigt es, das vorhandene Material zu den Wettbewerbsverboten zwischen den Gesellschaftern einer Handelsgesellschaft in vollem Umfang darzustellen. Dies führt dazu, daß Argumente und Streitpunkte während des Gesetzgebungsverfahrens unter Umständen mehrmals -jeweils aus der Sicht und mit der besonderen Betonung des eine Änderung vorschlagenden Kommissionsmitgliedes- vorgebracht werden. Nur diese umfassende Art der Darstellung vermag jedoch aufzuzeigen, was den Schöpfern des ADHGB und ihren Kritiker tatsächlich wichtig war. Zugleich wird so verhindert, daß durch eine Verkürzung des wiedergegebenen Materials die Sicht des Bearbeiters über das, was wichtig erscheint, an die Stelle der Auffassung der an der Schaffung des ADHGB Beteiligten hierüber tritt. Zudem vermittelt die Kenntnis der Protokolle nützliche Hinweise für die historische Auslegung des ADHGB[2].

I. Gesetzgebungsverfahren

Nach ersten Vorstößen Württembergs auf der zehnten Zollvereinskonferenz 1853/1854[3] brachte die bayrische Regierung am 21. Februar 1856 bei der Deutschen Bundesversammlung in Frankfurt den Antrag ein, "die Bundesversammlung wolle beschließen, eine Commission zur Entwerfung und zur Vorlage eines Allgemeinen Handelsgesetzbuches für die deutschen Bundesstaaten niederzusetzen"[4]. Gegen diesen von Österreich unterstützten Antrag der bayrischen Regierung stimmte zunächst Preußen, das seine Führungsrolle auf dem Gebiet der wirtschaftlichen Einigung Deutschlands bedroht sah. Nachdem es Preußen in der Folgezeit gelang, entgegen dem Vorschlag Badens den code de commerce als Grundlage der Arbeit der

1. siehe allgemein zur Geschichte und Bedeutung des ADHGB Servos, S. 247; Raisch, S. 116, S. 118 f.
2. zur Bedeutung der Protokolle für die Auslegung des ADHGB durch die Rechtspraxis und -wissenschaft siehe auch Hahn, S. XLVI ff.
3. siehe dazu Goldschmidt, S. 122
4. Coing-Bergfeld, Handbuch, Band III/3 S. 2949; Goldschmidt, S. 123 ff.

Kommission abzulehnen und weitere politische Vorbehalte durchzusetzen[5], beschloß die Bundesversammlung am 18. 12. 1856 u.a.[6]:

1) Die zur Ausarbeitung des Entwurfes eines allgemeinen Handelsgesetzbuches für die Deutschen Bundesstaaten niederzusetzende Commission hat am 15. Januar 1857 zu Nürnberg zusammenzutreten.

2) Dieselbe hat, unter angemessener Benutzung des vorhandenen Materials und der ihr mitgetheilten Vorarbeiten, in gemeinsamer Beratung einen vollständigen Gesetzentwurf aufzustellen und diesen anschließend der Bundesversammlung zur Mittheilung an die höchsten und hohen Regierungen und zur weiteren Einleitung in Vorlage zu bringen.

1. Die Beratungen erster Lesung

Auftragsgemäß trat die Konferenz am 15. Januar 1857 in Nürnberg zusammen, wo ihr drei Entwürfe für ein Handelsgesetzbuch vorgelegt wurden, nämlich der Preußische Entwurf von 1857 und die österreichischen Entwürfe[7].

Die Kommission beschloß, den Preußischen Entwurf zur Grundlage ihrer Beratungen zu machen, gleichwohl aber auch den österreichischen Entwürfen Beachtung zu schenken[8]. Da die österreichischen Entwürfe jedoch in der Folgezeit in den Hintergrund traten, war es Preußen mit diesem Beschluß der Kommission gelungen, die Führungsrolle bei der Einführung eines einheitlichen Handelsrechts für Deutschland zu übernehmen[9].

Da die Diskussion der Kommission in der ersten Lesung, jedenfalls soweit es um die Bestimmungen über Wettbewerbsverbote zwischen den Gesellschaftern einer Handelsgesellschaft geht, den Regelungen des Preußischen Entwurfes von 1857 folgte[10], wird hier von einer erneuten Darstellung dieser zuvor behandelten Vorschriften abgesehen

5. siehe dazu Coing-Bergfeld, Handbuch, Band III/3 S. 2949 ff.
6. siehe dazu Goldschmidt, S. 126 f.; vgl. auch Coing-Bergfeld, Handbuch, Band III/3 S. 2951
7. zu den Entwürfen siehe Kapitel E IV und V
8. zum Beschluß siehe Lutz, Protokolle, Vorrede; zur Geschichte des Konferenzbeginns allgemein Coing-Bergfeld, Handbuch, Band III/3 S. 2952 und Goldschmidt, S. 127 ff.
9. vgl. zu dieser Intention Preußens Kapitel E V 1; auch nach Raisch, S. 116 ff. trägt das ADHGB das Gesicht des preußischen Entwurfes, obwohl er zu Recht darauf hinweist, daß sich im Einzelfall auch die Regelungen der österreichischen Entwürfe durchzusetzen vermochten
10. siehe zum Wortlaut der Wettbewerbsverbote des Preußischen Entwurfes von 1857 die Darstellung in Kapitel E V 3

a. Die Beratungen zu Art. 101
In der ersten Lesung des Art. 101 des preußischen Entwurfes von 1857 erörterte die Kommission in der 22. Sitzung am 21. Februar 1857 zunächst den Absatz 1 dieses Artikels.

Als erstes wurde die Frage aufgeworfen, ob es angemessen sei, den offenen Gesellschaftern den Betrieb jedes anderen Handelsgeschäftes zu untersagen, wobei als Alternative daran gedacht war, das Verbot auf den Betrieb solcher Handelsgeschäfte zu beschränken, die zum Handelszweig der Gesellschaft gehören. Hierzu wurden vier Auffassungen vertreten. Dabei blieben sowohl der Vorschlag, nach dem Beispiel des § 1186 ABGB zu bestimmen, daß der Gesellschafter keine der Gesellschaft schädlichen Nebengeschäfte machen dürfe, als auch der Vorschlag, den Artikel dahin zu fassen, daß "ein Gesellschafter ohne Genehmigung der anderen Gesellschafter keine dem Geschäftsbetrieb der Gesellschaft gleichartigen Spekulationsgeschäfte machen" dürfe, ohne Unterstützung[11]. Zu Gunsten eines allgemeinen Verbotes wurde angeführt, daß namentlich beim Betrieb des Handels im großen die Bestimmung der Grenzen zwischen dem, was zum Handelszweig der Gesellschaft gehöre und was nicht, fast unmöglich sei. Ein solcher Handelsbetrieb befasse sich mit allen günstigen Geschäften, so daß der Gesellschafter das Geschäft immer statt für sich auch für die Gesellschaft machen könne. Auch weil ein Gesellschafter regelmäßig kein Seperatgeschäft betreibe, erscheine es angemessen, wenn auch das Gesetz davon ausgehe, zumal im Einzelfall vertraglich abweichende Vereinbarungen getroffen werden könnten[12]. Die Gegner eines umfassenden Verbotes machten dagegen vorwiegend geltend, daß ein solches Verbot die Freiheit der Gesellschafter zu stark beschränke, zumal bei Abschluß eines Gesellschaftsvertrages das Gesetz häufig unbekannt sei, so daß eine abweichende Regelung durch Vertrag schon aus diesem Grunde nicht erfolge. Außerdem entspreche die Regelung des preußischen Entwurfes dem geltenden Recht[13].

Bei der abschließenden Abstimmung entschied sich die Kommission sodann mit 8 gegen 7 Stimmen dagegen, jedes Handelsgeschäft und jede Teilnahme an einer offenen Gesellschaft zu untersagen[14], behielt also insoweit den Vorschlag des preußischen Entwurfes von 1857 bei.

In der 24. Sitzung am 26. Februar 1857 wandte sich die Kommission Absatz 2 des Art. 101 des Preußischen Entwurfes von 1857 zu. Als erstes wurde der Antrag

11. siehe Protokolle der XXII. Sitzung bei Lutz, Protokolle, S. 184; eine relativ umfangreiche Darstellung der Beratungen erster Lesung zu Art. 101 des preußischen Entwurfes von 1857 findet sich auch bei Swoboda, S. 30 ff.
12. siehe Protokolle der XXII. Sitzung bei Lutz, Protokolle, S. 183 f.
13. siehe Protokolle der XXII. Sitzung bei Lutz, Protokolle, S. 184 mit Darstellung der vollständigen Argumentation, wobei allerdings offen blieb, welche gesetzlichen Bestimmungen der deutschen Einzelstaaten mit der Bezeichnung "geltendes Recht" gemeint waren
14. siehe Protokolle der XXII. Sitzung bei Lutz, Protokolle, S. 185

gestellt, den ersten Satz des zweiten Absatzes dahin zu fassen, daß der zuwiderhandelnde Gesellschafter "sich auf Verlangen derjenigen Gesellschafter, deren Genehmigung fehle, gefallen lassen (muß), daß die für seine Rechnung geschlossenen Geschäfte als für Rechnung dieser Gesellschafter geschlossen angesehen werden"[15]. Nach ausgiebiger Diskussion des Für und Wider[16], bei der insbesondere ausgeführt wurde, daß auch bei Anwendung des Art. 101 des Preußischen Entwurfes von 1857 die Mehrheit der Gesellschafter gegen den Willen eines einzelnen Gesellschafters keine Befreiung vom Verbot des Art. 101 erteilen könne[17], wurde der Antrag mit der Begründung abgelehnt, daß das dort Formulierte allseitig als selbstverständlich angesehen werde[18].

Keine Mehrheit fanden auch zwei weitere Anträge. So schlug ein Abgeordneter vor, Absatz 2 des Art. 101 folgende Fassung zu geben[19]:

Handelt ein Gesellschafter dieser Vorschrift zuwider, so ist er zum vollen Schadensersatz verpflichtet und muß sich namentlich gefallen lassen, daß die für seine Rechnung gemachten Geschäfte als für Rechnung der Gesellschaft geschlossen angesehen werden. Durch den Ersatz des Schadens wird die Befugnis, die Auflösung des Gesellschaftsvertrages in den geeigneten Fällen herbeizuführen, nicht ausgeschlossen.

Zur Begründung dieses Antrags führte der Antragsteller an, daß die Worte des Art. 101 Abs. 2 "auf Verlangen der Gesellschaft" aus redaktionellen Gründen gestrichen worden seien, da sie sich von selbst verständen und außerdem die wissenschaftliche Interpretation behindern würden[20]. Der Ausdruck "Gesellschaft" für die übrigen Gesellschafter als Gegensatz zum zuwiderhandelnden Gesellschafter sei zwar ungenau, ließe jedoch der freien wissenschaftlichen Erörterung Raum[21]. Damit enthalte der Vorschlag lediglich hinsichtlich des Schadensersatzes eine von Art. 101 Abs. 2 des Preußischen Entwurfes von 1857 abweichende materielle Regelung. Ein durch die Verletzung des Gesellschaftsvertrages hervorgerufener Schaden werde regelmäßig dadurch ausgeglichen werden, daß der Gewinn in die Gesellschaftskasse gehe. Es seien jedoch auch Fälle denkbar, in denen ein darüber hinausgehender Schaden durch das privat abgeschlossene Geschäft an den übrigen Geschäften der Gesellschaft entstehe. Auch ein solcher Schaden müsse zu ersetzen sein[22]. Darauf aufbauend schlug ein weiterer Abgeordneter vor, der Gesellschaft stets die Befugnis zu geben,

15. siehe Protokolle der XXIV. Sitzung bei Lutz, Protokolle, S. 186
16. siehe dazu Protokolle der XXIV. Sitzung bei Lutz, Protokolle, S. 186 ff.
17. vgl. Protokolle der XXIV. Sitzung bei Lutz, Protokolle, S. 187
18. vgl. Protokolle der XXIV. Sitzung bei Lutz, Protokolle, S. 187
19. zum Wortlaut des Vorschlags siehe Protokolle der XXIV. Sitzung bei Lutz, Protokolle, S. 188
20. siehe dazu Protokolle der XXIV. Sitzung bei Lutz, Protokolle, S. 189
21. siehe dazu Protokolle der XXIV. Sitzung bei Lutz, Protokolle, S. 189
22. siehe dazu Protokolle der XXIV. Sitzung bei Lutz, Protokolle, S. 188 f.

über den Gewinn hinaus auch den Ersatz des entstandenen Schadens zu verlangen[23].

Auf eine ausdrückliche Frage des österreichischen Abgeordneten Dr. Schindler[24], binnen welcher Zeit die Gesellschaft das Recht, dererlei Geschäfte als für ihre Rechnung geschlossen zu betrachten, habe, stellte die Versammlung fest, daß die Gesellschaft mit ihrer Erklärung keinen zeitlichen Schranken unterläge. Hierüber sei aber nichts in das Gesetz aufzunehmen, weil sich diese Auffassung mangels einer besonderen einschränkenden Bestimmung von selbst ergebe[25].

Die Kommission vertrat weiterhin die Auffassung, daß die Frage, ob die Gesellschaft einer Zession der Rechte des verbotswidrig handelnden Gesellschafters bedürfe oder nicht, offen zu lassen sei[26].

Eine Streichung des dritten Absatzes des Art. 101 des Preußischen Entwurfes von 1857 wurde mit 8 gegen 7 Stimmen abgelehnt. Eine solche war mit der Begründung beantragt worden, daß kein Kaufmann daran denken werde, daß ein Gesellschafter, der bisher ein Geschäft betrieben habe, dasselbe fortsetzen werde, wenn er in die Gesellschaft eintrete, die sich mit gleichartigen Geschäften beschäftige. Deshalb erscheine es angemessener, die Regel aufzustellen, daß der Gesellschafter den bisherigen Geschäftsbetrieb einzustellen habe, sofern dessen Fortsetzung nicht ausdrücklich bewilligt werde[27].

b. Die Beratungen zu Art. 143

Bei der Diskussion des Art. 143 "Von der Verjährung der Klagen gegen die Gesellschaft" des Preußischen Entwurfes von 1857 brachte der soeben erwähnte österreichische Abgeordnete Dr. Schindler, dem die Kommission in der 24. Sitzung noch beschieden hatte, daß die Gesellschaft mit ihrem Recht, ein verbotenes Geschäft eines Gesellschafters als auf ihre Rechnung geschlossen zu betrachten, keinen zeitlichen Schranken unterliege, den Antrag ein, in Artikel 143 des Preußischen Entwurfes von 1857 folgenden Zusatz -vorbehaltlich einer redaktionellen Änderung- einzufügen[28]:

---

23. siehe dazu Protokolle der XXIV. Sitzung bei Lutz, Protokolle, S. 189
24. Die Namen und die Herkunft der Delegierten wurden nur auf deren besonderen Wunsch in das Protokoll aufgenommen. Deshalb kann ansonsten nicht festgestellt werden, von welchem Staat welcher Änderungsvorschlag gemacht wurde; vgl. dazu Coing-Bergfeld, Handbuch, Band III/3 S. 2952 und Goldschmidt, S. 129.
25. siehe dazu Protokolle der XXIV. Sitzung bei Lutz, Protokolle, S. 190
26. siehe dazu Protokolle der XXIV. Sitzung bei Lutz, Protokolle, S. 190
27. siehe dazu Protokolle der XXIV. Sitzung bei Lutz, Protokolle, S. 190 f.; vgl. zur Geschichte dieses geradezu klassischen Streitpunktes insbesondere die Darstellung bei den handelsrechtlichen Entwürfen in Kapitel E
28. siehe dazu Protokolle der XXXI. Sitzung bei Lutz, Protokolle, S. 269

Das der Gesellschaft in Art. 101 eingeräumte Recht, ein Geschäft als auf ihre Rechnung geschlossen zu betrachten, verjährt binnen drei Monaten von dem Zeitpunkt an, als der unbefugte Abschluß dieses Geschäftes der Gesellschaft bekannt wurde.

Zur Begründung führte der Abgeordnete Dr. Schindler aus, daß es eine Überschreitung der aus dem Zweck des fraglichen Rechts der Gesellschaft und der Billigkeit zu entnehmenden Grenzen der Regelung sei, der Gesellschaft das Recht zuzugestehen, den Gesellschafter, der das verbotene Geschäft getätigt habe, über mehrere Jahre über die Absicht der Gesellschaft im dunkeln zu lassen. Eine solche Unsicherheit sei weder wünschenswert noch geboten. Nach weiterer Erörterung zweier Änderungsvorschläge, die das Wort "verjährt" durch "erlischt" bzw. "kann nur geltend gemacht werden" ersetzen wollten, wurde der Antrag des Abgeordneten Dr. Schindler mit 14 gegen 1 Stimme angenommen[29].

c. Die Beratungen zu Art. 154 und den Regelungen über die Aktiengesellschaft

Bei der Beratung des Art. 154 des preußischen Entwurfes von 1857 sowie der Art. 144 Abs. 2 und 155 dieses Entwurfes wurden die in diesen Artikeln enthaltenen Regeln über die Wettbewerbsverbote zwischen den Gesellschaftern einer Handelsgesellschaft nicht besprochen[30]; ebenfalls nicht erörtert wurde dieser Problembereich bei der Diskussion über die Aktiengesellschaft[31].

d. Der Wortlaut der Regelungen über Wettbewerbsverbote nach den Beschlüssen erster Lesung

Über die anzuerkennenden Arten der Handelsgesellschaft bestimmte der Entwurf erster Lesung im zweiten Buch "Von den Handelsgesellschaften" sodann[32]:

Art. 84
Das Gesetz erkennt drei Arten von Handelsgesellschaften an und außerdem Vereinigungen zu einzelnen Handelsgeschäften für gemeinschaftliche Rechnung.

Art. 85
Die Handelsgesellschaften sind:
die offene Gesellschaft

---

29. siehe dazu Protokolle der XXXI. Sitzung bei Lutz, Protokolle, S. 269 ff.; vgl. auch die verkürzende Darstellung bei Swoboda, S. 32 f.
30. vgl. dazu insbesondere Protokolle der XXXV. Sitzung bei Lutz, Protokolle, S. 308 f; Protokolle der XXXIV. Sitzung, a.a.O. S. 308; Protokolle der XXXIII. Sitzung, a.a.O. S. 287 ff.
31. vgl. dazu insbesondere auch die einschlägigen Stichworte bei Lutz, Registerband
32. vgl. dazu und zu den im folgenden zit. Art. dieses Entwurfes Lutz, Beilagenband I, S. 141 ff.; die Art. 95 und 96 nach den Beschlüssen erster Lesung sind auch bei Swoboda, S. 33 abgedruckt, der jedoch den Wettbewerbsverboten in den anderen Gesellschaftsformen keine Beachtung schenkt

die stille Gesellschaft[33]
die Aktiengesellschaft

Die Art. 95 f. des Entwurfes erster Lesung enthalten für die Gesellschafter einer offenen Handelsgesellschaft folgende Bestimmungen:

Art. 95
Ein Gesellschafter darf ohne Genehmigung der anderen Gesellschafter in dem Handelszweig der Gesellschaft für eigene Rechnung keine Geschäfte machen oder an einer anderen gleichartigen Handelsgesellschaft als offener Gesellschafter Theil nehmen.

Eine Genehmigung der anderen Gesellschafter ist schon dann anzunehmen, wenn denselben bei Eingehung der Gesellschaft bekannt war, daß der Gesellschafter Geschäfte in dem Handelszweig der Gesellschaft betreibe oder an einer anderen gleichartigen Handelsgesellschaft als offener Gesellschafter Theil nehme und gleichwohl die Aufgabe des Geschäfts oder der Theilnahme an der anderen Gesellschaft nicht ausdrücklich bedungen worden ist.

Art. 96
Ein Gesellschafter, welcher der vorstehenden Verpflichtung zuwiderhandelt, muß sich auf Verlangen der Gesellschafter gefallen lassen, daß die für seine Rechnung gemachten Geschäfte als für Rechnung der Gesellschaft geschlossen angesehen werden; auch kann die Gesellschaft statt dessen den Ersatz des entstandenen Schadens fordern, alles dieses unbeschadet des Rechts, die Auflösung des Gesellschaftsvertrages in den geeigneten Fällen herbeizuführen.

Das Recht der Gesellschaft, in ein von dem Gesellschafter für eigene Rechnung gemachtes Geschäft einzutreten oder Schadensersatz zu fordern, erlischt nach drei Monaten, von dem Zeitpunkt an gerechnet, in welchem die Gesellschaft von dem Abschluß des Geschäfts Kenntnis erhalten hat.

Zu diesen Vorschriften des Entwurfs erster Lesung ist lediglich zu bemerken, daß die Kommission die auf Vorschlag des österreichischen Abgeordneten Dr. Schindler eingeführte Befristung des Anspruchs der Gesellschaft wegen eines Verstoßes gegen das Wettbewerbsverbot nicht den Art. 140 ff. des Entwurfes "Von der Verjährung der Klagen gegen die Gesellschaft" zugeordnet hatte, sondern als gesonderten Absatz in Art. 96 des ersten Kommissionsentwurfes eingefügt hatte[34].

Der dritte Titel des zweiten Buches regelte die Rechtsverhältnisse der stillen Handelsgesellschaften. Hier traf lediglich Art. 152 eine Regelung über Wettbewerbsver-

---

33. zur Problematik der Bezeichnung siehe Kapitel E Fn. 8
34. zu den von der Kommission vorgenommenen redaktionellen Änderungen siehe Lutz, Beilagenband I, S. 141

bote, und zwar in der Form einer Befreiung der stillen Gesellschafter von diesem Verbot.

Art. 152
Ein stiller Gesellschafter darf ohne Genehmigung der anderen Gesellschafter in dem Handelszweig der Gesellschaft für eigene Rechnung Geschäfte machen und an einer anderen gleichartigen Handelsgesellschaft als offener Gesellschafter Theil nehmen.

Diese Regelung besaß auch Geltung für die im dritten Titel, zweiter Abschnitt des zweiten Buches geregelte "Stille Handelsgesellschaft auf Aktien". Dies folgt aus der gesetzlichen Regelung dieser Gesellschaftsform als Unterfall der stillen Gesellschaft.

Regelungen über Wettbewerbsverbote fehlen vollständig im vierten Titel des zweiten Buches "Von Aktiengesellschaften"[35].

2. Stellungnahmen in der Literatur
Von der großen Anzahl der Autoren, die im Laufe des Gesetzgebungsverfahrens zu der Arbeit der Kommission Stellung nahmen[36], befaßte sich lediglich Endemann mit dem Kommissionsentwurf erster Lesung[37].

Endemann kritisiert zunächst die Regelung des Art. 95 des ersten Entwurfes[38]. Er führte aus, daß -abgesehen von dem Problem der Auslegung der Begriffe "des nemlichen Handelsgewerbes"[39] und "der gleichartigen Gesellschaft" für die Praxis- gegen diese Regelung große Bedenken bestehen. Gemeinrechtlich existiere eine dem Art. 95 des ersten Entwurfes vergleichbare Bestimmung bisher nicht[40]. Trotz aller während der Beratungen dagegen geäußerten Gründe müsse daran festgehalten werden, daß es zunächst Sache der Gesellschafter sei, sich gegen mögliche Gefahren des Gesellschaftsgeschäftes zu sichern[41]. Geschehe dies nicht (durch Einfügung entsprechender vertraglicher Vereinbarungen) in dem Gesellschaftsvertrag, so sei

35. vgl. dazu Lutz, Beilagenband I, S. 175 ff.
36. vgl. dazu die Literaturnachweise bei Goldschmidt, S. 142 f.; der Großteil der dort genannten Schriften enthält allerdings keine Stellungnahme zu den Wettbewerbsverboten. Die einschlägigen Literaturstellen sind hier und im folgenden ausgewertet.
37. vgl. Goldschmidt, S. 142 Fn. 3 e
38. vgl. Endemann, S. 79 f.
39. "das nemliche Handelsgewerbe" taucht wohl als Sachproblem, entgegen Endemann aber nicht als Begriff im Entwurf auf
40. vgl. dazu auch meine Darlegungen zum Fehlen eines entsprechenden Rechtssatzes nach gemeinem Recht in Kapitel B III 1; die Ansicht Endemanns zum Fehlen eines solchen Rechtssatzes war aber nicht unumstritten
41. zur grundsätzlichen Kritik Endemanns an der von ihm als überflüssig angesehenen Regelung des Innenverhältnisses der Gesellschaft durch den Entwurf vgl. ders., S. 72 f.

das entscheidende Merkmal (für die Annahme eines verbotenen Konkurrenzgeschäftes) das, ob der Gesellschafter so handele, daß er seine Pflicht, der Gesellschaft seinen Fleiß zu- und Schaden von ihr abzuwenden, verletze. Sei das der Fall, so werde er schadensersatzpflichtig. Dies und die Vermutung, daß ein von dem Gesellschafter eingegangenes Geschäft ein solches der Gesellschaft sei, sichere die Gesellschaft ausreichend. Selbst der Kommission sei die Härte des Art. 95 aufgefallen, so daß sie in einem Nachsatz diese Härte durch die großzügige Vermutung der Zustimmung der anderen Mitglieder zur Fortführung eines bisherigen Handels abzumildern versucht habe.

Mag diese Ansicht Endemanns -die bei seinen Zeitgenossen keinerlei Unterstützung fand- noch auf dessen Auffassung von der Überflüssigkeit einer Regelung des Innenverhältnisses der Gesellschaft durch das Gesetz zurückzuführen sein, so sind seine Ausführungen zu Art. 152 des Entwurfes erster Lesung unzutreffend. Endemann führt zu diesem Art. -offenbar in Verkennung des Wortlautes des Entwurfes, der dem stillen Gesellschafter den Betrieb eines Konkurrenzgewerbes erlaubt[42]- wörtlich aus: "Der Art. 152 ferner, wonach sogar der stille Gesellschafter nicht auf eigene Rechnung und nicht als offener Genosse einer anderen Sozietät in dem Zweig derjenigen, welcher er Nichts als seine Einlage zuwendet, thätig werden darf, widerspricht nicht nur gänzlich dem Wesen der Einlage, sondern steht auch in grellem Kontrast zu Art. 95. Dieser verwehrt dem offenen Gesellschafter nicht, noch anderswo stiller zu werden; und hier wird dasselbe umgekehrt verboten"[43]. Daß diese Kritik angesichts des gegenteiligen Wortlautes des Art. 152 des Entwurfes erster Lesung gegenstandslos ist, bedarf keiner besonderen Erwähnung.

Mit dem Fehlen von Regelungen über Wettbewerbsverbote zwischen den Gesellschaftern einer Aktiengesellschaft setzt Endemann sich nicht auseinander[44].

3. Die Beratungen zweiter Lesung

Die zweite Lesung des Entwurfes erstreckte sich vom 15. September 1857 bis zum 3. März 1858. An ihr beteiligten sich die kaufmännischen Mitglieder nur noch teilweise und für kürzere Zeit. Der im Anschluß an diese Lesung verfaßte Entwurf wurde der Bundesversammlung vorgelegt und danach öffentlich bekanntgemacht[45]. Erwähnenswert ist für das Verständnis der weiteren Schilderung der Entwicklung der Wettbewerbsverbote zwischen den Gesellschaftern einer Gesellschaft noch, daß während des Verlaufs der zweiten Lesung die stille Gesellschaft und die Kommanditgesellschaft als deutlich zu unterscheidende Gesellschaftsformen erkannt und geregelt wurden. Dabei trat die Kommanditgesellschaft an die Stelle der in den Entwürfen erster Lesung noch als stille Gesellschaft bezeichneten Gesellschaftsform; diese erfuhr eine eigenständige Regelung unter der Bezeichnung stille Gesellschaft. Auße-

---

42. zum Wortlaut vgl. nochmals Lutz, Beilagenband I, S. 169 und den vorstehend dokumentierten Wortlaut des Art. 152 nach dem Entwurf erster Lesung
43. Endemann, S. 80
44. vgl. Endemann, S.90 f.
45. vgl. Goldschmidt S.187 f. und Coing-Bergfeld, Handbuch, Band II 3 S. 2952

rungen der Kommissionsmitglieder -insbesondere zu Beginn der zweiten Lesung- über Wettbewerbsverbote zwischen den Gesellschaftern einer stillen Gesellschaft beziehen sich daher tatsächlich auf die später so benannte Kommanditgesellschaft.

a. Die Erörterungen über das Wettbewerbsverbot in der offenen Handelsgesellschaft
Auf der Sitzung vom 21. Oktober 1857 wurde von seiten einzelner Kommissionsmitglieder nochmals der Versuch unternommen, die Gesellschafter einer offenen Handelsgesellschaft durch Verschärfung der Regelung des Art. 95 des Entwurfes erster Lesung einem strengeren Wettbewerbsverbot als bisher vorgesehen zu unterwerfen.

Ein Abgeordneter schlug vor, den zweiten Absatz des Art. 95 zu streichen und dessen erstem Absatz folgende Fassung zu geben:

Kein Gesellschafter darf ohne Genehmigung der anderen Gesellschafter für eigene Rechnung Handelsgeschäfte machen, oder an einer Gesellschaft als offener Gesellschafter Theil nehmen.

Zur Begründung dieses Vorschlags führte der Antragsteller aus, daß die von ihm vorgeschlagene Fassung den kaufmännischen Ansichten und Gebräuchen entspreche. Sein Vorschlag sei notwendig, da sich nach Art. 114 des Entwurfes erster Lesung die Verfügungsbefugnis des einzelnen Gesellschafters auf alle Arten von Handelsgeschäften erstrecke und nicht beschränkt werden dürfe. Für ein derartiges -nach Art. 114 erlaubtes- Geschäft hafteten die Mitgesellschafter mit ihrem eigenen Vermögen. Schon aus diesem Grunde müßten solche Geschäfte außerhalb der bestehenden Gesellschaft untersagt werden. Die Streichung des zweiten Absatzes sei geboten, weil es billiger sei und dem innigen Verhältnis der Gesellschafter mehr entspreche, wenn sich derjenige, der den Gesellschaftsvertrag schließe, die Fortführung eigener Geschäfte ausdrücklich vorbehalten müsse[46]. Dieser Antrag wurde von der Kommission mit der Begründung abgelehnt, daß er zu weit gehe und die Gesellschafter zu stark beschränke[47]. Gleiches widerfuhr dem nicht ganz so weit gehenden Vorschlag, den Gesellschaftern zusätzlich zu den Beschränkungen des Art. 95 Abs. 1 des ersten Entwurfes generell den Betrieb von Handelsgewerben zu untersagen, selbst wenn sie nicht im Handelszweig der Gesellschaft betrieben werden sollten[48].

Hatte die Kommission auch den Antrag auf Streichung des gesamten zweiten Absatzes des Art. 95 abgelehnt, so beschloß sie dennoch mit 10 gegen 5 Stimmen, aus diesem zweiten Absatz die Worte "Geschäfte im Handelszweig der Gesellschaft betreibe oder" und "des Geschäfts oder" zu streichen[49], so daß sich fortan die

---

46. siehe dazu Protokolle der CXVII. Sitzung bei Lutz, Protokolle III, S. 986 f.; eine knappe Darstellung der Beratungen zu den Wettbewerbsverboten in der offenen Handelsgesellschaft findet sich bei Swoboda, S. 34 f.
47. siehe Lutz, a.a.O. (Fn. 46) S. 987 f.
48. siehe Lutz, a.a.O. (Fn. 46) S. 987
49. vgl. dazu die Protokolle der CXVII. Sitzung bei Lutz, Protokolle III, S. 988

Vermutungswirkung des Art. 95 Abs. 2 nur noch auf die Teilnahme an einer gleichartigen Handelsgesellschaft erstreckte, dagegen nicht mehr auf das generelle Betreiben von Geschäften im Handelszweig der Gesellschaft.

Einen interessanten Rückschluß auf den nach Ansicht der Kommission mit der Regelung des Art. 95 des Entwurfes erster Lesung verfolgten Zweck erlaubt die ablehnende Stellungnahme der Versammlung zu einer weiteren Änderungsanregung. Auf die Frage, ob nicht auch die Teilnahme des offenen Gesellschafters an einer stillen Gesellschaft[50] den Beschränkungen des Art. 95 zu unterwerfen sei, weil durch eine solche Beteiligung das für die Gesellschaftsschulden haftende Vermögen des offenen Gesellschafters zum Schaden der anderen Gesellschafter verringert werde, erwiderte die Mehrheit der Kommission, daß die Rücksicht auf die mögliche Verringerung des Vermögens (für die Regelung des Art. 95) nicht maßgebend sei. Eine derartige Rücksichtnahme ginge zu weit, weil man sonst konsequenterweise auch den Ankauf von Aktien und andere Vermögensdispositionen verbieten müßte. Hauptmotiv für die Bestimmung des Art. 95 sei vielmehr die Fernhaltung jeder Konkurrenz; dieses Motiv sei bei der durch den abweichenden Vorschlag erwähnten und den übrigen angesprochenen Beteiligungen nicht einschlägig[51].

Zwei weitere -nicht näher begründete- Vorschläge zur Änderung des Art. 95 des Entwurfes erster Lesung lehnte die Kommission ohne weitere Erörterung ab[52].

b. Die Erörterungen über das Wettbewerbsverbot in der Kommanditgesellschaft

Die Diskussion über die Kommanditgesellschaft stand ganz im Zeichen der nunmehr von der Kommission vorgenommenen Unterscheidung zwischen stiller und Kommanditgesellschaft[53]. Dabei trat die Beratung von Einzelfallproblemen -also auch die Erörterung des zwischen den Gesellschaftern dieser Gesellschaftsform zu regelnden Wettbewerbsverbotes- völlig in den Hintergrund. Da die Bezeichnung Kommanditgesellschaft an die Stelle der bisherigen stillen Gesellschaft des ersten Entwurfes trat, wurde Art. 152 dieses Entwurfes[54] bei den Beratungen über das Wettbewerbsverbot zwischen den Gesellschaftern einer Kommanditgesellschaft lediglich "nicht beanstandet"[55], ohne daß eine weitere Erörterung erfolgte. Mit einigen redaktionellen Änderungen -die sich schon aus der Notwendigkeit der neuen Bezeichnung ergaben- wurde die Regelung des Art. 152 des Entwurfes erster Lesung für die Kommanditgesellschaft übernommen.

---

50. hier noch i.S.d. stillen Gesellschaft erster Lesung gemeint
51. vgl. dazu die Protokolle der CXVII. Sitzung bei Lutz, Protokolle III, S. 988
52. siehe Lutz, a.a.O. (FN. 46) S. 989
53. vgl. dazu Lutz, Protokolle III, S. 1030-1033, 1077-1084, 1085 f., 1094 f. 1146, 1156, 1166; zusammenfassend die Motive S. 1158 f.
54. siehe dazu Kapitel F I 1 d, wo noch von der "stillen Gesellschaft" gesprochen wurde
55. siehe dazu die Protokolle der CXXXIV. Sitzung bei Lutz, Protokolle III, S. 1105 und 1150

c. Die Beratungen zur stillen und Aktiengesellschaft

Der Kommissionsvorschlag zur "neuen" stillen Gesellschaft enthielt keine Bestimmungen über Wettbewerbsverbote zwischen den Gesellschaftern dieser Gesellschaftsform[56]. Das Fehlen einer entsprechenden Regelung erschien der Versammlung während der gesamten zweiten Lesung in bezug auf diese Gesellschaftsform ebensowenig erörterungsbedürftig[57] wie für die Aktiengesellschaft[58].

d. Der Wortlaut der Regelungen über Wettbewerbsverbote nach den Beschlüssen zweiter Lesung

Der Entwurf eines allgemeinen deutschen Handelsgesetzbuches nach den Beschlüssen zweiter Lesung erkannte nunmehr -ohne dies in einem einleitenden Artikel ausdrücklich zu regeln[59]- vier Hauptformen von Handelsgesellschaften an, nämlich die in Art. 84 ff. geregelte offene Handelsgesellschaft, die in Art. 142 ff. geregelte Kommanditgesellschaft mit den Unterformen der "Kommanditgesellschaft im Allgemeinen" und der "Kommanditgesellschaft auf Aktien", die Aktiengesellschaft (Art. 193 ff.) und die stille Gesellschaft (Art. 236 ff.)[60].

Wettbewerbsverbote waren nur für die Gesellschafter der offenen Handelsgesellschaft sowie für die Komplementäre der Kommanditgesellschaft vorgesehen[61]. Die einschlägigen Regelungen für die offene Handelsgesellschaft lauten:

Art. 89
Das Rechtsverhältnis der Gesellschafter untereinander richtet sich zunächst nach dem Gesellschaftsvertrage.

Soweit über die in den nachfolgenden Artikeln dieses Abschnittes berührten Punkte keine Vereinbarung getroffen ist, kommen die Bestimmungen dieser Artikel zur Anwendung.

Art. 95
Ein Gesellschafter darf ohne Genehmigung der anderen Gesellschafter weder in dem Handelszweige der Gesellschaft für eigene Rechnung oder für Rechnung eines Dritten Geschäfte machen, noch an einer anderen gleichartigen Handelsgesellschaft als offener Gesellschafter Theil nehmen.

---

56. siehe Lutz, a.a.O. (Fn. 55) S. 1156

57. vgl. dazu insbesondere den Gang der Beratungen bei Lutz. a.a.O. (Fn. 55) S. 1166 und die einschlägigen Stichworte in dem von Lutz herausgegebenen Registerband

58. zum Verlauf der Diskussion siehe Lutz, a.a.O. (Fn. 55) S. 1034 ff.

59. anders noch Art. 84 des Entwurfes erster Lesung, siehe dazu Kapitel F I 1 d

60. siehe dazu und zu den im folgenden dargestellten Bestimmungen Lutz, Beilagenband I, S. 220 ff.

61. zur Erstreckung der Regelung auf die Kommanditgesellschaft auf Aktien siehe Kapitel F I 1 d a.E.

Eine Genehmigung der Theilnahme an einer anderen gleichartigen Handelsgesellschaft ist schon dann anzunehmen, wenn den übrigen Gesellschaftern bei Eingehung der Gesellschaft bekannt war, daß der Gesellschafter an jener Handelsgesellschaft als offener Gesellschafter Theil nehme, und gleichwohl das Aufgeben der Theilnahme nicht ausdrücklich bedungen worden ist.

Art. 96
Ein Gesellschafter, welcher den vorstehenden Bestimmungen zuwiderhandelt, muß sich auf Verlangen der Gesellschaft gefallen lassen, daß die für seine Rechnung gemachten Geschäfte als für Rechnung der Gesellschaft geschlossen angesehen werden; auch kann die Gesellschaft statt dessen den Ersatz des entstandenen Schadens fordern: alles dieses unbeschadet des Rechts, die Auflösung des Gesellschaftsvertrages in den geeigneten Fällen herbeizuführen.

Das Recht der Gesellschaft, in ein von dem Gesellschafter für eigene Rechnung gemachtes Geschäft einzutreten oder Schadensersatz zu fordern, erlischt nach drei Monaten, von dem Zeitpunkt an gerechnet, in welchem die Gesellschaft von dem Abschlusse des Geschäfts Kenntnis erhalten hat.

Für die Kommanditgesellschaft sahen die Art. 147 und 149 des Entwurfes zweiter Lesung folgende Regelung vor:

Art. 147
Das Rechtsverhältnis der Gesellschafter unter einander richtet sich zunächst nach dem Gesellschaftsvertrage. Soweit keine Vereinbarung getroffen ist, kommen die gesetzlichen Bestimmungen über das Rechtsverhältnis der offenen Gesellschafter unter einander auch hier zur Anwendung, jedoch mit den Abweichungen, welche die nachfolgenden Artikel (148. bis 152.) ergeben.

Art. 149
Ein Kommanditist darf ohne Genehmigung der anderen Gesellschafter in dem Handelszweig der Gesellschaft für eigene oder fremde Rechnung Geschäfte machen und an einer anderen gleichartigen Handelsgesellschaft als offener Gesellschafter Theil nehmen.

Wegen der Regelung des Art. 147 unterlag damit der Komplementär einer Kommanditgesellschaft den Beschränkungen des Art. 95, für den Kommanditisten galt diese Bestimmung nicht.

4. Die Erinnerungen der Regierungen
Nach der Veröffentlichung des Entwurfes zweiter Lesung gingen von den an der Beratung beteiligten Regierungen zahlreiche Erinnerungen ein, nur einige verzichteten

darauf[62]. Für den Regelungsbereich der Wettbewerbsverbote zwischen den Gesellschaftern einer Handelsgesellschaft wurden folgende Vorschläge eingereicht[63]:

Art. 95[64]
119. (Bremen) Abs. 1 wie folgt zu fassen:
Ein Gesellschafter darf ohne Genehmigung der anderen Gesellschafter weder für eigene Rechnung, noch für Rechnung eines Dritten Handelsgeschäfte machen, noch an einer anderen Handelsgesellschaft als offener Gesellschafter Theil nehmen.

(Baden) Derselbe Antrag

120. (K. Sachsen) Das Wort: "gleichartigen" zu streichen.

Abs. 2
121. (Bremen) Diesen Absatz zu streichen; eventuell das Wort: "gleichartigen".

122 (Baden) Das Wort: "gleichartigen" zu streichen.

(K. Sachsen) Das Wort: "gleichartigen" zu streichen.

Art. 96[65]
123. (Baden) Die hier gedrohten Rechtsfolgen hält man für praktisch unausführbar, und würde daher die Drohung einer angemessenen Geldbuße zu Gunsten des Verletzten oder die Einräumung des Auflösungsrechts nach Art. 121 vorziehen.

124. (K. Sachsen) Da der erste Satz des Art. 96 nur auf einen der in Art. 95 erwähnten Fälle, daß der Gesellschafter im Handelszweig der Gesellschaft für eigene Rechnungen Geschäfte macht, paßt, so wird beantragt: dem Eingang des Art. 96 folgende Fassung zu geben:
"Ein Gesellschafter, welcher den vorstehenden Bestimmungen zuwider für eigene Rechnung Geschäfte macht, muß sich auf Verlangen der Gesellschaft gefallen lassen, daß diese Geschäfte als für Rechnung der Gesellschaft geschlossen angesehen werden, auch kann die Gesellschaft bei Zuwiderhandlungen gegen die Bestimmung des Art. 95 Ersatz des entstandenen Schadens fordern, alles dieses...".

125. (Hannover) Die Worte: "auf Verlangen der Gesellschaft" zu ersetzen durch die Worte: "auf Verlangen derjenigen Gesellschafter, deren Genehmigung fehlt."

---

62. siehe dazu Goldschmidt, S. 141 ff. und Coing-Bergfeld, Handbuch, Band III/3 S. 2953
63. Die Bezeichnung der Art. beruht auf der Abfolge zweiter Lesung, die vor die einzelne Erinnerung gesetzte Ziffer bezeichnet deren Ordnungszahl, der in Klammern gesetzte Staatsname den Erinnerungsführer
64. Diese Erinnerungen sind gesammelt bei Lutz, Protokolle IX, S. 20 f. der "Zusammenfassung der Erinnerungen"
65. Diese Erinnerungen sind gesammelt bei Lutz, a.a.O. (Fn. 64) S. 21

Art. 149[66]

177. (K. Sachsen) beantragt, vor den Worten: "offener Gesellschafter" das Wort "auch" einzuschalten.

Ferner, wie in Art. 95 das Wort "gleichartigen" vor Handelsgesellschaft zu streichen.

Dagegen gab es im Hinblick auf das Fehlen von Regelungen über Wettbewerbsverbote zwischen den Gesellschaftern der Aktien- und stillen Gesellschaft keine Erinnerungen[67].

Aufgrund der Vielzahl der eingereichten Erinnerungen[68] sah die Konferenz den Fortgang der Beratungen als ernsthaft gefährdet an. Nach einigen Auseinandersetzungen einigte man sich darauf, diejenigen Erinnerungen gänzlich für den weiteren Gang der Beratungen außer Acht zu lassen, die sich lediglich in der Wiederholung bereits ausführlich erörterter Probleme erschöpften; einen anderen Teil, bei dem es lediglich um redaktionelle Änderungen ging, einer besonderen Fassungskommission zuzuweisen und lediglich die verbleibenden Erinnerungen in einer dritten Lesung zu erörtern[69]. Von den Vorschlägen zu Art. 95 f. und Art. 146 des Entwurfes zweiter Lesung wurde demnach nur die Erinnerung Nr. 125 nicht von der weiteren sachlichen Erörterung ausgenommen[70]. Aber auch diese Erinnerung wurde in der dritten Lesung nicht mehr beraten, da ein entsprechender Antrag nicht gestellt wurde[71].

Von seiten der Rechtswissenschaft wurde -soweit es um die Regelung über Wettbewerbsverbote zwischen den Gesellschaftern der im Entwurf zweiter Lesung geregelten Gesellschaftsformen ging- keine Stellungnahme abgegeben[72].

5. Die gesetzliche Regelung nach den Beschlüssen dritter Lesung

Da damit sämtliche die Wettbewerbsverbote betreffenden Erinnerungen gegenstandslos geworden waren, trat in bezug auf diese Vorschriften während des Verlaufes der dritten Lesung inhaltlich keine Änderung mehr ein. Allerdings waren die einschlägigen Bestimmungen in anderem Zusammenhang noch Gegenstand der Beratung, u.a. bei der Diskussion der im Fall der Liquidation einer Gesellschaft geltenden Regeln[73]. Es änderte sich lediglich die Bezeichnung der Artikel, so daß nach den Beschlüssen dritter Lesung

---

66. Diese Erinnerungen sind gesammelt bei Lutz, a.a.O. (Fn. 64) S. 31
67. vgl. Lutz, a.a.O. (Fn. 64) S. 36 ff.
68. insgesamt 490, vgl. Goldschmidt, S. 144
69. siehe zu dieser Vorgehensweise Lutz, a.a.O. (Fn. 64) S. 87 ff. und Goldschmidt, S. 144 ff.
70. vgl. Lutz, a.a.O. (Fn. 64) S. 92 ff.
71. siehe Protokolle der DL. Sitzung bei Lutz, Protokolle IX, S. 4519
72. siehe dazu die bei Goldschmidt, S. 142 dokumentierten Werke, Berichte und Aufsätze
73. vgl. dazu Lutz, Protokolle IX, S. 4543 und 4560; siehe auch Kapitel F II 1 a Fn. 95 ff.

a) für die offene Handelsgesellschaft die Art. 90 (=Art. 89 des Entwurfes zweiter Lesung), 96 und 97 (= Art. 95 und 96 des Entwurfes zweiter Lesung) das Wettbewerbsverbot zwischen den Gesellschaftern dieser Gesellschaftsform regelten, während

b) die einschlägigen Bestimmungen für die Kommanditgesellschaft in den Art. 157 (= Art. 147 des Entwurfes zweiter Lesung) und 159 (= Art. 149 des Entwurfes zweiter Lesung) zu finden waren.

Dieser Entwurf wurde sodann von den meisten deutschen Einzelstaaten als Gesetz übernommen[74]; nach Errichtung des Norddeutschen Bundes wurde das ADHGB am 1.1. 1870 Bundesgesetz[75].

6. Die Kritik des Handels- und Gewerbevereins für Rheinland und Westphalen an der eingeführten gesetzlichen Regelung

Nach Einführung des ADHGB nahm lediglich ein nicht namentlich benannter Verfasser im Auftrag des Handels- und Gewerbevereins für Rheinland und Westphalen Stellung zu dem neuen Gesetz. Diese Stellungnahme beschränkte sich, soweit es um die Regelung der Wettbewerbsverbote ging, auf Ausführungen zu Art. 90 ADHGB. Sie ist dennoch von erheblichem Interesse, weil in ihr Kritik aus der Sicht einer Interessenvereinigung von Kaufleuten und nicht etwa aus rein juristischer Sicht geäußert wurde. Im Gegensatz zu Endemann[76] begrüßte der Handels- und Gewerbeverein für Rheinland und Westphalen die ausführliche Behandlung des Innenverhältnisses der Gesellschaft durch das ADHGB. Zwar enthalte das Gesetz einige überflüssige Wiederholungen, wegen der unterschiedlichen in Deutschland geltenden Zivilgesetze sei aber nur so die notwendige Einheit der für die Handelsgesellschaft geltenden Rechtsnormen zu erzielen gewesen[77]. Der Verein befürwortete ausdrücklich die Regelung des Art. 96 ADHGB. Es sei mit dem besonderen Vertrauen der Gesellschafter untereinander unvereinbar, daß ein Gesellschafter in demselben Handelszweig, welchen die Gesellschaft betreibe, für eigene Rechnung Geschäfte mache. Selbst wenn er von der Geschäftsführung ausgeschlossen sei und ihm nach den Bestimmungen des Allgemeinen Landrechts für die Preußischen Staaten der freie Handelsbetrieb gestattet wäre, würde seine Kenntnis der Bücher und Verbindungen der Gesellschaft ihn immerhin zu einem gefährlichen Konkurrenten derselben machen. Deshalb sei das Verbot des Art. 96 ADHGB umfassend und unterscheide nicht danach, ob der Gesellschafter an der Geschäftsführung Teil habe, bloß Kapital einlege oder lediglich seine Industrie beisteuere[78].

---

74. vgl. dazu die Aufzählung der Staaten bei Goldschmidt, S. 180 f.
75. siehe dazu und zur weiteren Entwicklung Coing-Bergfeld, Handbuch, Band III/3 S. 2954
76. siehe Kapitel F I 2
77. Bureau, S. 43 f.
78. Bureau, S. 44 f.

II. Die Auslegung der Verbote in Literatur und Rechtsprechung

1. Offene Handelsgesellschaft

a. Art. 96 Abs. 1 ADHGB[79]

Übereinstimmend lehnte die Literatur es ab, als Gesetzeszweck des Art. 96 ADHGB die Sicherung der Arbeitskraft des Gesellschafters für die Gesellschaft oder gar den Schutz der anderen Gesellschafter vor dem Vermögensverfall des Sonderhandel treibenden Gesellschafters anzusehen[80]. Art. 96 ADHGB beruhe vielmehr auf der Überlegung, daß der Gesellschafter ansonsten seine Kenntnis von den Geschäften der Gesellschaft zum eigenen Vorteil ausnützen könne[81]. Zugunsten Dritter greife Art. 96 ADHGB daher nicht in dem Sinne ein, daß eine Vermutung dafür bestehe, daß der Gesellschafter im Namen der Gesellschaft und nicht etwa in eigenem Namen gehandelt habe[82]. Trotz dieser übereinstimmenden Auffassung über den Zweck des Art. 96 ADHGB war man allgemein der Auffassung, daß dieser Art. auch für den aus der Geschäftsführung ausgeschlossenen Gesellschafter gelte[83]. Auch auf diesen treffe der Sinn des Gesetzes zu. Selbst wenn er an der Geschäftsführung nicht beteiligt sei, so leiste er der Gesellschaft doch häufig andere Dienste, wie z.B. die Führung der Bücher. Zumindest aber habe dieser Gesellschafter ein Kontrollrecht, mittels dessen er Kenntnisse über Handelsverbindungen, Bezugsquellen, Fabrikationsgeheimnisse, Offerten usw. erlangen und für seine Sondergeschäfte ausnutzen könne[84]. Als entscheidendes Kriterium für das Eingreifen des gesetzlichen Verbotes des Art. 96 Abs. 1 ADHGB wurde daher nicht die Art der Tätigkeit und die Befugnisse des Gesellschafters in der durch Art. 96 Abs. 1 ADHGB geschützten, sondern, soweit es um die Beteiligung an einer anderen Gesellschaft ging, die Funktion des Gesellschafters in der Konkurrenzgesellschaft angesehen. Ein für das Eingreifen des Art. 96 Abs. 1 ADHGB erforderlicher Mißbrauch der Kenntnisse über die Gesellschaft sei immer dann zu befürchten. wenn der offene Gesellschafter auf die Führung des Konkurrenzgeschäftes persönlich Einfluß ausübe. Daher komme es für das Eingreifen des Art. 96 Abs. 1 ADHGB nicht darauf an, ob der Gesellschafter auch in der Konkurrenzgesellschaft formal Träger des Geschäftes sei; auch eine Tätigkeit als Prokurist oder Vorstand einer Aktiengesellschaft etc. genüge, um beim Vorliegen

---

79. zum Wortlaut der Vorschrift siehe Kapitel F I 3 d, Art. 95
80. so ausdrücklich Hahn, Art. 96 § 1; vgl. dazu auch die Protokolle der CXVII. Sitzung in Kapitel F I 3 a
81. Endemann, Handbuch, S. 327 f.; Hahn, Art. 96 § 1
82. vgl. ROHG 18, 226 ff. (226 f.); anders offenbar Endemann, S. 79 (siehe dazu Kapitel F I 2), der allerdings nicht deutlich macht, ob nach seiner Auffassung eine entsprechende Vermutung auch für Dritte oder nur für die Gesellschafter der Handelsgesellschaft gelten sollte
83. Hahn, Art. 96 § 2; Endemann, Handbuch, S. 372 f.; Puchelt, Handelsgesetzbuch, Art. 96 Anm. 3; siehe auch Bureau, S. 44 f. (Kapitel F I 6)
84. Endemann, Handbuch, S. 372; siehe auch Bureau, S. 44 f. (Kapitel F I 6)

der sonstigen Voraussetzungen das gesetzliche Verbot des Art. 96 Abs. 1 ADHGB eingreifen zu lassen[85].

Eine Genehmigung der erlaubnispflichtigen Konkurrenztätigkeit konnte nach Auffassung der Kommentatoren des ADHGB nur durch alle Gesellschafter gemeinsam erfolgen. Ihre Erteilung gehöre nicht zur Geschäftsführung, so daß auch die davon ausgeschlossenen Gesellschafter dieser Tätigkeit zustimmen müßten[86]. Wann und wie die Genehmigung[87] erfolge, sei gleichgültig[88].

Umstritten war die Frage, wie der in Art. 96 Abs. 1 ADHGB verwandte Begriff "Handelszweig der Gesellschaft" zu definieren sei. Hahn und Endemann wollten bei der Beantwortung der Frage, ob ein Geschäft in dem Handelszweig der Gesellschaft vorliege, nur den Gesellschaftsvertrag berücksichtigen. Dabei dürfe aber nicht nur auf dessen ursprünglichen Wortlaut abgestellt werden. Zu berücksichtigen seien vielmehr auch nachträgliche -ausdrückliche oder stillschweigende- Abänderungen, nicht jedoch der momentane, zufällige Umfang des Geschäftsbetriebes[89]. Dagegen sollte nach Anschütz bei der Prüfung, ob ein Geschäft in den Handelszweig der Gesellschaft falle, der tatsächliche Geschäftsbetrieb der Gesellschaft entscheidend sein, wenn es

1) an einer vertragsgemäßen Bestimmung über den Handelszweig der Gesellschaft fehle oder

2) wenn eine tatsächliche Abänderung stattgefunden habe[90].

Zu Ziff. 1 berief sich Anschütz darauf, daß nach den Motiven zum Preußischen Entwurf Art. 101[91] das Fehlen einer vertragsgemäßen Bestimmung des Handelszweiges nicht dahin auszulegen sei, daß der Geschäftsbetrieb der Gesellschaft alle denkbaren Handelsgeschäfte erfasse und der Gesellschafter damit überhaupt kein Handelsgeschäft mehr neben der Gesellschaft betreiben könne.

Die Rechtssprechung zum ADHGB hat zu diesem soeben angesprochenen Streitpunkt -soweit ersichtlich- keine Stellung genommen. Zu Recht verweist Endemann[92] allerdings darauf, daß sich die von Anschütz gebildeten Fälle auch als solche der

85. Endemann, Handbuch, S. 374

86. Puchelt, Handelsgesetzbuch, Art. 96 Anm. 3; Endemann, Handbuch, S. 375; vgl. dazu auch die Protokolle der XXIV. Sitzung bei Lutz, Protokolle, S. 186 ff. (Kapitel F I 1 a)

87. die damit nicht ausschließlich im Sinne der nachträglichen Zustimmung zu verstehen ist

88. so ausdrücklich Endemann, Handbuch, S. 375

89. Endemann, Handbuch, S. 373; so auch Hahn, Art. 96 § 4 entgegen Endemann, Handbuch, S. 373 Fn. 4

90. Anschütz, S. 153

91. siehe dazu Kapitel D V 3 und die dort angestellten Erwägungen zu Art. 313 ff. des spanischen HGB

92. Endemann, Handbuch, S. 373 Fn. 10

stillschweigenden Vertragsergänzung verstehen lassen, so daß letzlich wohl nur ein Streit um Begrifflichkeiten, nicht um Sachfragen, vorlag.

Die nach Art. 96 Abs. 1 ADHGB verbotene Tätigkeit für Rechnung eines Dritten sollte nach Hahn sowohl den Vertragsschluß in eigenem Namen für fremde Rechnung, also die Tätigkeit als Kommissionär, als auch die Tätigkeit für einen Dritten in dessen Namen, also das Handeln als Vertreter, erfassen. Dazu zählte Hahn u.a. auch die Tätigkeit als Vorstand einer Aktiengesellschaft[93].

Untersagt sein sollte dem Gesellschafter durch Art. 96 Abs. 1 ADHGB nicht nur der gewerbsmäßige Geschäftsbetrieb, sondern auch der vereinzelte Abschluß von Geschäften im Geschäftsbereich der Gesellschaft[94].

Das durch Art. 96 Abs. 1 ADHGB ausgesprochene Konkurrenzverbot endete mit dem Beginn der Auflösung der Gesellschaft, so daß der Gesellschafter einer in Liquidation befindlichen Gesellschaft sofort ein neues, gleichartiges Handelsgewerbe beginnen konnte[95]. So wies das ROHG die Klage eines Liquidators, gerichtet darauf, die von dem beklagten Gesellschafter während der Liquidation der Gesellschaft geschlossenen Geschäfte als für Rechnung der Gesellschaft geschlossen gelten zu lassen, ab[96]. Zur Begründung führte das Gericht unter ausdrücklicher Berufung auf die Protokolle S. 4543 und S. 4640[97] aus, daß der Zweck des in Art. 96 Abs. 1 ADHGB enthaltenen Verbotes hauptsächlich darin bestehe, die Beeinträchtigung des Geschäftsbetriebes der Gesellschaft durch einen Gesellschafter zu verhindern. Eine solche Beeinträchtigung könne aber während der Abwicklung der Gesellschaft nicht mehr auftreten.

Das Verbot des Art. 96 ADHGB endete ebenfalls mit dem Ausscheiden des Gesellschafters aus der Gesellschaft, konnte jedoch vertraglich verlängert werden[98]. Dabei waren jedoch die aus den jeweils geltenden allgemeinen Gesetzen folgenden Schranken zu beachten. So hatte das ROHG über die Gültigkeit der Bestimmung eines Gesellschaftsvertrages zu urteilen, der dem austretenden oder ausgeschlossenen Gesellschafter innerhalb von 20 Jahren vom Tag des Austrittes oder Ausschlusses an den Handel mit Waren, mit welchen auch die Gesellschaft handelte, in den Gegenden, wo die Gesellschaft ihren Handel trieb, untersagte. Das ROHG sah in dieser Bestimmung keinen Verstoß gegen das im französischen Recht geltende Prin-

93. Hahn, Art. 96 § 5
94. Hahn, Art. 96 § 6; vgl. dazu auch die Protokolle der CXVII. Sitzung bei Lutz, Protokolle III, S. 986 f. (Kapitel F I 3 a)
95. Endemann, Handbuch, S. 376; Keyßner in ZHR 10, S. 327 ff (369); ROHG 21, 140 ff. (144 f.)
96. ROHG 21, 140 ff.
97. siehe dazu Kapitel F I 5
98. Puchelt, Handelsgesetzbuch, Art. 96 Anm. 5; RGZ 2, 118 ff.; ROHG 15, 163 ff.

zip der Gewerbefreiheit[99] oder gegen die öffentliche Ordnung (Art. 1133 Code Civil), weil das vertragliche Verbot sachlich, zeitlich und örtlich beschränkt sei[100]. Noch weiter ging das Reichsgericht bei der Beurteilung der Wirksamkeit einer nachvertraglichen Wettbewerbsklausel an den Maßstäben der Reichsgewerbeordnung §§ 1.10 und des LRS Th.I. Tit.4 § 6 (Verstoß gegen die guten Sitten). Soweit ein nachvertragliches Wettbewerbsverbot lediglich die Produktion einer bestimmten Ware verbiete, um den Mißbrauch eines Fabrikationsgeheimnisses zu verhindern, sei -so das Reichsgericht- eine zeitliche oder örtliche Befristung nicht erforderlich, um einen Verstoß gegen die gesetzlichen Bestimmungen verneinen zu können[101].

Demnach wurde ein nachvertragliches Wettbewerbsverbot allgemein als zulässig angesehen. Über den erlaubten Umfang lassen sich jedoch für den Geltungsbereich des ADHGB keine allgemeingültigen Aussagen treffen. Die Zulässigkeit einer solchen Klausel beurteilte sich nämlich nicht, und dies zeigen die Entscheidungen des Reichsgerichts und des Reichsoberhandelsgerichts in aller Deutlichkeit, nach allgemeinen, dem ADHGB zu entnehmenden Grundsätzen. Prüfungsmaßstab war vielmehr das einschlägige allgemeine Zivilrecht, so daß eine nachvertragliche Wettbewerbsverbotsklausel in einem deutschen Staat gültig, in einem anderen dagegen ungültig sein konnte.

b. Art. 96 Abs. 2 ADHGB[102]

Nach Art. 96 Abs. 2 ADHGB war die Genehmigung zur Teilnahme an einer anderen, gleichartigen Handelsgesellschaft dem Wortlaut nach nur dann anzunehmen, wenn die Beteiligung an der Gesellschaft den anderen Gesellschaftern bei Eingehung der Gesellschaft bekannt war. Dennoch sah Hahn das Stillschweigen der übrigen Gesellschafter nicht nur im Falle positiver Kenntnis von der Teilnahme des Gesellschafters an einer anderen Gesellschaft als Genehmigung an, sondern auch in dem Fall, in dem den Gesellschaftern die Teilnahme an der Gesellschaft bekannt sein mußte[103]. Demgegenüber waren Puchelt und Endemann der Auffassung, daß das bloße "Kennenmüssen" entgegen dem Preußischen Entwurf von 1857[104] zur Annahme einer stillschweigenden Genehmigung nicht ausreiche, da nach Art. 96 Abs. 2 ADHGB tatsächliche Kenntnis erforderlich sei[105].

99. dazu ausführlich Kapitel C III 3 e
100. ROHG 15, 163 ff.
101. RGZ 2, 119 ff.
102. zum Wortlaut der Vorschrift siehe Kapitel F I 3 d, Art. 95
103. Hahn, Art. 96 § 7
104. vgl. dazu Kapitel D V 3
105. Puchelt, Handelsgesetzbuch, Art. 96 Anm. 4; Endemann, Handbuch, S. 375 f.

c. Art. 97 ADHGB[106]

Es bestand Einigkeit darüber, daß es sich bei den der Gesellschaft im Falle eines Verstoßes eines Gesellschafters gegen Art. 96 ADHGB durch Art. 97 ADHGB eingeräumten Rechten um alternative Befugnisse der Gesellschaft handelte[107]. Soweit die Gesellschafter nach dieser Vorschrift das Recht hatten, die von einem Gesellschafter verbotswidrig abgeschlossenen Geschäfte an sich zu ziehen, so mußte dies in Form der Abtretung des durch das Konkurrenzgeschäft Erworbenen abzüglich der auch bei einem erlaubten Geschäft des Gesellschafters diesem zu erstattenden Kosten geschehen[108]. Bei noch nicht abgewickelten Geschäften hatte der verbotswidrig handelnde Gesellschafter dieses zu Ende zu führen[109].

Übereinstimmend waren die Kommentatoren des ADHGB der Auffassung, daß sowohl der der Gesellschaft überwiesene entgangene Gewinn als auch der Schadensersatzanspruch der Gesellschaftskasse zugute kommen sollte, so daß im Ergebnis auch der verbotswidrig handelnde Gesellschafter daran (anteilig) partizipierte[110].

Weil Art. 97 ADHGB die aus der verbotenen Teilnahme an einer anderen Handelsgesellschaft sich für den verbotswidrig handelnden Gesellschafter ergebenden Rechtsfolgen nicht regelte, konnte die Gesellschaft grundsätzlich von diesem nur Schadensersatz bzw. Auflösung der Gesellschaft verlangen; die Gesellschaft war dagegen nicht befugt, den durch die verbotswidrige Beteiligung erzielten Gewinn des Gesellschafters herauszuverlangen[111].

Umstritten war, ob neben den in Art. 97 ADHGB ausdrücklich geregelten Möglichkeiten der Gesellschaft dieser auch die Befugnis zustand, den zuwiderhandelnden Gesellschafter -gegebenenfalls auch vorbeugend- auf Unterlassung der durch Art. 96 ADHGB untersagten Tätigkeiten in Anspruch zu nehmen. Diese Frage bejahten Pu-

---

106. zum Wortlaut der Vorschrift siehe Kapitel F I 3 d, Art. 96

107. Puchelt, Handelsgesetzbuch, Art. 97 Anm. 1; Makower, Art. 97 Fn. 21 a; Endemann, Handbuch, S. 377; siehe dazu auch Protokolle der XXIV. Sitzung bei Lutz, Protokolle, S. 188 (Kapitel F I 1 a)

108. Endemann, Handbuch, S. 377; Puchelt, Handelsgesetzbuch, Art. 97 Anm. 1, Art. 56 Anm. 3; dagegen läßt Makower, Art. 97 Fn. 21, offen, ob der Gesellschaft ein Direktanspruch zusteht oder aber eine Abtretung erforderlich ist; auf der XXIV. Sitzung der Kommission wurde die Frage ebenfalls ausdrücklich offengelassen, vgl. Lutz, Protokolle, S. 190 (Kapitel F I 1 a)

109. Endemann, Handbuch, S. 377; Puchelt, Handelsgesetzbuch, Art. 97 Anm. 1, Art. 56 Anm. 3

110. Puchelt, Handelsgesetzbuch, Art. 97 Anm. 3; siehe dazu auch die Protokolle der XXIV. Sitzung bei Lutz, Protokolle, S. 186 (Kapitel F I 1 a), Ablehnung eines entgegengesetzten Antrags

111. Puchelt, Handelsgesetzbuch, Art. 97 Anm. 1

chelt und Hahn[112]. Dagegen lehnte Makower eine solche Klagemöglichkeit jedenfalls für den Fall einer noch bevorstehenden Zuwiderhandlung mit der Begründung ab, daß in diesem Falle eine Rechtsverletzung noch nicht vorhanden sei, sondern erst drohe[113].

Bestand damit über Umfang und Inhalt des aus Art. 97 ADHGB folgenden Anspruchs zwischen den Kommentatoren weitgehend Einigkeit, so war doch umstritten, wer der Inhaber des so definierten Anspruchs war. Überwiegend wurden die Ansprüche aus Art. 97 ADHGB -soweit es um den Anspruch auf Schadensersatz und den Anspruch auf das Ansichziehen des Geschäftes ging- zum Gesellschaftsvermögen gerechnet und daher nur die Gesellschaft, dagegen nicht der einzelne Gesellschafter, als Inhaber der sich aus Art. 97 ADHGB ergebenden Rechte angesehen. Diese Rechte müsse daher der Geschäftsführer der Gesellschaft geltend machen; von der erforderlichen Beschlußfassung über die Geltendmachung dieser Rechte sei der zuwiderhandelnde Gesellschafter ausgeschlossen. Für den Fall, daß der allein geschäftsführende Gesellschafter den Verstoß gegen Art. 96 ADHGB beging, sollten allerdings auch die nicht geschäftsführenden Gesellschafter zur Geltendmachung der sich aus Art. 97 ADHGB ergebenden Ansprüche befugt sein[114]. Dagegen vertrat Anschütz die Auffassung, daß jeder Gesellschafter befugt sei, den auf ihn entfallenden Teil des Anspruchs der Gesellschaft geltend zu machen[115].

Das Recht, die Auflösung der Gesellschaft zu verlangen, stand dagegen unstreitig jedem einzelnen Gesellschafter zu[116].

Während nach überwiegender Auffassung für den Beginn der Frist des Art. 97 Abs. 2 ADHGB -die allgemein nicht als Verjährungsfrist angesehen wurde- auf die Kenntnis eines geschäftsführenden Gesellschafters abgestellt wurde[117], war nach Endemann für den Beginn des Fristenlaufes die Kenntnis aller geschäftsführenden Gesellschafter erforderlich[118].

112. Hahn, Art. 97 § 2 sowie Puchelt, Handelsgesetzbuch, Art. 97 Anm. 4 unter Hinweis auf § 231 CPO
113. Makower, Art. 97 Fn. 21 d
114. so Puchelt, Handelsgesetzbuch, Art. 97 Anm. 2 und Hahn, Art. 97 § 1 mit Nachweis seiner früheren, abweichenden Auffassung in Fn. 1
115. Anschütz, S. 163
116. Hahn, Art. 97 § 2 und Puchelt, Handelsgesetzbuch, Art. 97 Anm. 5; beide Autoren stimmen darin überein, daß die Auflösung nur nach Maßgabe des Art. 125 ADHGB erfolgen könne, so daß der Verstoß eines Gesellschafters gegen Art. 96 ADHGB nicht automatisch zur Auflösung berechtige. Vielmehr müsse im Einzelfall beurteilt werden, ob der Verstoß gegen das Wettbewerbsverbot einen wichtigen Grund i.S.d. Art. 125 ADHGB darstelle.
117. so Puchelt, Handelsgesetzbuch, Art. 97 Anm. 6 und Art. 158 Anm. 4; Hahn, Art. 97 § 4; Makower, Art. 97 Fn. 22
118. Endemann, Handbuch, S. 378

2. Kommanditgesellschaft, Art. 159 ADHGB[119]

Für den oder die Komplementäre der Kommanditgesellschaft galten die Art. 96, 97 ADHGB ohne Einschränkung[120]. Auch die Zustimmung der Kommanditisten und nicht nur der Komplementäre war zur Befreiung eins Komplementärs von dem Verbot des Art. 96 ADHGB erforderlich[121].

Die Kommanditisten waren -selbst für den Fall, daß sie einem einzigen geschäftsführenden Gesellschafter gegenüberstanden- nicht befugt, die Rechte aus Art. 97 ADHGB gegenüber dem dem Verbot des Art. 96 ADHGB zuwiderhandelnden Komplementär geltend zu machen. Puchelt vertrat für diesen Fall die Auffassung, daß die Kommanditisten nur die Auflösung der Gesellschaft verlangen könnten[122] und daß sodann der Liquidator den Anspruch aus Art. 97 ADHGB geltend zu machen habe. Puchelt ließ aber offen, was gelten sollte, wenn der Wettbewerbsverstoß des geschäftsführenden Gesellschafters keinen hinreichenden Grund zur Auflösung der Gesellschaft darstellte[123].

Trotz der Regelung des Art. 159 ADHGB konnte sich der Kommanditist vertraglich einem weitergehenden Wettbewerbsverbot unterwerfen[124]. Dieses Verbot durfte jedoch seine persönliche Freiheit nicht aufheben und konnte unter Umständen eine unzulässige Einschränkung seiner Gewerbefreiheit darstellen[125].

Umstritten war, ob ein geschäftsführender Kommanditist nur mittels eines Vertrages an der Ausübung der sich für ihn aus Art. 159 ADHGB ergebenden Befugnis zum Betreiben eines Sonderhandels gehindert werden konnte[126] oder ob aus seiner Stellung als geschäftsführender Kommanditist folgte, daß für ihn trotz des Wortlautes des Art. 159 ADHGB wegen der mit einem Komplementär vergleichbaren Interessenlage die Vorschriften der Art. 96, 97 ADHGB Anwendung fanden[127]. Auch zu diesem Problem ist eine Stellungnahme der zeitgenössischen Rechtsprechung nicht ersichtlich.

---

119. zum Wortlaut der Vorschrift siehe Kapitel F I 3 d, Art. 149
120. Puchelt, Handelsgesetzbuch, Art. 159 Anm. 3
121. Puchelt, Handelsgesetzbuch, Art. 158 Anm. 4
122. Puchelt, Handelsgesetzbuch, Art. 159 Anm. 3 und Art. 158 Anm. 4
123. siehe dazu Fn. 116
124. Puchelt, Handelsgesetzbuch, Art. 159 Anm. 2; Hahn, Art. 159
125. Puchelt, Handelsgesetzbuch, Art. 159 Anm. 2; zum Problem siehe auch ROHG 15, S. 163 ff. sowie RGZ 2, 119 ff.
126. so wohl Hahn, Art. 159
127. so Puchelt, Handelsgesetzbuch, Art. 159 Anm. 1 und Endemann, Handbuch, S. 451

G. Überblick über die jüngere Entwicklung und die Ausgestaltung der heutigen Rechtslage

I. Wettbewerbsverbote in der OHG und in der KG

1. Die Entstehung der heutigen Regelung

Bis zum Frühjahr 1895 arbeitete der vortragende Rat im Reichsjustizamt, Eduard Hoffmann, unter Verwendung der Gutachten der Reichsgerichtsräte Bolze und Behrend den "Entwurf eines Handelsgesetzbuchs für das Deutsche Reich" mit insgesamt 414 Bestimmungen aus, den das Reichsjustizamt am 15.7.1895 an die Bundesregierungen übersandte[1].

Dieser Entwurf bestimmt für die Gesellschafter der offenen Handelsgesellschaften in § 87[2]:

(1) Ein Gesellschafter darf ohne Einwilligung der anderen Gesellschafter weder in dem Handelszweige der Gesellschaft Geschäfte machen noch an einer anderen gleichartigen Handelsgesellschaft als persönlich haftender Gesellschafter theilnehmen.

(2) Verletzt ein Gesellschafter diese Verpflichtung, so kann die Gesellschaft nach ihrer Wahl Schadensersatz fordern oder von dem Gesellschafter verlangen, daß er die für eigene Rechnung gemachten Geschäfte als für Rechnung der Gesellschaft eingegangen gelten lasse und die aus Geschäften für fremde Rechnung bezogene Vergütung herausgebe oder seinen Anspruch auf die Vergütung abtrete.

(3) Über die Geltendmachung dieser Ansprüche beschließen die übrigen Gesellschafter.

(4) Die Ansprüche verjähren in sechs Monaten von dem Zeitpunkt an, in welchem die übrigen Gesellschafter von dem Abschlusse des Geschäfts oder von der Theilnahme des Gesellschafters an der anderen Gesellschaft Kenntniß erhalten haben.

Gegenüber der Vorschrift des Art. 96 ADHGB enthält dieser Entwurf einige Änderungen.

Zunächst fällt auf, daß in § 87 des Entwurfes eine dem Art. 96 Abs. 2 ADHGB entsprechende Vorschrift fehlt, wonach eine Genehmigung - der Entwurf spricht in Übereinstimmung mit der Terminologie des zuvor entstandenen Obligationenrechts des BGB nunmehr von Einwilligung - schon dann anzunehmen sei, wenn den Gesell-

1. Schubert, Quellen zum Handelsgesetzbuch, Band I, S. 11 ff.; erwähnt, aber nicht behandelt wird dieser Entwurf auch von Swoboda, S. 36
2. abgedruckt bei Schubert, Quellen zum Handelsgesetzbuch, Band I, S. 242 f.

schaftern bei Eingehung der Gesellschaft bekannt ist, daß der Gesellschafter an einer anderen gleichartigen Handelsgesellschaft als offener Gesellschafter teilnimmt[3]. Damit unternahm diesmal das Reichsjustizamt den Versuch, diese auf das ALR für die Preußischen Staaten zurückgehende Bestimmung, deren Berechtigung seit jeher umstritten war[4], abzuschaffen. Umso erstaunlicher ist es, daß auf die sachliche Berechtigung der in den Entwurf nicht aufgenommenen Vorschrift des Art. 96 Abs. 2 ADHGB in der "Begründung zu dem Entwurf eines Handelsgesetzbuchs für das Deutsche Reich von 1895" mit keinem Wort eingegangen und ihr Wegfall auch nicht gerechtfertigt wird[5]. Dieses Vorgehen des Reichsjustizamtes blieb nicht ohne Widerspruch. Gegen die geplante Abschaffung der Regelung des Art. 96 Abs. 2 ADHGB erhob sich schon auf den Sitzungen der sogenannten "Kommission Handel", einer aus Juristen und Kaufleuten bestehenden Kommission, welcher der Entwurf im November 1895 in Berlin zur Beratung vorgelegt wurde[6], Widerspruch. Hier wurde von mehreren Mitgliedern dieses Gremiums gewünscht, daß die von Art. 96 Abs. 2 ADHGB aufgestellte Vermutung wieder aufgenommen werde. Andere Kommissionsmitglieder sahen die Aufnahme einer entsprechenden Vermutung dagegen deshalb als unnötig an, weil man auch ohne eine entsprechende ausdrückliche Regelung regelmäßig zu einem dem Wortlaut des Art. 96 Abs. 2 ADHGB entsprechenden Ergebnis gelangen müsse. Dagegen blieben diesmal Stimmen aus, die die nach der Konzeption des Entwurfes entfallende Vermutung des Art. 96 Abs. 2 ADHGB aus sachlichen Gründen ablehnten[7].

Eine weitere wichtige Abweichung des Entwurfs eines Handelsgesetzbuchs für das Deutsche Reich gegenüber dem ADHGB ist, daß § 87 des Entwurfes ausdrücklich vorsieht, daß die übrigen Gesellschafter über die Geltendmachung der in § 87 Abs. 2 des Entwurfes geregelten Ansprüche entscheiden und diese Ansprüche zudem noch einer sechsmonatigen Verjährungsfrist anstatt der in Art. 97 ADHGB vor-

---

3. vgl. zu dieser Vorschrift Art. 95 Abs. 2 des Entwurfes zweiter Lesung in Kapitel F I 3 d, dessen Wortlaut mit Art. 96 Abs. 2 ADHGB identisch ist
4. vgl. dazu die Kritik in den Motiven des Frankfurter Entwurfes (Kapitel E III) und die Erwiderung in den Motiven zum Preußischen Entwurf von 1857 (Kapitel E V 3) sowie die Auseinandersetzungen im Rahmen der Beratungen zum ADHGB, die schließlich zur Einschränkung der Vermutungswirkung auf den Tatbestand der Teilnahme an einer anderen Handelsgesellschaft führten (Kapitel F I 1 a.E.; F II 3 a)
5. die Denkschrift ist abgedruckt bei Schubert, Quellen zum Handelsgesetzbuch, Band II/1, S. 72 f.; inhaltlich stimmt diese Denkschrift - soweit es um die Wettbewerbsverbote geht - schon weitgehend mit der Denkschrift zur Reichstagsvorlage überein (vgl. die bei Schubert, Quellen zum Handelsgesetzbuch, Band II/2, S. 1018 f. abgedruckte Denkschrift zur Reichstagsvorlage)
6. zur Kommission Swoboda, S. 36; Schubert, Quellen zum Handelsgesetzbuch, Band I, S. 14 ff.
7. die Beratungen der Kommission zu diesem Punkt sind dokumentiert bei Schubert, Quellen zum Handelsgesetzbuch, Band II/1, S. 316; zur Kritik an der sachlichen Berechtigung des Art. 96 Abs. 2 und der entsprechenden Vorschriften siehe Kapitel E III; E V 3; F I 1 a.E.; F II 3 a

gesehenen dreimonatigen Ausschlußfrist unterliegen sollten. Zwischen diesen beiden Änderungen bestand nach Auffassung des Reichsjustizamtes ein sachlicher Zusammenhang[8]. Wer über die Geltendmachung der Ansprüche zu befinden habe, sei, so führt das Reichsjustizamt aus, umstritten[9]. Da es nicht angemessen erscheine, die Geltendmachung in das Belieben jedes einzelnen Gesellschafters zu stellen, und da andererseits eine Handlung der Geschäftsführung nicht in Frage stehe, fordere der Entwurf einen Beschluß der übrigen Gesellschafter. Hiermit hänge es zusammen, daß die im Entwurf statt der dreimonatigen Ausschlußfrist des Art. 97 Abs. 2 ADHGB vorgesehene sechsmonatige Verjährung der Ansprüche erst mit dem Zeitpunkt beginne, in welchem die übrigen Gesellschafter von der verbotenen Handlung erfahren, da die Vorschrift des ADHGB, welche von einer "Kenntnis der Gesellschaft" spreche, zu Meinungsverschiedenheiten Anlaß gegeben habe[10]. Eine Begründung, warum statt der Ausschlußfrist des Art. 97 ADHGB nunmehr in § 87 Abs. 4 des Entwurfes eine, zudem um drei Monate verlängerte, Verjährungsfrist eingeführen werden sollte, gab das Reichsjustizamt nicht.

Auf den Sitzungen der "Kommission Handel" wurden zu dem Entwurf noch weitere Änderungsanträge gestellt[11]. Ein juristisches Mitglied der Kommission wollte in § 87 Abs. 2 des Entwurfes hinzufügen:

Wenn das von dem Gesellschafter für eigene Rechnung gemachte Geschäft von ihm noch nicht vollständig erfüllt ist, so müssen auf seine Aufforderung die übrigen Gesellschafter unverzüglich erklären, ob sie das Geschäft für Rechnung der Gesellschaft eingegangen gelten lassen wollen; andernfalls können sie diese Befugnis nicht mehr geltend machen.

Während dieser Antrag keine Zustimmung fand, wurde ein weiterer Antrag, wonach in Absatz 3 des § 87 des Entwurfes zu bestimmen sei, daß die Ansprüche aus der Übertretung des Konkurrenzverbotes von jedem einzelnen geschäftsführenden Gesellschafter geltend gemacht werden können und für den Fall, daß außer demjenigen, gegen welchen die Ansprüche sich richten, weitere geschäftsführende Gesellschafter nicht vorhanden seien, die übrigen Gesellschafter durch Mehrheitsbeschluß über die Geltendmachung zu entscheiden hätten, befürwortet.

Für den Kommanditisten einer Kommanditgesellschaft sah § 134 des Entwurfes vor[12]:

---

8. siehe dazu die bei Schubert, Quellen zum Handelsgesetzbuch, Band II/1, S. 72 f. abgedruckte Denkschrift
9. bei den Beratungen zum ADHGB wurde dieses Problem zwar ebenfalls gesehen, jedoch offengelassen, um der freien wissenschaftlichen Erörterung Raum zu bieten, siehe dazu Kapitel F I 1 a
10. siehe zu diesen Meinungsverschiedenheiten Kapitel F II 1 c a.E.
11. zu den Anträgen vgl. Schubert, Quellen zum Handelsgesetzbuch, Band II/1, S. 316 f.
12. abgedruckt bei Schubert, Quellen zum Handelsgesetzbuch, Band I, S. 255

Die Vorschrift des § 87 findet auf die Kommanditisten keine Anwendung.

Diese sachlich mit Art. 159 ADHGB übereinstimmende Vorschrift[13] war, obwohl historisch nicht unbestritten[14], mittlerweile zu einer solchen Selbstverständlichkeit geworden, daß das Reichsjustizamt in seiner Denkschrift zur Rechtfertigung des § 134 bloß auf die sachliche Übereinstimmung des § 134 des Entwurfs mit den Vorschriften des ADHGB verwies[15]. Weitere Ausführungen wurden zu dieser Vorschrift, ebenso wie später zu den entsprechenden Bestimmungen in den folgenden Entwürfen, nicht gemacht[16].

Im Juni 1896 übersandte das Reichsjustizamt den Bundesregierungen eine überarbeitete Fassung des ersten Entwurfs[17]. Diese regelt das Wettbewerbsverbot für die Gesellschafter einer OHG in zwei Paragraphen, nämlich in § 101 und § 102, die in der sachlichen Aufteilung der zu regelnden Materie mit den Art. 96 f. ADHGB übereinstimmen[18]. Paragraph 101 Abs. 2 des zweiten Entwurfes lautet:

Die Einwilligung zur Theilnahme an einer anderen Gesellschaft gilt als ertheilt, wenn den übrigen Gesellschaftern bei Eingehung der Gesellschaft bekannt ist, daß der Gesellschafter an einer anderen Gesellschaft als persönlich haftender Gesellschafter Theil nimmt, und gleichwohl die Aufgabe dieser Betheiligung nicht ausdrücklich bedungen wird.

Die Anregung mehrerer Mitglieder der "Kommission Handel" hatte somit Erfolg gehabt. Die im Verlauf der Geschichte der Wettbewerbsverbote umstrittene Vermutung einer Genehmigung, wie sie z.B. Art. 96 Abs. 2 ADHGB enthielt, war wieder in den Entwurf eines Handelsgesetzbuchs aufgenommen worden. Dagegen blieb der Antrag der Kommission, die Geltendmachung der sich aus einer Verletzung des Wettbewerbsverbotes ergebenden Rechtsfolgen näher zu regeln, ohne Berücksichtigung.

---

13. vgl. zum Wortlaut des Art. 159 ADHGB den damit identischen Art. 147 des Entwurfes zweiter Lesung in Kapitel F I 3 d
14. siehe zu den gegenteiligen Auffassungen und abweichenden Konstruktionen Kapitel E I 2 a und 2 b a.E; Kapitel E II und III sowie Kapitel E V 2
15. vgl. die bei Schubert, Quellen zum Handelsgesetzbuch, Band II/1, S. 100 abgedruckte Denkschrift
16. vgl. dazu die sachlich mit § 139 des Entwurfes übereinstimmenden Vorschriften (allesamt abgedruckt bei Schubert, Quellen zum Handelsgesetzbuch, Band I) der §§ 151 (zweiter Entwurf, S. 385), 159 (Bundesratsvorlage, S. 505) und 163 (Reichstagsvorlage, S. 626); auf die weitere Behandlung dieses Teilgebietes des Gesetzgebungsverfahrens wird daher im folgenden verzichtet
17. Swoboda, S. 36; Schubert, Quellen zum Handelsgesetzbuch, Band I, S. 17
18. der Wortlaut der Paragraphen der überarbeiteten Fassung ist dokumentiert bei Schubert, Quellen zum Handelsgesetzbuch, Band I, S. 372 f. und bei Swoboda, S. 36

§ 102 Abs. 3 des zweiten Entwurfes sieht, ohne daß hierzu konkrete Anregungen vorlagen, die Verkürzung der Verjährungsfrist von sechs auf drei Monate vor. Deren Länge entsprach somit wieder der in Art. 97 Abs. 2 ADHGB vorgesehenen Ausschlußfrist.

Auch zu dem zweiten Entwurf des Reichsjustizamtes gingen zu den §§ 101 f. eine Vielzahl von Änderungsvorschlägen ein[19]. Erfolg hatten jedoch nur zwei Anträge.

Die Regierungen von Mecklenburg-Schwerin und Mecklenburg-Strelitz schlugen ohne Begründung vor, für die in § 101 Abs. 2 des zweiten Entwurfes geregelten Verjährungseinrede eine Höchstfrist von fünf Jahren vorzusehen. Lübeck, Bremen und Hamburg beantragten, dem § 102 des zweiten Entwurfes als Abs. 4 folgende Bestimmung hinzuzufügen:

Das Recht der übrigen Gesellschafter, die Auflösung der Gesellschaft zu verlangen, wird durch diese Bestimmungen nicht berührt.

Durch diese Ergänzung des § 102 solle, so führten die Hansestädte aus, klargestellt werden, daß die Rechtsfolgen des pflichtwidrigen Verhaltens des Gesellschafters in § 102 des zweiten Entwurfes nicht erschöpfend geregelt seien[20].

Beide Änderungsvorschläge wurden sowohl in die Bundesrats- als auch in die Reichtstagsvorlage des Gesetzentwurfes aufgenommen[21], womit die heute gültige Regelung der §§ 112 f. HGB endgültig Gestalt angenommen hatte.

2. Die heutige Rechtslage

a. Wettbewerbsverbote in der OHG

aa. Schutzzweck

Während bei den vertraglichen Wettbewerbsverboten in den süddeutschen Handelsgesellschaften des Mittelalters noch der Schutz der Arbeitskraft der Gesellschafter für die Gesellschaft vorrangiger Schutzzweck der Wettbewerbsverbote war, wandelte sich die Auffassung vom Schutzzweck der Wettbewerbsverbote im Laufe der folgenden Jahrhunderte. Immer mehr setzte sich die Auffassung durch, daß diese Verbote die Gesellschaft nicht vor einer anderweitigen Verwendung der Arbeitskraft ihrer Gesellschafter, sondern vor dem Mißbrauch des Einflusses der Gesellschafter auf die Gesellschaft sowie vor der eigennützigen Verwendung ihrer Informationsmöglichkeiten und Kenntnisse schützen sollen.

---

19. abgedruckt bei Schubert, Quellen zum Handelsgesetzbuch, Band II/2, S. 780 ff.
20. vgl. dazu auch Art. 97 Abs. 1 ADHGB
21. die Vorlagen sind abgedruckt bei Schubert, Quellen zum Handelsgesetzbuch, Band I, S. 494 und 615

Dieser gewandelten Auffassung über den Schutzzweck der Wettbewerbsverbote entspricht die heute ganz herrschende Auffassung vom Zweck des § 112 HGB.

§ 112 HGB wird danach im allgemeinen als gesetzliche Ausprägung der mitgliedschaftlichen Treuepflicht bezeichnet[22], dessen Normzweck ausschließlich darauf gerichtet ist, Gesellschaft und Mitgesellschafter vor der Gefahr zu schützen, daß ein Gesellschafter seinen Einfluß auf die Gesellschaft zu eigennützigen Zwecken mißbraucht und daß er durch seine Gesellschafterstellung erlangte Informationen und Kenntnisse unter Verletzung seiner Treuepflicht im eigenen Interesse verwertet. Sonstige Zwecke, insbesondere den Schutz der Arbeitskraft des Gesellschafters für die Gesellschaft, verfolgt § 112 HGB nach h.M. nicht[23]. Lediglich Wiedemann und Hirte vertreten die Auffassung, § 112 HGB solle die Gesellschaft auch vor der anderweitigen Verwendung der Arbeitskraft durch den Gesellschafter schützen[24].

Für die h.M., die in Übereinstimmung mit der im Laufe der Zeit gewandelten Auffassung vom Zweck der Wettbewerbsverbote den Erhalt der Arbeitskraft des Gesellschafters für die Gesellschaft als vom Normzweck nicht erfaßt ansieht, spricht insbesondere, daß sich das Wettbewerbsverbot auch gegen die nicht geschäftsführenden Gesellschafter richtet[25], also auch gegen solche Gesellschafter, auf deren Arbeitskraft die Gesellschaft keinen Anspruch hat. Zudem verbietet § 112 HGB nicht, daß die Gesellschafter ihre Arbeitskraft anderweitig, etwa bei einer Erwerbstätigkeit in einem anderen Handelszweig als demjenigen der Gesellschaft, verwenden[26]. Aufgrund dieser Umstände kann es nicht Zweck des § 112 HGB sein, die Arbeitskraft des Gesellschafters für die Gesellschaft zu sichern.

bb. Verbotene Tätigkeiten

Die Verträge der süddeutschen Handelsgesellschaften verboten den Hauptgesellschaftern noch jede Form der Erwerbstätigkeit, zumindest aber jede Art des Handels. Dagegen sah schon das Preußische Landrecht in ALR Th. II Tit. 8 eine Beschränkung des Wettbewerbsverbotes auf Handlungen von der Art der Gesellschaftshandlung bzw. eine Beschränkung des Verbots der Beteiligung an einer Gesellschaft auf solche von der Art der Gesellschaftshandlung vor. Diese Einschränkungen des Wettbewerbsverbotes behielt Art. 96 ADHGB der Sache nach bei, untersagte jedoch in Anlehnung an Art. 101 des preußischen Entwurfes von 1857 für

22. Staub-Ulmer § 112 Rn. 3 m.w.N., der darüber hinaus § 112 HGB insoweit eine eigenständige Bedeutung beimessen will, als er auch Gefährdungen erfasse, die aufgrund der allgemeinen Teuepflicht nicht verboten seien; Schlegelberger-Martens § 112 Rn. 2; Baumbach/Duden/Hopt § 112 Anm. 1; Eisenhardt; Gesellschaftsrecht, Rn. 92; BGHZ 89, 162 ff. (165 f.)
23. Staub-Ulmer § 112 Rn. 1 m.w.N.; Schlegelberger- Martens § 112 Rn. 1; Salfeld, S. 69
24. Wiedemann/Hirte in ZGR 1986, S. 166
25. so Schlegelberger-Martens § 112 Rn. 1
26. so Salfeld, S. 68

alle Gesellschafter lediglich die Teilnahme als offener Gesellschafter an einer anderen gleichartigen Handelsgesellschaft.

In grundsätzlicher Übereinstimmung mit Art. 96 ADHGB umschreibt § 112 Abs. 1 HGB die sachliche Reichweite des Wettbewerbsverbotes nunmehr in bezug auf die Vornahme von Geschäften mit dem Handelszweig der Gesellschafter, in bezug auf die Beteiligung als persönlich haftender Gesellschafter an einer anderen Gesellschaft mit der Gleichartigkeit beider Gesellschaften.

Dabei besteht heute weitgehend Einigkeit darüber, daß die Begriffe "in dem Handelszweig der Gesellschaft" und Gleichartigkeit der Handelsgesellschaft deckungsgleich sind[27]. Zur Beantwortung der Frage, ob eine Identität der Handlungen gegeben ist, ist daher hinsichtlich beider verbotener Wettbewerbsarten jeweils zu ermitteln, auf welchen räumlich und gegenständlich relevanten Märkten die Gesellschaft einerseits und der Konkurrenztätigkeit betreibende Gesellschafter bzw. seine Beteiligungsgesellschaft andererseits sich betätigen. Obwohl dabei der jeweils relevante Marktbereich zum Schutz der Gesellschaft großzügig zu beschreiben ist, sind doch nur die für die Gesellschaft typischen und prägenden Geschäfte in den Vergleich mit einzubeziehen[28]. Vermietet demnach z.B. eine als OHG betriebene Weinhandlung gelegentlich an gute Kunden aus Gefälligkeit einen Transporter, so wird dadurch dennoch nicht die Kfz-Vermietung zum für den Vergleich relevanten Geschäftsbereich dieser Gesellschaft.

Bei der Bestimmung des sachlich und räumlich relevanten Marktes ist allein vom gesellschaftsvertraglich bestimmten Unternehmensgegenstand auszugehen. Eine eigenmächtige Ausdehnung der Aktivitäten der Gesellschaft durch ihre Geschäftsführer müssen die Mitgesellschafter nicht hinnehmen[29]. Wenn in der Literatur und Rechtsprechung dennoch häufig auch auf den tatsächlich ausgeübten Geschäftsbetrieb der Gesellschaft abgestellt wird[30], so ist dies insofern richtig, als durch die tatsächliche Übung eine konkludente Abänderung des Gesellschaftsvertrages stattgefunden haben kann[31] bzw. diese Übung in Zweifelsfällen, so bei vertraglich nicht eindeutig festgelegtem Umfang des Geschäftsbereiches, wichtige Auslegungshinweise für die Bestimmung des Geschäftsbereichs der Gesellschaft liefern kann. Es steht aber nicht in der Macht der Geschäftsführer einer Gesellschaft, durch eigenmächti-

27. Schlegelberger-Martens § 112 Rn. 13 m.w.N.; Staub-Ulmer § 112 Rn. 14; Kardaras, S. 55 ff.
28. Salfeld, S. 73; Schlegelberger-Martens § 112 Rn. 13; Staub-Ulmer § 112 Rn. 17; Kardaras, S. 56
29. so auch Staub-Ulmer § 112 Rn. 15 f.; Salfeld, S. 72
30. so von Baumbach/Duden/Hopt § 112 Anm. 1 B; Schlegelberger-Martens § 112 Rn. 14; Wiedemann/Hirte in ZGR 1986, S. 170 f.; Eisenhardt, Gesellschaftsrecht, Rn. 92; BGHZ 89, 162 ff. (170)
31. so auch Staub-Ulmer § 112 Rn. 16; zur konkludenten Abänderung vgl. auch Schlegelberger-Martens § 112 Rn. 16

ges Handeln den Umfang des Wettbewerbsverbotes zu Lasten ihrer Mitgesellschafter zu bestimmen.

Die Frankfurter Reformation beschrieb, ebenso wie die Verträge einiger süddeutscher Handelsgesellschaften, die den Gesellschaftern untersagte Tätigkeit mit dem Ausdruck "Handel treiben". In den folgenden Jahrhunderten wandelte sich die zur Umschreibung der verbotenen Tätigkeit verwandte Terminologie. Während das ALR für die Preußischen Staaten, der Württemberger und der Nassauer Entwurf auf das Errichten einer Handlung bzw. eines Handelsgewerbes abstellten, untersagten das ABGB und der Entwurf eines allgemeinen Handelsgesetzbuchs für Deutschland noch in sachlicher Übereinstimmung mit der älteren Formel der Frankfurter Reformation, Handel bzw. Nebenhandel zu treiben. Erstmals mit dem Entwurf eines Handelsgesetzbuches für die Preußischen Staaten von 1856 wurde der Ausdruck "Geschäfte machen" als Umschreibung für die verbotene einzelkaufmännische Tätigkeit verwandt. Dieser Ausdruck fand über den preußischen Entwurf aus dem Jahre 1857 Eingang in das ADHGB.

In Übereinstimmung mit der Formulierung des ADHGB untersagt heute § 112 Abs. 1 HGB den Gesellschaftern das "Geschäfte machen". Der Begriff "Geschäfte" umfaßt dabei jede Art der unternehmerischen Tätigkeit, beginnend von einzelnen zu Erwerbszwecken vorgenommenen Handlungen bis hin zum Betrieb eines Gewerbes. Dabei ist es ohne Belang, ob der Gesellschafter für sich selbst oder für Dritte handelt, ob er offen in Erscheinung tritt oder seine Geschäfte durch Strohmänner tätigt. Lediglich Geschäfte für den persönlichen Bedarf oder aus sonstigen privaten Gründen werden von dem Verbot des § 112 Abs. 1 HGB nicht erfaßt[32]. Die vereinzelt vertretene Beschränkung des Begriffs "Geschäfte" auf Handelsgeschäfte[33] überzeugt dagegen nicht. Gegen diese Einschränkung des Begriffs "Geschäfte" lassen sich allerdings entgegen Ulmer[34] Bedenken aus der Entstehungsgeschichte dieses Ausdrucks nicht herleiten. Die Denkschrift zum Entwurf eines Handelsgesetzbuchs und eines Einführungsgesetzes[35] befaßt sich mit dieser Frage nicht, Motive und Beratungen zu den Preußischen Entwürfen und zum ADHGB sprechen sogar immer wieder von Handelsgeschäften, wo das Gesetz bzw. der Entwurf nur den Ausdruck "Geschäft" verwendet. Gegen die Ansicht Kardaras, bei den verbotenen Geschäften i.S.d. § 112 HGB handele es sich nur um Handelsgeschäfte, spricht aber der oben erarbeitete Zweck des § 112 HGB. Des Schutzes vor dem Mißbrauch der Gesellschafterstellung bedarf die Gesellschaft auch dann, wenn die Geschäfte des Gesellschafters nicht als Handelsgeschäfte i.S.d. § 343 HGB anzusehen sind, etwa weil sie nicht gewerbsmäßig betrieben werden[36]. Auch in diesem Fall kann der Gesell-

32. Staub-Ulmer § 112 Rn. 20; Schlegelberger-Martens § 112 Rn. 9; Salfeld, S. 71
33. so Kardaras, S. 51
34. Staub-Ulmer § 112 Rn. 20 Fn. 38 unter Berufung auf die Denkschrift zur Reichstagsvorlage
35. abgedruckt bei Schubert, Quellen zum Handelsgesetzbuch, Band II/2, S. 949 ff.
36. so auch Salfeld, S. 69 f.

schafter seine Kenntnisse von den Interna der Gesellschaft zu deren Nachteil ausnutzen.

Mit dem preußischen Entwurf von 1856 hatte sich für die weitere Gesetzgebungsgeschichte, entgegen den Vorstellungen des württembergischen und nassauischen Entwurfes, die Beschränkung des Verbots der Beteiligung an einer Gesellschaft auf Beteiligungen als offener Gesellschafter durchgesetzt. Eine Beteiligung als Kommanditist war den Gesellschaftern fortan gestattet. Dies entspricht nunmehr auch der Regelung des § 112 HGB, als deren Zweck es angesehen wird, die Möglichkeit eines mißbräuchlichen Einflusses auf die Beteiligungsgesellschaft zu verhindern. Als entscheidend für das Eingreifen des Wettbewerbsverbotes wird daher noch heute, wie schon in der historischen Kommentarliteratur zu Art. 96 Abs. 1 ADHGB, nicht die formelle Beteiligungsposition als offener Gesellschafter der Konkurrenzgesellschaft angesehen. Es wird vielmehr darauf abgestellt, ob der Gesellschafter auf seine Beteiligungsgesellschaft den Einfluß eines gesetzestypischen persönlich haftenden Gesellschafters hat. Dies führt sowohl zu Ausweitungen des Beteiligungsverbotes über den Wortlaut des § 112 Abs. 1 HGB hinaus, etwa für den Fall der Beteiligung als Kommanditist mit weitergehenden Mitsprachemöglichkeiten oder als herrschender Gesellschafter in einer Kapitalgesellschaft[37], als auch zu Einschränkungen, etwa im Falle einer Beteiligung als offener Gesellschafter mit interner Beschränkung der Kontroll- und Mitspracherechte auf die Möglichkeiten eines Kommanditisten[38].

Wie dies schon bei den vertraglichen Wettbewerbsverboten in den süddeutschen Handelsgesellschaften der Fall war, so entspricht auch die Dauer des heutigen gesetzlichen Wettbewerbsverbotes aus § 112 HGB grundsätzlich der Dauer der Mitgliedschaft in der Gesellschaft[39]. Anders als die Rechtsprechung des Reichsoberhandelsgerichts zu Art. 96 Abs. 1 ADHGB[40] ist die h.M. in Rechtsprechung und Literatur nunmehr allerdings der Auffassung, daß das Wettbewerbsverbot auch im Liquidationsstadium der Gesellschaft gilt, soweit es der erfolgreichen Liquidation der Gesellschaft dient[41]. Dieser Auffassung ist zuzustimmen, beschränkt § 112 HGB sich doch weder seinem Wortlaut nach noch hinsichtlich seines Schutzzweckes auf die werbende Gesellschaft.

---

37. von der h.M. unter den Begriff des "Geschäfte machen" subsumiert, so z.B. Salfeld, S. 74 und Staub- Ulmer § 112 Rn. 25 m.w.N

38. Staub-Ulmer § 112 Rn. 24 f. m.w.N; Salfeld, S. 73 ff. m. w.N.; Schlegelberger-Martens § 112 Rn. 11 f.; Kardaras, S. 62; BGHZ 89, 162 ff (166); OLG Nürnberg BB 1981, 452

39 Schlegelberger-Martens § 112 Rn. 7; Baumbach/Duden/Hopt § 112 Anm 1 C; Staub-Ulmer § 112 Rn. 11; Salfeld, S. 90; Kardaras, S. 45; BGHZ 37, 381 ff. (384 f.); BGH NJW 1979, S. 1605 f.

40. ROHG 21, 140 ff. (144 f.)

41. BGH WM 1961, S. 629 ff. (631); BGH WM 1971, S. 412 ff. (414); Staub-Ulmer § 112 Rn 12; Schlegelberger-Martens § 112 Rn. 8 m.w.N. auch zu den abweichenden Auffassungen

Die historisch äußerst umstrittene Regelung des § 112 Abs. 2 HGB[42] begründet beim Vorliegen der im Gesetz aufgeführten Voraussetzungen die unwiderlegliche Vermutung, daß die Einwilligung zur Beteiligung an der fremden Gesellschaft erteilt wurde. Eine analoge Anwendung des § 112 Abs. 2 HGB auf andere Tatbestände, etwa den Betrieb eines einzelkaufmännischen Dauerhandelsgewerbes, wird allgemein abgelehnt[43]. Dies dürfte sachlich schon deshalb geboten sein, um die Ausdehnung des Anwendungsbereiches dieser in ihrer sachlichen Berechtigung in der Vergangenheit stets umstrittenen Vorschrift zu vermeiden.

cc. Rechtsfolgen eines Verstoßes

Ohne ein ausdrückliches Wettbewerbsverbot auszusprechen, verpflichtete L. 52 § 5.6 D. pro soc. (17) die Gesellschafter einer Handelsgesellschaft, dieser den Gewinn aus den im Geschäftsbereich der Gesellschaft getätigten Geschäfte zugute kommen zu lassen. Eine damit vergleichbare Regelung findet sich nur in einem Gesellschaftsvertrag der süddeutschen Fernhandelsgesellschaften. In den Verträgen dieser Gesellschaften wurde üblicherweise ein ausdrückliches Wettbewerbsverbot ausgesprochen, das aber nur in Ausnahmefällen auch Bestimmungen über die Rechtsfolgen eines Verstoßes enthielt. Die handelsrechtlichen Entwürfe des 19. Jahrhunderts sahen sodann, wie auch schon das Allgemeine Landrecht für die Preußischen Staaten, durchgehend Regelungen über die Rechtsfolgen eines Verstoßes gegen das Wettbewerbsverbot vor. Diese Regelungen wurden jedoch -soweit ersichtlich- nicht auf L. 52 § 5.6 D. pro soc. zurückgeführt.

§ 113 Abs. 1 HGB gewährt der Gesellschaft im Falle des schuldhaften Verstoßes eines ihrer Gesellschafter gegen das Wettbewerbsverbot alternativ einen Anspruch auf Schadensersatz oder ein Eintrittsrecht. Dabei besteht Einigkeit darüber, daß das Eintrittsrecht, egal ob es sich um den Eintritt in für eigene oder für fremde Rechnung gemachte Geschäfte handelt, keinerlei Außenwirkung hat. Der Gesellschaft steht nur der Anspruch auf Zufluß des mit dem verbotswidrig geschlossenen Vertrag oder der verbotswidrig eingegangenen Gesellschaftsbeteiligung verbundenen Vermögenswertes zu[44]. Da die Regelung des § 113 Abs. 1 HGB nicht abschließender Natur ist, steht es daneben jedem einzelnen Gesellschafter frei, ohne Herbeiführung eines entsprechenden Gesellschafterbeschlusses gemäß § 113 Abs. 2 HGB gegen den verbotswidrig handelnden Gesellschafter auf Unterlassung zu klagen[45].

Bei dem nach § 113 Abs. 2 HGB zur Geltendmachung der Rechte aus § 113 Abs. 1 HGB erforderlichen Beschluß wirkt der betroffene Gesellschafter nicht mit. In einer

42. siehe dazu die Nachweise in Fn. 4
43. Schlegelberger-Martens § 112 Rn. 23; Baumbach/Duden/Hopt § 112 Anm. 2 B; Staub-Ulmer § 112 Rn. 30
44. Schlegelberger-Martens § 113 Rn. 4 ff.; Staub- Ulmer § 113 Rn. 18 ff.; BGH WM 1984, S. 227 ff. (229); Salfeld, S. 277
45. Baumbach/Duden/Hopt § 113 Anm. 2 C; Schlegelberger-Martens § 113 Rn. 14; Staub-Ulmer § 112 Rn. 38; Salfeld, S. 274; BGH WM 1984, S. 227 ff. (229)

Zwei-Personen-Gesellschaft entscheidet also der verbleibende Gesellschafter allein über die Ausübung des Rechts. Sind mehrere stimmberechtigte Gesellschafter vorhanden, so bedarf der Beschluß der Zustimmung sämtlicher Gesellschafter, wobei allerdings je nach Lage des Falles für die Gesellschafter eine Zustimmungspflicht bestehen kann[46].

b. Wettbewerbsverbote in der KG

Ob auch der Kommanditist einem gesetzlichen Wettbewerbsverbot zu unterwerfen ist, war in der Geschichte der Wettbewerbsverbote eine der umstrittensten Detailfragen. Die heute in § 165 HGB vorgesehene Befreiung des Kommanditisten von den Vorschriften der §§ 112 f. HGB hat sich erst mit dem preußischen Entwurf von 1857 durchgesetzt.

Problematisch sind heute insbesondere die Fälle, in denen die Stellung des Kommanditisten vom gesetzlichen Leitbild des HGB abweicht, sei es, weil dem Kommanditisten Geschäftsführungsbefugnis eingeräumt wurde oder weil ihm aufgrund besonderer Abmachung in Abweichung von § 166 HGB sämtliche Rechte des von der Geschäftsführung ausgeschlossenen persönlich haftenden Gesellschafters aus § 118 HGB eingeräumt sind. In solchen Fällen wird trotz des Wortlautes des § 165 HGB die Anwendung des § 112 HGB befürwortet. Diese Anwendung des § 112 HGB wird auf die gesellschaftsrechtliche Treuepflicht gestützt[47]. Dies ist schon deshalb zu befürworten, weil § 165 HGB nur den gesetzestypischen Fall eines Kommanditisten im Auge hat. Nähert sich die tatsächliche Stellung des Kommanditisten derjenigen des Komplementärs an, so entfällt der sachliche Grund für seine Freistellung vom Wettbewerbsverbot.

II. Die BGB - Gesellschaft

1. Die Behandlung der Wettbewerbsverbote bei der Entstehung des Bürgerlichen Gesetzbuches

Am 22. Juni 1874 wurde, nach Abschluß der Arbeiten der Vorkommission, die erste Kommission zur Ausarbeitung eines Bürgerlichen Gesetzbuches berufen. Diese aus Praktikern, Richtern und Ministerialbeamten zusammengesetzte Kommission leistete vor allem die gewaltige Arbeit der Sammlung und Sichtung des geltenden Rechts[48].

---

46. Staub-Ulmer § 113 Rn. 28 ff; Schlegelberger- Martens § 113 Rn. 21 ff.; Baumbach/Duden/Hopt § 113 Anm. 2 A

47. so Baumbach/Duden/Hopt § 165; Schlegelberger- Martens § 165 Rn. 1 f; Eisenhardt, Gesellschaftsrecht, Rn. 138; Salfeld, S. 88 ; BGHZ 89, 162 ff. (165); BGH WM 1989, S. 1216 ff. (1217)

48. dazu und zur gesamten Entstehungsgeschichte des BGB: Staudinger-Coing (12. Aufl.) Einl. Rn. 77 ff; Planck Einl. S. 4 ff.

Zum Redaktor für das Schuldrecht wurde der württembergische Senatspräsident von Kübel benannt[49].

Kübel orientierte sich bei der Ordnung seiner Materialsammlung an den Strukturen des von einer Kommission im Auftrag des Deutschen Bundes unter seiner Beteiligung erarbeiteten "Entwurf eines allgemeinen deutschen Gesetzes über Schuldverhältnisse" (Dresdener Entwurf)[50], der, anders als die Mehrzahl der während der zweiten Hälfte des 19. Jahrhunderts in Deutschland entstandenen zivilrechtlichen Kodifikationen und Kodifikationsentwürfe für die vom Entwurf so benannte "Gemeine Gesellschaft" (Nichthandelsgesellschaft) kein eindeutiges Wettbewerbsverbot enthielt[51]. Kübel nahm daher die Vorschrift des § 792 des Dresdener Entwurfes[52] zum Anlaß, die geltende Rechtslage in verschiedenen Gebieten des Deutschen Reiches bzw. die Vorschriften der zahlreichen zivilrechtlichen Entwürfe zur Frage des Wettbewerbsverbotes für die Gesellschafter der Nichthandelsgesellschaften zu untersuchen. Dabei beschränkte er sich jedoch nicht auf die Betrachtung der ein-

---

49. Staudinger-Coing (12. Aufl.) Einl. Rn. 77; Planck Einl. S. 7; zur Person Franz von Kübels siehe das Vorwort des Herausgebers Werner Schubert in Kübel (Einleitung), S. XIII ff.

50. zur Geschichte und Bedeutung des Dresdener Entwurfes siehe Coing-Dölemeyer, Handbuch, Band III/2 S. 1562 ff.

51. Eindeutige Wettbewerbsverbote für diesen Gesellschaftstyp enthielten folgende deutsche zivilrechtliche Kodifikationen und Kodifikationsentwürfe:
- Art. 374 des Hessischen Entwurfes, abgedruckt bei v. Kübel, S. 95:
"Kein Gesellschafter darf seinen besonderen Vortheil, wenn dieser mit Jenem der Gesellschaft in Widerstreit kommt, zum Nachtheil der letzteren fördern, oder nebenher für sich in seinem besonderen Interesse solche Geschäfte betreiben, durch welche der gemeinsame Zweck der Gesellschaft ganz oder theilweise vereitelt wird."
- Art. 549 des Bayrischen Entwurfes von 1861-1864, auch abgedruckt bei v. Kübel, S. 95:
"Unredlich handelt der Gesellschafter auch dann, wenn er ohne Genehmigung der Gesellschaft seinen besonderen Vortheil zum Nachtheile der Gesellschaft fördert, namentlich wenn er für sich und in seinem besonderen Interesse oder für Rechnung eines Dritten solche Geschäfte betreibt, durch welche der gemeinsame Zweck der Gesellschaft ganz oder theilweise vereitelt wird.
Als stillschweigende Genehmigung wird es im Zweifel angesehen, wenn bei Eingehung der Gesellschaft den übrigen Mitgliedern bekannt war, daß der Gesellschafter solche Geschäfte betreibe und gleichwohl das Aufgeben derselben nicht bedungen wurde."
- § 1370 des Sächsischen Bürgerlichen Gesetzbuches (1863/1865), auch abgedruckt bei v. Kübel, S. 95:
"Kein Gesellschafter darf zu seinem besonderen Vortheil Geschäfte betreiben, durch welche der Zweck der Gesellschaft ganz oder theilweise vereitelt wird."

52. "Ein Gesellschafter darf seinen besonderen Vortheil, wenn dieser mit dem gemeinsamen Vortheile der übrigen Gesellschafter in Widerstreit kommt, nicht zum Nachtheil der Letzteren verfolgen.";
abgedruckt bei Francke, S. 156

schlägigen Bestimmungen bei Nichthandelsgesellschaften. Er sammelte auch Vorschriften und Erläuterungen handelsrechtlicher Art, wie z.B. zu Art. 96 f. ADHGB[53].

Trotz der Vielzahl der durch Kübel dokumentierten Wettbewerbsverbote gerade auch für die Gesellschafter der Nichthandelsgesellschaften kam die erste Kommission bei ihren abschließenden Beratungen, wohl unter dem Eindruck der von Kübel als Anknüpfungspunkt für die Materialsammlung über Wettbewerbsverbote gewählten Vorschrift des Art. 792 des Dresdener Entwurfes, zu dem Ergebnis, daß eine eindeutige Regelung über Wettbewerbsverbote nicht in das zu schaffende Gesetzbuch aufgenommen werden solle. Ohne jede Auseinandersetzung mit den anderslautenden Vorschriften im Sächsischen Bürgerlichen Gesetzbuch und den Kodifikationsentwürfen Hessens und Bayerns wurde die Aufnahme eines Wettbewerbsverbotes mit der Begründung abgelehnt, daß es zur Aufnahme einer dem Art. 96 ADHGB entsprechenden Vorschrift an zureichenden Gründen fehle[54].

Mit dieser Entscheidung war nur die Aufnahme einer speziellen Vorschrift über Wettbewerbsverbote für die BGB-Gesellschaft abgelehnt worden. Die Beratungen der ersten Kommission zu dieser Frage enthalten jedoch kein sachliches Votum gegen die Anerkennung von ungeschriebenen Wettbewerbsverboten in der BGB-Gesellschaft. Daher führen die Motive zu § 705 BGB aus, daß für eine spezielle Vorschrift nach Anleitung der Art. 96, 97 ADHGB über Wettbewerbsverbote, welche die Erwerbsgesellschaft im Auge hätten, für die durch das BGB zu regelnde Gesellschaft zureichende Gründe fehlen. Selbstverständlich aber habe sich ein Gesellschafter einer den Gesellschaftszweck vereitelnden Handlung zu enthalten, obwohl andererseits nicht gesagt werden könne, daß sein Interesse immer hinter dem Interesse der Gesellschaft zurückzustehen habe[55].

Somit enthielt das BGB bei seinem Inkrafttreten keinerlei gesetzliche Bestimmungen über Wettbewerbsverbote für die Gesellschafter der BGB-Gesellschaft.

2. Die weitere Entwicklung bis 1933

Angesichts der ein Wettbewerbsverbot innerhalb der BGB-Gesellschaft nicht grundsätzlich ablehnenden Haltung des Gesetzgebers vermag es nicht zu verwundern, daß sich die Literatur, ohne daß zu diesem Problem schon Gerichtsentscheidungen vorlagen, alsbald der Frage annahm, ob für die Gesellschafter einer BGB-Gesellschaft ein aus der Treuepflicht folgendes Wettbewerbsverbot bestehe. Entsprechende Erörterungen setzten schon im Jahre 1901, also ein Jahr nach Inkrafttreten des BGB, ein.

---

53. vgl. v. Kübel, S. 96 f., wo auch die ablehnende Stellungnahme aus den Dresdener Protokollen zur Einführung eines ausdrücklichen Wettbewerbsverbotes für Erwerbsgesellschaften abgedruckt ist

54. die Beratungen zu dieser Frage sind dokumentiert bei Jakobs, S. 233 ff.

55. abgedruckt bei Mugdan, S. 336

Einigkeit bestand schon zu diesem frühen Zeitpunkt darüber, daß die Gesellschafter einer BGB-Gesellschaft trotz des Fehlens einer entsprechenden gesetzlichen Bestimmung ein vertragliches Wettbewerbsverbot vereinbaren können[56]. Umstritten war aber, ob daneben auch ein ungeschriebenes gesetzliches Wettbewerbsverbot anzuerkennen sei.

Ein solches Verbot wurde von Knoke schon 1901 befürwortet. Unter ausdrücklicher Berufung auf § 242 BGB, unter dessen Herschaft der gesamte Gesellschaftsvertrag einer BGB-Gesellschaft stehe, führte Knoke, Gerichtsassessor und Privatdozent in Göttingen, aus, daß das BGB nur deshalb eine § 112 HGB entsprechende Vorschrift nicht enthalte, weil es, anders als bei der Handelsgesellschaft, bei der Gesellschaft bürgerlichen Rechts nicht auf der Hand liege, daß der Gesellschafter die Gesellschaft schädige, wenn er dieselben Ziele wie die Gesellschaft auch noch allein oder in Verbindung mit anderen verfolge. So sei es z.B. bei einer Gesellschaft mit idealen Zielen. Indes könnten die Verhältnisse bei einer Gesellschaft bürgerlichen Rechts auch so liegen, daß die Teilnahme an einer gleichartigen Gesellschaft oder die einseitige Verfolgung des gleichen Zwecks auch ohne eine besondere, ein Wettbewerbsverbot regelnde, Vertragsvorschrift wegen Verstoßes gegen Treu und Glauben unzulässig sei. Dies sei namentlich bei Kleinhandelsgesellschaften anzunehmen. Ein Verstoß gegen das in diesem Falle aus § 242 BGB folgende Wettbewerbsverbot habe für den verstoßenden Gesellschafter lediglich die Verpflichtung zur Leistung von Schadensersatz zur Folge. Die weitergehenden Rechte des § 113 HGB könnten einer Gesellschaft bürgerlichen Rechts mangels einer entsprechenden Vorschrift nicht zuerkannt werden[57].

Gegen diese zuerst von Knoke vertretene Ansicht von der Existenz eines gesetzlichen Wettbewerbsverbotes innerhalb der BGB-Gesellschaft wandte sich 1906 der Berliner Landgerichtsrat Marcus. Er unterstellte Knoke, der als Ansatzpunkt für ein Wettbewerbsverbot ausdrücklich auf § 242 BGB Bezug nahm, eine Befürwortung der analogen Anwendung des § 112 HGB. Von einer analogen Anwendung handelsrechtlicher Vorschriften könne aber, so Marcus, bei der BGB-Gesellschaft wegen der Bestimmung des § 165 HGB nur dort die Rede sein, wo deren Gesellschafter sich zu mehr als der bloßen Beitragsleistung verpflichtet hätten. Dies sei aber bei den Gelegenheits- und Kleinhandelsgesellschaften so selten der Fall, daß die Untersagung einer konkurrierenden Erwerbstätigkeit immer zum Gegenstand einer vertraglichen Vereinbarung gemacht werden müsse, damit die Erwerbstätigkeit verboten sei[58].

56. Knoke, S. 31; Marcus in Recht 1906, S. 674 f.

57. Knoke, S. 31 f.

58. Marcus in Recht 1906, S. 674 f., der die Regelung des § 709 BGB über die Befugnis aller Gesellschafter zur Geschäftsführung nicht erörtert und dessen Ausführungen zu §§ 112, 165 HGB schon aus diesem Gesichtspunkt unzutreffend sein dürften

Die ablehnende Haltung Marcus zur Existenz ungeschriebener Wettbewerbsverbote in der Gesellschaft bürgerlichen Rechts vermochte sich in der Folgezeit nicht durchzusetzen. Auch die Rechtsprechung erkannte alsbald an, daß zwischen den Gesellschaftern einer BGB-Gesellschaft besondere Treuepflichten bestehen[59]. Obwohl sie eine entsprechende Anwendung des § 112 HGB in Übereinstimmung mit Marcus ablehnte[60], hielt die Rechtsprechung die Existenz ungeschriebener, aus Treu und Glauben folgender, Wettbewerbsverbote innerhalb der BGB-Gesellschaft für möglich.

In einem Fall, in dem der Beklagte, geschäftsführender Gesellschafter einer BGB-Gesellschaft, unter Ausnutzung der von der Gesellschaft bereits angeknüpften Geschäftsbeziehung selbst das von der Gesellschaft angebahnte Geschäft schloß, hielt das Reichsgericht einen Anspruch der übrigen Gesellschafter gegen den Geschäftsführer auf Schadensersatz gem. § 249 BGB für denkbar. Dabei knüpfte das Gericht neben der Erwähnung des § 826 BGB auch daran an, daß die Verpflichtung zum Schadensersatz auch aus dem Gesellschaftvertrag folge, da der Beklagte die ihm obliegende Verpflichtung nicht gemäß Treu und Glauben erfüllt habe[61]. Obwohl das Reichsgericht in seiner Entscheidung als Anspruchsgrundlage auch § 826 BGB erörterte, sah es demnach im Abschluß des Geschäftes zugleich eine treuwidrige Verletzung des Gesellschaftsvertrages. Es befürwortete mithin ein aus dem Gesellschaftsvertrag folgendes Wettbewerbsverbot für den geschäftsführenden Gesellschafter einer BGB-Gesellschaft. Auf dieser Linie liegt auch eine Entscheidung des HansOLG vom 5. Mai 1914, die eine Anwendung der Vorschrift des § 112 HGB für die Gesellschaft bürgerlichen Rechts ablehnt, ein Wettbewerbsverbot für die Gesellschafter dieser Gesellschaftsform jedoch dann bejaht, wenn die Wettbewerbstätigkeit dieses Gesellschafters die Erreichung des Gesellschaftszweckes (konkret) vereitelt oder beeinträchtigt[62].

Auch die Kommentarliteratur, die schon deutlich vor 1933 Treuepflichten innerhalb der Gesellschaft bürgerlichen Rechts durchgehend anerkannte[63], bejahte ein Wettbewerbsverbot für die Gesellschafter dieser Gesellschaftsform. Umstritten war dabei neben der Frage der dogmatischen Herleitung des Wettbewerbsverbotes auch dessen Reichweite.

Während der überwiegende Teil der Literatur als Rechtsgrundlage des Wettbewerbsverbotes lediglich die aus § 242 BGB resultierende Treupflicht nannte[64], ging Sayn

59. vgl. beispielhaft RG JW 1913, S. 429 f. und RG JW 1917, S. 104 ff.
60. RGZ 89, 99 ff.; HansOLG in HansGZ 1914, S. 209 f.
61. RGZ 89, 99 ff.
62. HansOLG in HansGZ 1914, S. 209 f.
63. Warnyer (2. Aufl.) § 705 Anm. VI; Staudinger-Geiler (9. Aufl.) § 705 Anm. IV 2 c; Planck § 705 Anm. 5; RGRK-Sayn (6. Aufl.) § 706 Anm. 5; Soergel (5. Aufl.) § 705 Anm. 4
64. Planck § 705 Anm. 5; Staudinger-Geiler (9. Aufl.) § 705 Anm. IV 2 c; Soergel (5. Aufl.) § 705 Anm. 4; Warneyer (2. Aufl.) § 705 Anm. VI

in der Kommentierung der 6. Aufl. des RGRK davon aus, daß sich das Verbot einer Konkurrenztätigkeit auch aus § 705 BGB ergeben könne, der die Verpflichtung der Gesellschafter zur Förderung des Gesellschaftszweckes enthalte[65].

Im Hinblick auf die Reichweite des Wettbewerbsverbotes betonte ein Teil der Literatur, daß zur Annahme eines solchen Verbotes eine umfassende, an § 242 BGB ausgerichtete, Abwägung des jeweiligen Einzelfalles erforderlich sei. Bei dieser Abwägung sei zu beachten, daß ein Gesellschafter nicht ganz allgemein verpflichtet sei, den Gesellschaftszweck zu fördern. Eine solche Verpflichtung bestehe nur im Rahmen des Gesellschaftsvertrages und in der durch ihn bestimmten Weise[66]. Andere Autoren dagegen sahen das Wettbewerbsverbot in der Gesellschaft bürgerlichen Rechts als Regelfall an. Ein solches Verbot griff nach ihrer Auffassung nur dann nicht ein, wenn wegen der Art der Gesellschaft eine Konkurrenztätigkeit nicht in Frage kam bzw. eine solche Tätigkeit die Gesellschaft nicht beeinträchtige[67].

Somit zählte schon deutlich vor 1933 die Existenz eines ungeschriebenen, aus Treu und Glauben bzw. der gesellschaftsvertraglichen Förderpflicht folgenden, Wettbewerbsverbotes innerhalb der BGB-Gesellschaft zum gesicherten Bestand von Literatur und Rechtsprechung. Umstritten war die Reichweite eines solchen Verbotes, das manche als Ausnahme-, andere dagegen als den Regelfall ansahen.

3. Die Zeit des Nationalsozialismus

Alfred Hueck hat zu Recht als einen der bezeichnenden Züge der rechtswissenschaftlichen Literatur im Zeitalter des Nationalsozialismus die Vorliebe für hochtrabende Worte und tönende Phrasen angesehen[68]. Diese These bestätigt sich bei einem Vergleich der Ausführungen, die in den Nachfolgeauflagen der im vorhergehenden Abschnitt ausgewerteten Kommentarliteratur in der Zeit von 1933-1945 zur Frage der Treuepflicht innerhalb der Gesellschaft einerseits und den sich daraus ergebenden Konsequenzen hinsichtlich eines Wettbewerbsverbotes für die Gesellschafter der BGB-Gesellschaft andererseits gemacht wurden.

Bei den allgemeinen Ausführungen zu den Treuepflichten läßt sich eine eindeutige Tendenz zur stärkeren Betonung dieser Pflicht feststellen, in die sich vereinzelt massiv nationalsozialistisches Gedankengut mischt[69]. Besonders deutlich wird dies in den Ausführungen Oeggs zu § 705 ff. BGB in der 9. Aufl. des RGRK, in der Oegg

65. RGRK-Sayn (6. Aufl.) § 706 Anm. 6
66. Planck § 705 Anm. 5; ähnlich Soergel (5. Aufl.) § 705 Anm. 4 und RGRK-Sayn (6. Aufl.) § 706 Anm. 5
67. Staudinger-Geiler (9. Aufl.) § 705 Anm. IV 2 c; ähnlich Warneyer (2. Aufl.) § 705 Anm. VI
68. Hueck, S. 1 ff.
69. siehe dazu die in Fn. 63 f. zitierten Werke einerseits und andererseits: Soergel (7. Aufl.) Vorbemerkung § 705 und § 705 Anm. 5; Staudinger-Geiler (10. Aufl.) Vorbem. 1 ff. § 705 und § 705 Rn. 52 ff.; sehr zurückhaltend dagegen Warneyer (8. Aufl.) Vorbem. zu § 705

versucht, eine Verknüpfung zwischen dem von ihm so benannten nationalsozialistischen Gemeinschaftsdenken und der Treuepflicht der BGB-Gesellschafter herzustellen[70].

Auf den ersten Blick erstaunlich mag es demgegenüber erscheinen, daß trotz gesteigerter Betonung der Treuepflichten der Gesellschafter die Ausführungen zu Inhalt und Umfang der daraus konkret abgeleiteten Wettbewerbsverbote unverändert blieben[71]. Diese Erscheinung, starke Worte bei den Generalklauseln bei unterlassener Arbeit am Detail, stellte aber wohl eine grundsätzliche Zeiterscheinung dar[72]. Zugleich zeigt die unveränderte Behandlung der Wettbewerbsverbote in der Kommentarliteratur während der nationalsozialistischen Zeit, daß Inhalt und Umfang des den Gesellschafter einer BGB-Gesellschaft treffenden Wettbewerbsverbotes von nationalsozialistischem Gedankengut unbeeinflußt blieben.

4. Die heutige Rechtslage

a. Die Treuepflicht als Grundlage des Wettbewerbsverbotes

Auch heute ist es, wie wohl schon von Beginn der Existenz dieser Gesellschaftsform an, unbestritten, daß zwischen den Gesellschaftern einer Gesellschaft bürgerlichen Rechts Treuepflichten bestehen[73]. Umstritten ist lediglich, ob die im Bereich der BGB-Gesellschaft allgemein anerkannte Treupflicht eine besondere Ausprägung des Grundsatzes von Treu und Glauben (§ 242 BGB) darstellt, oder ob es sich bei ihr um ein eigenständiges Rechtsinstitut, das eine gesellschaftsvertragliche Hauptpflicht darstellt, handelt[74]. Unabhängig vom jeweils eingenommenen Standpunkt in dieser Streitfrage besteht jedoch Einigkeit darüber, daß aus der Treuepflicht für die Ge-

70. RGRK-Oegg (9. Aufl.) Vor. § 705 Anm. 1

71. vgl. dazu die in Fn. 64 f. aufgeführten Fundstellen mit: Soergel (7. Aufl.) § 705 Anm. 5; RGRK-Oegg (9. Aufl.) § 706 Anm. 5; Staudinger-Geiler (10. Aufl.) § 705 Rn, 57; Warneyer (8. Aufl.) § 705 verzichtet nunmehr sogar vollständig auf eine Kommentierung der Wettbewerbsverbote

72. vgl. dazu für den Bereich der Gesetzgebung Hueck, S. 1

73. vgl. dazu beispielhaft aus der Rechtsprechung: BGH Betr. 1960, S. 873; BGHZ 65, 15 ff. (21); BGH LM Nr. 12 zu § 705; beispielhaft aus der Literatur: Salfeld, S. 92; Eisenhardt, Gesellschaftsrecht, Rn. 23; Schmidt, S. 1462; Soergel-Hadding (11. Aufl.) § 705 Rn. 58 ff.; MünchKomm-Ulmer § 705 Rn. 181 ff; RGRK-v. Gamm (12. Aufl.) § 705 Rn. 17

74. vgl. zum Streitstand Salfeld, S. 94; Soergel-Hadding (11. Aufl.) § 705 Rn. 58; MünchKomm-Ulmer § 705 Rn. 181 ff.; Staudinger-Keßler (12. Aufl.) Vorbem. zu § 705 Rn. 41 ff; Lutter in AcP 180, S. 102 ff.

sellschafter einer Gesellschaft bürgerlichen Rechts ein Wettbewerbsverbot folgen kann[75].

Die Annahme eines solchen Wettbewerbsverbotes hängt nach heutiger Auffassung zunächst davon ab, ob die Gesellschaft eines Schutzes durch ein derartiges Verbot bedarf. Demnach scheidet ein Wettbewerbsverbot immer dann aus, wenn die Gesellschaft ausschließlich ideelle Ziele verfolgt, ein entsprechendes Verbot ist dagegen immer dann möglich, wenn der Gesellschaftszweck auf eine erwerbswirtschaftliche Betätigung gerichtet ist[76].

b. Wettbewerbsverbote für geschäftsführende Gesellschafter

Für den Fall, daß eine Gesellschaft bürgerlichen Rechts erwerbswirtschaftlich tätig ist, wird ein dem § 112 HGB entsprechendes Wettbewerbsverbot nach herschender Auffassung für die geschäftsführenden Gesellschafter dieser Gesellschaft bejaht[77]. Nach dieser Meinung wird wegen der Vorschrift des § 709 BGB das Wettbewerbsverbot zum Regelfall in der erwerbswirtschaftlich tätigen BGB-Gesellschaft. Die Gesellschaft sei, so lautet eine hierfür gegebene Begründung, vor der Konkurrenztätigkeit eines geschäftsführenden Gesellschafters ebenso schutzbedürftig wie eine OHG, die sich gegenüber ihren geschäftsführenden Gesellschaftern auf die Bestimmung des § 112 HGB berufen könne. Wegen dieser identischen Schutzbedürftigkeit müßten die Gesellschafter einer Gesellschaft bürgerlichen Rechts, nicht anders als die persönlich haftenden Gesellschafter einer Handelsgesellschaft, auf eine Konkurrenztätigkeit im Handelszweig ihrer Gesellschaft verzichten. Das mit der OHG gleichartige Schutzbedürfnis begründe auch ein mit der OHG gleichartiges Wettbewerbsverbot, das sich für die Gesellschaft bürgerlichen Rechts aus der Treuepflicht ergebe[78].

Die Annahme, daß die geschäftsführenden Gesellschafter einer Erwerbsgesellschaft bürgerlichen Rechts grundsätzlich einem Wettbewerbsverbot unterliegen, dürfte zu pauschal sein. Diese Ansicht vernachläßigt die erforderliche Abwägung im Einzelfall, die durch die Nichtaufnahme eines ausdrücklichen gesetzlichen Wettbewerbsverbotes in die §§ 705 ff. BGB nach dem Willen des Gesetzgebers erreicht werden soll. So ist ein aus der Treuepflicht hergeleitetes Wettbewerbsverbot in einer Gesellschaft zweier Minderkaufleute aus den oben erwähnten Gründen angebracht, wenn sich die Gesellschafter vereinbarungsgemäß ganztägig ihrer Gesellschaft zu widmen haben. Zweifelhaft wird die Annahme eines § 112 HGB entsprechenden Verbotes aber dann,

---

75. die Aussage bei Palandt-Thomas § 705 Rn. 19, ein Konkurrenzverbot wie in § 112 HGB bestehe nicht, kann wohl nicht als grundsätzliche Absage an ein aus der Treuepflicht herzuleitendes Wettbewerbsverbot verstanden werden, es dürfte sich lediglich um die Ablehnung eines im Umfang generell § 112 HGB entsprechenden Wettbewerbsverbotes für den Bereich der BGB-Gesellschaft handeln

76. Salfeld, S. 92

77. Soergel-Hadding (11. Aufl.) § 705 Rn. 62; Salfeld, S. 109; MünchKomm-Ulmer § 705 Rn. 194

78. Salfeld, S. 109

wenn die Gesellschafter absichtlich den zeitlichen Umfang ihrer Tätigkeit beschränken und deshalb lediglich ein minderkaufmännisches Gewerbe vorliegt. Verkaufen z.B. zwei in einer BGB-Gesellschaft zusammengeschlossene und zur Geschäftsführung befugte Studenten zur Aufbesserung ihres Taschengeldes in ihrer Freizeit reparierte Fahrräder, wobei der Gesamtaufwand für Verkauf und Arbeit vereinbarungsgemäß auf acht Stunden pro Woche beschränkt wird, so wird man es einem Mitglied dieser Gesellschaft wohl nicht grundsätzlich verwehren können, in den Semesterferien einige Fahrräder zusätzlich für sich selbst zu erwerben, zu reparieren und zu verkaufen, während der Geschäftspartner es vorzieht, zu studieren und seinen Arbeitseinsatz daher weiterhin auf das gesellschaftsvertraglich geschuldete Maß beschränkt. Da die Gesellschaft hier den Umfang ihrer Geschäftstätigkeit selbst eingeschränkt hat, verstößt ein solches Verhalten nicht ohne weiteres gegen die Treuepflicht. Inhalt dieser Pflicht ist es, den Interessen der Gesellschaft nicht zuwider zu handeln. Da in unserem Fall dieses Interesse der Gesellschaft aber nicht auf die Abschöpfung sämtlicher am Markt vorhandener Gewinnmöglichkeiten, sondern lediglich auf die Erzielung eines zusätzlichen Taschengeldes geht, werden die Interessen der Gesellschaft nicht beeinträchtigt, wenn einer ihrer Gesellschafter die von der Gesellschaft bewußt nicht in Anspruch genommenen Marktchancen für sich in Anspruch nimmt. Dies ist erst dann der Fall, wenn weitere Umstände hinzukommen, etwa wenn der Gesellschaft dadurch die Möglichkeit genommen wird, ihre Produkte auf dem Markt abzusetzen.

Dieses Beispiel dürfte deutlich zeigen, daß eine konkrete und an den individuellen Umständen des Einzelfalles orientierte Prüfung des Eingreifens eines aus der Treuepflicht folgenden Wettbewerbsverbotes nicht durch die pauschale Annahme eines solchen Verbotes für die geschäftsführenden Gesellschafter einer BGB-Gesellschaft ersetzt werden darf.

Nach anderer Auffassung greift ein Wettbewerbsverbot für die geschäftsführenden Gesellschafter einer BGB-Gesellschaft nur ein, wenn die Gesellschaft durch die Konkurrenztätigkeit des geschäftsführenden Gesellschafters konkret geschädigt wird[79]. Diese Ansicht ist ebenfalls als eine die notwendige Abwägung im Einzelfall vernachlässigende Pauschalierung abzulehnen, die zudem den notwendigen Schutz der Gesellschaft nicht hinreichend gewährleistet. In vielen Fällen wird ein aus der Treuepflicht folgendes Wettbewerbsverbot wie bei § 112 HGB auch ohne den Nachweis einer konkreten Schädigung zu bejahen sein. Die Treuepflicht kann es auch gebieten, Handlungen zu unterlassen, bei denen nur die Möglichkeit einer Schädigung besteht[80]. Die Gesellschafter sind durch die Treuepflicht gehalten, alles zu unterlassen, was den Interessen ihrer Gesellschaft zuwiderläuft. Dazu gehört nicht erst die konkrete Schädigung, sondern auch die Schaffung einer Gefahrenlage. Dies zeigt sich schon in dem Umstand, daß im Regelfall auch niemand seinen als Einzelkaufmann betriebenen Handel ohne rechtfertigenden Grund auch bloß gefährden würde.

79. so Staudinger-Keßler (12. Aufl.) Vorbem. zu § 705 Rn. 51
80. a.A. z. B. Staub-Ulmer § 112 Rn. 3

c. Wettbewerbsverbote für nicht geschäftsführende Gesellschafter

Umstritten ist, ob und ggf. unter welchen weiteren Voraussetzungen auch die nicht geschäftsführenden Gesellschafter einer BGB-Gesellschaft einem Wettbewerbsverbot unterliegen. Vereinzelte Stimmen in der Literatur wollen auch diese Gesellschafter einem grundsätzlichen Wettbewerbsverbot unterwerfen[81], nach anderer Auffassung ist ein so weitgehendes Verbot abzulehnen und das Eingreifen eines Wettbewerbsverbotes für die nicht geschäftsführenden Gesellschafter einer Gesellschaft bürgerlichen Rechts nach den tatsächlichen Gegebenheiten in der betreffenden Gesellschaft (z.B. Umfang der eingeräumten Informations- und Kontrollrechte) zu bestimmen[82].

Das von Kardaras befürwortete generelle Wettbewerbsverbot für den nicht geschäftsführenden Gesellschafter einer Gesellschaft bürgerlichen Rechts ist abzulehnen, weil es im Widerspruch zu der gesetzlichen Wertung des § 165 HGB steht. Es gibt keinen Grund, die Gesellschafter einer BGB-Gesellschaft einem strengeren Wettbewerbsverbot zu unterwerfen, als die Gesellschafter der Handelsgesellschaften. Eine solche Ausdehnung des Wettbewerbsverbotes steht zudem im Widerspruch zur Zielsetzung des Gesetzgebers, der für die BGB-Gesellschaft jedenfalls kein weiterreichendes Wettbewerbsverbot als für die Handelsgesellschaften begründen wollte. Der Gegenmeinung, die über ein Wettbewerbsverbot für nicht geschäftsführende Gesellschafter erst nach einer Abwägung aller Umstände entscheiden will, ist schon deshalb zuzustimmen, weil nach der hier vertretenen Auffassung immer eine Abwägung des Einzelfalles erforderlich ist. Die fehlende Geschäftsführungsbefugnis eines Gesellschafters stellt im Rahmen dieser Abwägung lediglich ein gegen die Annahme eines Wettbewerbsverbotes sprechendes Argument dar, das durch andere Umstände durchaus aufgewogen werden kann.

III. Aktiengesellschaften

1. Die Entwicklung der Treuepflichten und Wettbewerbsverbote für Aktionäre bis 1945

Im Geltungsbereich des ALR kannte man in Preußen zumindest nach dem Wortlaut des ALR Th. II Tit. 8 Wettbewerbsverbote für die Aktionäre der nichtbestätigten Aktiengesellschaften. Dieses aus dem Wortlaut des ALR folgende Wettbewerbsverbot für die Aktionäre der nichtbestätigten Aktiengesellschaften empfand man jedoch als unpassend[83]. Daher vermag es nicht zu überraschen, daß schon die in der ersten Hälfte des 19. Jahrhunderts entstandenen handelsrechtlichen Kodifikationsentwürfe im Regelfall, sieht man von der Ausnahme des österreichischen "Ministeriellen Entwurfes" ab, für die Aktionäre einer Aktiengesellschaft keinerlei Wettbewerbsverbote mehr vorsahen. Auch Treuepflichten, aus denen sich ein ungeschriebenes Wettbewerbsverbot hätte herleiten lassen, waren gesetzlich nicht vorgesehen und wurden in den Motiven nicht erörtert[84].

81. Kardaras, S. 34 f.
82. so z.B. Soergel-Hadding (11. Aufl.) § 705 Rn. 61
83. vgl. dazu Kapitel D III 2
84. vgl. dazu Kapitel E

Dieser Zustand blieb bei den folgenden aktienrechtlichen Gesetzgebungen erhalten. Auch in der Literatur und Rechtsprechung war man zumindest bis zu Beginn der zwanziger Jahre des zwanzigsten Jahrhunderts der Auffassung, daß zwischen den Aktionären einer Aktiengesellschaft überhaupt keine und zwischen Aktionären und Gesellschaft nur insoweit eine Beziehung bestehe, als das Aktienrecht abschließende Bestimmungen über die Rechte und Pflichten enthält[85].

Eine rasche Änderung in der Auffassung zu dieser Frage trat ein, nachdem zuerst Wieland in seinem 1921 erschienenen Lehrbuch des Handelsrechts die Auffassung geäußert hatte, daß eine Aktiengesellschaft nach Ursprung und Gestalt eine Gesellschaft wie jede andere sei. Folgerichtig bestünden zwischen den an ihr Beteiligten auch gegenseitige Rechte und Pflichten[86]. Mit dieser These Wielands war der Weg zur Diskussion über die Anerkennung von Treuepflichten innerhalb der Aktiengesellschaften und damit letztlich auch der Weg zur Diskussion über die Anerkennung von Wettbewerbsverboten für die Gesellschafter dieser Gesellschaftsform eröffnet. Dabei nahm die allgemeine Erörterung über Treuepflichten innerhalb der Aktiengesellschaften, die schon während der Weimarer Republik einsetzte und deshalb nicht als typisch nationalsozialistische Erscheinung abgetan werden kann, ab 1933 zeitbedingt einen breiteren Raum ein. Diese Diskussion entzündete sich freilich nicht an der kaum beachteten Frage eines aus der Treuepflicht folgenden Wettbewerbsverbotes für die Gesellschafter einer Aktiengesellschaft. Umstritten war vorrangig die Frage der Zulässigkeit von Kapitalerhöhungsbeschlüssen unter Ausschluß des Bezugsrechts der Aktionäre bei gleichzeitiger Zuwendung der Aktien an den bisherigen Mehrheitsaktionär oder an einen Treuhänder[87].

Schon vor 1933 erkannte ein Teil der Literatur in diesem Zusammenhang an, daß nicht nur zwischen Aktionär und Gesellschaft, sondern auch zwischen den einzelnen Aktionären ein Rechtsverhältnis besteht, das von Treu und Glauben beherrscht wird und das daher dem einzelnen Aktionär in seinem Verhalten Schranken auferlegt,

---

85. siehe dazu Dorpalen in ZHR 103, S. 1 ff. (2) und Fillmann, S. 28 ff.; aus der zeitgenössischen Rechtsprechung vgl. z.B. RGZ 68, 235 ff. (248 f.) und RG LZ 1914, Sp. 274 f.; die Existenz von Treuepflichten wird ausdrücklich abgelehnt in RGZ 81, 37 ff. (40)
86. Wieland, S. 396 ff., 459 ff., 511f.
87. Fillmann, S. 28 m.w.N.

welche über die sich aus den §§ 138, 826 BGB ergebenden Beschränkungen hinausgehen[88]. Nach 1933 verstärkte sich dann in der Literatur die, allerdings niemals unbestrittene[89], Auffassung von der Existenz einer Treuepflicht innerhalb der Aktiengesellschaft. Umstritten war in diesem Zusammenhang insbesondere die dogmatische Herleitung[90] und die Adressaten[91] der Treuepflichten. Auch das Reichsgericht, das sich vor 1933 auf eine, allerdings stetig verschärfte, Mißbrauchkontrolle am Maßstab der §§ 138, 826 BGB beschränkte[92], erkannte in den Jahren nach 1933 die Treuepflichten innerhalb der Aktiengesellschaften an. Mit Urteil vom 4. Dezember 1934 begründete es unter ausdrücklicher Berufung auf die Treuepflichten der Aktionäre untereinander die Ausdehnung eines Stimmverbotes[93], am 22. Januar 1935 prüfte es die Erhebung einer Anfechtungsklage am "Maßstab der jedem Aktionär gegenüber der Gesellschaft obliegenden Treuepflicht"[94].

---

88. vgl. aus der Literatur vor 1933: Lippschütz in JW 1928, S. 628 f. (629) = Bejahung von Treuepflichten der Aktionäre untereinander sowie Netter in JW 1931, S. 3030 ff. (3033) = Bejahung von Treuepflichten der Aktionäre untereinander und gegenüber der Gesellschaft; weitere Nachweise zur Bejahung von Treuepflichten innerhalb der Aktiengesellschaften in der Literatur vor 1933 bei Dorpalen in ZHR 103, S. 10 Fn. 25;
Treuepflichten dagegen auch im Jahre 1933 noch ausdrücklich ablehnend: Staub-Pinner (14. Aufl.) § 178 Anm. 23; weitere Nachweise zu den Literaturstimmen, die bis 1933 Treuepflichten innerhalb der AG ablehnten bei Dorpalen in ZHR 103, S. 10 Fn. 26
89. siehe dazu die Nachweise bei Dorpalen in ZHR, S. 16 Fn. 40 f.
90. Verpflichtung gegenüber der Volksgemeinschaft: Bergmann in ZHR 105, S. 10; weitere Nachweise zu der Herleitung der Treuepflicht innerhalb der AG aus der Verpflichtung der Aktionäre gegenüber der Volksgemeinschaft bei Fillmann, S. 26 Fn. 128
Verpflichtung gegenüber der Treuegemeinschaft AG: Hesse, S. 22 mw.N.; siehe zu weiteren Vertretern dieser Auffassung auch Fillmann, S. 26 Fn. 129, der allerdings wenig treffend von einer "Begründung mit dem Unternehmensbegriff" spricht
91. Treuepflichten der Aktionäre gegenüber der Gesellschaft: Ritter in JW 1934, S. 3025 ff. (3029) m.w.N.; weitere Nachweise zu dieser Auffassung auch bei Fillmann, S. 27 Fn. 134 und bei Dorpalen in ZHR 103, S. 27 Fn. 68
Treuepflichten derAktionäre auch untereinander: Dorpalen in ZHR 103, S. 27; Hesse, S. 24 ff; weitere Nachweise zu dieser Auffassung bei Fillmann, S. 27 Fn. 133 und Dorpalen in ZHR 103, S. 28
92. vgl. dazu beispielhaft RGZ 107, 67 ff (72); RGZ 107, 132 ff. (163 f.); RGZ 142, 219 ff. (222); RG JW 1828, S. 625 ff.; in der Bewertung der Rechtsprechung des RG wohl zeitbedingt abweichend Dorpalen in ZHR 103, S. 10 f., der schon seit der Entscheidung in RGZ 107, 67 ff. von einer bloß formalen Anknüpfung des RG an die §§ 138, 826 BGB bei sachlicher Berücksichtigung von Treuepflichten durch das RG ausgeht; wie hier Fillmann, S. 28 ff.
93. RGZ 146, 71 ff. (76)
94. RGZ 146, 385 ff. (395)

Mit der Anerkennung der Treuepflichten innerhalb der Aktiengesellschaften durch Literatur und Rechtsprechung wäre an sich auch die Möglichkeit gegeben gewesen, trotz des Fehlens einer entsprechenden gesetzlichen Regelung auch Wettbewerbsverbote für die Gesellschafter einer Aktiengesellschaft zu bejahen. Diese Konsequenz vermochten allerdings weder Literatur noch Rechtsprechung zu ziehen[95]. Die meisten Autoren, die die Existenz von Treuepflichten innerhalb der Aktiengesellschaften anerkannten, schwiegen zu der Frage, ob sich aus der von ihnen anerkannte Treuepflicht unter weiteren Voraussetzungen auch ein Wettbewerbsverbot für Aktionäre herleiten lasse[96]. Die ausdrückliche Bejahung eines Wettbewerbsverbotes ist nirgends ersichtlich. Erörtert wurde dagegen die Frage, ob und ggf. in welchem Umfang die Mitgliedschaftsrechte eines Aktionärs, der zugleich einem Konkurrenzunternehmen angehört, unter dem Gesichtspunkt einer Verletzung der Treuepflicht bei einem Handeln zugunsten des Konkurrenzunternehmens zu beschränken seien. Nach Hesse sollte die Ausübung des Fragerechts eines an einem Konkurrenzunternehmen beteiligten Aktionärs auf der Hauptversammlung seiner Aktiengesellschaft zu dem Zweck, die Ausbeutung des durch die Frage erlangten Wissens durch das Konkurrenzunternehmen zu ermöglichen, wegen der darin liegenden Treuepflichtverletzung nichtig und somit rechtlich unbeachtlich sein[97]. Dagegen hatte Jung keine Bedenken, den an zwei Konkurrenzunternehmen beteiligten Aktionär auf der Hauptversammlung einer dieser Gesellschaften sein Stimmrecht ausüben zu lassen. Dieser Aktionär, so Jung, stimme im Falle einer Schädigung der Gesellschaft durch den mit seiner Stimme gefaßten Beschluß ja zu Lasten seiner eigenen Tasche, und dies werde er sich gut überlegen[98].

Festzustellen ist somit, daß trotz Anerkennung der Treuepflichten innerhalb der Aktiengesellschaften durch den überwiegenden Teil der Literatur und Rechtsprechung bis 1945 nicht die Forderung nach einem Wettbewerbsverbot für die Gesellschafter einer Aktiengesellschaft erhoben wurde. Soweit eine Beschränkung der Aktionäre wegen der Beteiligung an einem Konkurrenzunternehmen überhaupt befürwortet wurde, versuchte man, den durch diese Doppelbeteiligung hervorgerufenen Interessenkonflikt durch die Beschränkung der Mitgliedschaftsrechte zu lösen.

95. im folgenden wird die Literatur vor und nach Erlaß des Aktiengesetzes vom 30. Januar 1937 gemeinsam abgehandelt, weil dieses Gesetz für die hier behandelte Fragestellung keinerlei Zäsurwirkung besaß

96. siehe Ritter, S. 7; Düringer/Hachenburg Einl. Rn. 79; Badow/Heinichen/Schmidt/Schmidt/Weipert § 49 f.; auch die Akademie für Deutsches Recht, die die Frage der Existenz einer Treuepflicht für Aktionäre ausdrücklich und ausführlich erörterte, zog zu keiner Zeit die Konsequenz, ein Wettbewerbsverbot für die Gesellschafter der Aktiengesellschaft zu fordern, siehe dazu Schubert, Ausschuß für Aktienrecht, S. 55, 61, 65, 89, 105, 265 f., 435 f. und 484

97. Hesse, S. 42

98. Jung in ZHR 107, S. 78

2. Die Entwicklung der Treuepflichten und Wettbewerbsverbote für Aktionäre ab 1945

Entgegen einer in der Literatur vertretenen Auffassung ging die Rechtsprechung auch nach 1945 von der Existenz von Treuepflichten innerhalb der Aktiengesellschaften aus[99]. Den Entscheidungen BGHZ 9, 157 ff. (163) und BGHZ 14, 25 ff. (38) kann wohl lediglich die Aussage entnommen werden, daß die Treuepflicht des Aktionärs nicht so stark wie die eines GmbH-Gesellschafters ist, eine Aussage, die die Existenz von Treuepflichten auch in der Aktiengesellschaft voraussetzt[100]. Der Entscheidung des 2. Zivilsenats vom 27. Oktober 1955 läßt sich nur die Ablehnung der Anerkennung von Treuepflichten der Gesellschafter einer Aktiengesellschaft untereinander entnehmen; Aussagen zur Existenz von Treuepflichten zwischen Aktionär und Aktiengesellschaft enthält diese Entscheidung nicht[101]. Heute jedenfalls zählt sowohl die Anerkennung von Treuepflichten zwischen Aktionär und Gesellschaft als auch der Aktionäre untereinander zum gesicherten Stand der Rechtsprechung[102].

Auch die Literatur, die zunächst der Anerkennung von Treuepflichten innerhalb der Aktiengesellschaft ablehnend gegenüberstand[103], bekennt sich in neuerer Zeit mit unterschiedlichen Begründungen und Akzentuierungen zunehmend zur Existenz von Treuepflichten zwischen den Aktionären und zwischen Aktionären und Aktiengesellschaft[104]. Anders als in der Zeit vor 1945 wird nunmehr auch die Schlußfolgerung gezogen, daß für den Aktionär einer Aktiengesellschaft aus der Treuepflicht ein Wettbewerbsverbot folgen könne.

Salfeld fordert ein Wettbewerbsverbot für den Mehrheitsaktionär einer Gesellschaft. Dieser besitze rein faktisch eine Machtposition innerhalb der Gesellschaft, die mit den Einflußmöglichkeiten vergleichbar sei, welche sich aus dem Recht zur Ge-

---

99. anders wohl Eisenhardt, Gesellschaftsrecht, Rn. 222 und Salfeld, S. 173; wie hier Fillmann, S. 41; BGHZ 103, 184 ff. (194)

100. besonders deutlich wird dies in BGHZ 14, 25 ff. (38)

101. vgl. BGHZ 18, 350 ff. (365)

102. vgl. BGHZ 103, 185 ff. (195) und BGH NJW 1992, S. 3167 ff. (3171); diese Bewertung der BGH-Rechtsprechung nehmen auch Eisenhardt, Gesellschaftsrecht, Rn. 222a und Fillmann, S. 44 f. vor; überholt ist dagegen die anderslautende Aussage bei Salfeld, S. 173 f., dessen Arbeit aus der Zeit vor der Entscheidung BGHZ 103, 185 ff. stammt, der jedoch auch die hier aufgezeigte Bedeutung von BGHZ 14, 26 ff. (38) verkennt

103. so z.B. Hueck, S. 14 f.; vgl. dazu auch die Nachweise bei Fillmann, S. 46; Wiedemann, S. 433 Fn. 24; Salfeld, S. 174 Fn. 66

104. vgl. dazu beispielhaft Wiedemann, S. 433; Schmidt, S. 671 ff. m.w.N; Lutter in JZ 1976, S. 224 ff. m.w.N.; Salfeld, S. 172 ff. m.w.N.; Fillmann, S. 45 ff. m.w.N.; Eisenhardt, Gesellschaftsrecht, Rn. 22a. m.w.N.; Kölner Kommentar-Lutter, Vorb. § 53a Rn. 6; kritisch noch heute z.B. Geßler/Hefermehl/Eckardt/Kropff, Vor § 53a Rn. 18 ff.

schäftsführung ergeben. Solange der Mehrheitsaktionär im Innenverhältnis die Geschicke der Gesellschaft bestimmen könne, gefährde er sie als Wettbewerber in besonderer Weise[105].

Friedewald bejaht für den von ihm behandelten Problembereich der personalistischen AG ein Wettbewerbsverbot für Aktionäre dann, wenn sie, wie das in der personalistischen AG regelmäßig der Fall sei, Einblick in und Einfluß auf die Geschäftsführung hätten[106].

Sowohl Salfeld als auch Friedewald stützen die Annahme eines Wettbewerbsverbotes in einer AG, das sie zu Recht nur in Sonderfällen bejahen wollen, auf die ausnahmsweise gegebene große Einflußmöglichkeit eines Aktionärs auf die Geschicke der Gesellschaft. Insoweit ergänzen sich ihre Auffassungen, die deshalb nicht als gegensätzlich anzusehen sind. Jeder Autor zeigt eine Situation auf, in der eine solche Einflußmöglichkeit gegeben ist. Während Salfeld jedoch einen Vergleich mit dem gesetzlichen Regelungsmodell des § 88 AktG vornimmt und ein aus der Treuepflicht des Aktionärs hergeleitetes Wettbewerbsverbot für den Mehrheitsaktionär dann bejaht, wenn sein Einfluß auf die Geschicke der Gesellschaft derjenigen eines Vorstandsmitgliedes gleicht[107], lehnt Friedewald eine Orientierung an der Regelung des § 88 AktG ab. Eine entsprechende Anwendung des § 88 AktG komme, so Friedewald, nicht in Betracht, da der persönliche Anwendungsbereich des § 88 AktG abschliessend geregelt sei. Ein Wettbewerbsverbot sei vielmehr auf die Treuepflicht zu stützen. Bei der Konkretisierung dieser Treuepflicht könnten jedoch die Rechtsgrundsätze der §§ 112 f. HGB entsprechend herangezogen werden[108].

Zuzustimmen ist Friedewald in seinem Ansatz, eine entsprechende Anwendung des § 88 AktG abzulehnen. Eine entsprechende Anwendung des § 88 AktG befürwortet auch Salfeld nicht. Er orientiert sich lediglich zur Bestimmung der Voraussetzungen eines aus der Treuepflicht des Aktionärs abgeleiteten Wettbewerbsverbots an der Wertung des § 88 AktG, die aufzeigt, welche Einflußmöglichkeiten auf die Geschäfte der Aktiengesellschaft bestehen müssen, damit diese des Schutzes gegen Wettbewerbshandlungen bedarf.

Zur erforderlichen Konkretisierung des aus der Treuepflicht folgenden Wettbewerbsverbotes sollte entgegen Friedewald, der die Rechtsgrundsätze des § 112 HGB entsprechend anwenden will, eine Orientierung am Regelungsmodell des § 88 AktG erfolgen, der für die Aktiengesellschaft die im Vergleich zu § 112 HGB sachnähere Regelung darstellt. § 88 AktG und nicht etwa § 112 HGB zeigt, in welchen Fällen eine Aktiengesellschaft gegen Wettbewerbshandlungen eines besonderen Schutzes bedarf. Ein Wettbewerbsverbot ist daher immer dann zu bejahen, wenn ein Aktionär

105. Salfeld, S. 179; vergleichbar der Ansatz bei Lutter in AcP 180, S. 112 f.
106. Friedewald, S. 141 f.; vergleichbar der Ansatz bei Lutter in AcP 180, S. 112 f.
107. vgl. Salfeld, S. 178 ff.
108. Friedewald, S. 141 ff., ähnlich auch der Ansatz von Lutter in AcP 180, S. 112 f.

einer Aktiengesellschaft, sei es, weil er Mehrheitsaktionär ist oder weil er in einer personalistischen AG aus sonstigen Gründen starken Einfluß besitzt, in einer dem Vorstand einer AG vergleichbaren Weise Einfluß auf die Geschicke der Gesellschaft hat.

Sowohl für den Großaktionär als auch für den Aktionär einer personalistischen Aktiengesellschaft bestehen gegenüber der Gesellschaft und den Mitgesellschaftern Treuepflichten, die die Grundlage der von Swoboda und Friedewald befürworteten Verbote sind. Für den Großaktionär folgt eine entsprechende Treuepflicht aus der Notwendigkeit der Kontrolle seiner mittelbaren und unmittelbaren Einflußmöglichkeiten auf die Geschicke der Gesellschaft[109], für den Aktionär einer personalistischen Aktiengesellschaft aus der Vergleichbarkeit der internen Struktur dieser Gesellschaft mit derjenigen einer GmbH[110]. Beim Vorhandensein derartiger Realstrukturen greifen die Bedenken, die schon 1838 in Preußen gegen die Annahme eines Wettbewerbsverbotes für die Aktionäre einer Aktiengesellschaft geäußert wurden, nämlich daß ein solches Verbot wegen des fehlenden Rechts der Aktionäre zur Teilnahme am Betrieb der Gesellschaft nicht gerechtfertigt sei, nicht durch. Zwar hat auch der Großaktionär und der Aktionär einer personalistischen Aktiengesellschaft ein solches Recht nach dem AktG nicht in weitergehenden Umfang als der sonstige Aktionär einer Aktiengesellschaft. Für diese Gesellschafter besteht jedoch die Möglichkeit zur faktischen Einflußnahme auf den Betrieb der Gesellschaft unabhängig von einer ausdrücklich eingeräumten gesetzlichen Befugnis. Die Gesellschaft ist gegenüber einer Konkurrenztätigkeit dieser Gesellschafter genauso schutzbedürftig, als wäre diesen Gesellschaftern ein ausdrückliches Recht auf die Teilnahme am Betrieb der Gesellschaft eingeräumt.

Deshalb besteht ein aus der Treuepflicht herzuleitendes Wettbewerbsverbot für die Gesellschafter einer Aktiengesellschaft immer dann, wenn die tatsächliche Position eines Aktionärs derjenigen des Vorstandes einer AG entspricht.

In dem hier bejahten Umfang ist ein Wettbewerbsverbot für Aktionäre unumgänglich und kann nicht durch Maßnahmen ersetzt werden, die die Belange der betroffenen Aktionäre weniger beeinträchtigen. Die Gefahr eines Mißbrauchs der tatsächlichen Informations- und Einflußmöglichkeiten in den hier aufgezeigten Fallgestaltungen kann nicht mit dem Argument Jungs widerlegt werden, ein Aktionär werde es sich schon überlegen, ob er zu Lasten seiner eigenen Tasche stimme[111]. Diese Argumentation übersieht, daß die Schädigung einer Gesellschaft sich für einen Aktionär insgesamt positiv auswirken kann, etwa weil die Gewinne durch die Begünstigung einer Gesellschaft bei ihm höher sind als der auf ihn entfallende Wertverlust der Aktien der

109. vgl. BGHZ 103, 184 ff. (195); Timm in WM 1991, S. 481 ff. (482)
110. vgl. Lutter in JZ 1976, S. 230; auch der BGH läßt nunmehr (NJW 1992, S. 3167 ff., 3171) offen, ob die Treuepflicht lediglich auf die Begrenzung der Mehrheitsherrschaft gerichtet ist
111. siehe dazu Fn. 98

geschädigten Gesellschaft. Der Vorschlag Hesses[112] bietet der Gesellschaft, unabhängig von der zumindest nach heutiger Rechtslage wegen § 131 Abs. 3 Nr. 1 AktG dogmatischen Fragwürdigkeit dieser Konstruktion, keinen hinreichenden Schutz. Nicht immer vermag der Vorstand zu erkennen, zu welchem Zweck ein Mitgliedschaftsrecht ausgeübt wird, die Verweigerung von Mitgliedschaftsrechten bringt daher keinen Nutzen, wenn der Aktionär seine Pläne erfolgreich heimlich verfolgt. Hier vermag nur ein grundsätzliches Wettbewerbsverbot zu helfen.

Der Umfang der den Aktionär verbotenen Tätigkeit ist ausschließlich § 88 AktG zu entnehmen, nicht etwa § 112 HGB. Wird das Wettbewerbsverbot für einen Aktionär mit dessen vorstandsähnlichen Einfluß auf die Geschicke der Gesellschaft begründet, so bedarf die Gesellschaft vor Konkurrenzgeschäften dieses Aktionäres desselben Schutzes, den sie vor einer Wettbewerbstätigkeit eines ihrer Vorstandsmitglieder benötigt. § 88 AktG ist die Vorschrift, die aufzeigt, gegen welche Geschäfte des Vorstandes die AG schutzbedürftig ist. Sie geht in einigen Punkten (Verbot des Betreibens jedes Handelsgewerbes, Verbot einer Tätigkeit als Mitglied des Vorstandes oder Geschäftsführer einer anderen Handelsgesellschaft) über die Bestimmung des § 112 HGB hinaus, weil die Aktiengesellschaft nach der Wertung des Gesetzgebers auch in diesen Fällen des Schutzes bedarf.

IV. Wettbewerbsverbote für GmbH-Gesellschafter

1. Die Wettbewerbsverbote während der Entstehung des Gesetzes

Im siebten und achten Jahrzehnt des 19. Jahrhunderts standen den wirtschaftlichen Unternehmungen lediglich zwei Gruppen von Rechtsformen zur Verfügung, auf der einen Seite die "individualistischen" Formen der OHG und KG, auf der anderen Seite die "kapitalistische" AG. Dabei hatten die in den sogenannten Gründerjahren nach 1871 aufgetretenen Mißstände im Aktienwesen 1884 zu einer Reform des Aktiengesetzes geführt, die Schwindelgründungen von Aktiengesellschaften durch strenge Gründungsvorschriften und sonstige Formalitäten bekämpfte. Aus dieser Ausgangssituation entstand, wesentlich zu dem Zweck, die deutschen Kolonialgesellschaften außerhalb der als beengend empfundenen Vorschriften des Aktienrechts zu stellen, in den achtziger Jahren des 19. Jahrhunderts die Initiative zur Einführung einer Gesellschaftsform, die die persönliche Haftung der Gesellschafter ausschließt, ohne an die zu diesem Zweck zu gründenden Gesellschaften die strengen Anforderungen des Aktienrechts zu stellen[113].

Während es vorwiegend der Reichstagsabgeordnete Oechelhäuser war, der für eine Reform der bestehenden individualistischen Gesellschaftsformen auf der Basis einer

112. siehe dazu Fn. 97

113. Riesser, S. 292; Fischer, GmbH, S. 1 ff.; Raisch, Unternehmensrecht, S. 169; Verein, S. 1 ff.; Entwurf GmbH, S. 27 ff.

beschränkten Haftbarkeit der Gesellschafter eintrat, befürworteten die Abgeordneten Meyer und Hammacher die Schaffung einer neuen kollektivistischen Gesellschaftsform[114].

Die Befürworter einer individualistischen neuen Gesellschaftsform wollten die neu zu schaffende Gesellschaft nach dem Vorbild der OHG gestalten und folgerichtig die Gesellschafter der neu zu schaffenden GmbH dem Wettbewerbsverbot der Art. 96 f. ADHGB bzw. einer entsprechenden Regelung unterwerfen[115]. So lautete der Gesetzesvorschlag Oechelhäusers[116]:

§ 2
Auf die Gesellschaft mit beschränkter Haftbarkeit finden die Bestimmungen Buch II Titel I des Handelsgesetzbuches (ADHGB) über die offene Handelsgesellschaft Anwendung, insofern sie nicht durch nachfolgende Bestimmungen abgeändert oder ergänzt werden.

Da in den folgenden Paragraphen des Oechelhäuserschen Entwurfes keine das Wettbewerbsverbot des ADHGB abändernden oder ergänzenden Bestimmungen enthalten sind, sollte dieses Verbot nach der Konzeption des Entwurfes auch auf die Gesellschafter der neuen Gesellschaftsform Anwendung finden.

Der Gesetzesvorschlag Oechelhäusers fand überwiegend positive Resonanz, vor allem bei der Mehrzahl der dazu befragten Handelskammern[117].

Aber auch die Befürworter von Modellen, bei denen trotz teilweiser Anlehnung an Vorschriften über die offene Handelsgesellschaft der Korporationscharakter der neu zu schaffenden Gesellschaft stärker in den Vordergrund trat, beabsichtigten teilweise die Einführung eines ausdrücklichen Wettbewerbsverbotes. Daher stellte die Grenze zwischen den Vertretern einer personalistischen und denjenigen einer kollektivistischen Lösung nicht etwa gleichzeitig die Grenze zwischen den Befürwortern und Gegnern eines Wettbewerbsverbotes für die Gesellschafter der neu zu gründenden Gesellschaftsform dar.

---

114. Riesser, S. 292; Goldschmidt, Formen der Handelsgesellschaften, S. 339; Schilling, S. 194; Raisch, Unternehmensrecht, S. 169; Fischer, GmbH, S. 2; Wiedemann, S. 28; Gesetzentwürfe der Abgeordneten Meyer und Hammacher sind in der hier ausgewerteten Literatur nicht nachgewiesen
115. zum Wortlaut dieser Verbote vgl. Kapitel F I 5; zur zeitgenössischen Auslegung Kapitel F II 1 a - c
116. abgedruckt bei Schilling, S. 206; vgl. im übrigen die Nr. 2 der mit diesem Entwurf nahezu wortgleichen, von der Berliner Kaufmannschaft entworfenen, Grundzüge der neuen Gesellschaftsform, abgedruckt bei Riesser, S. 322 ff.
117. so Riesser, S. 317 ff.; diese Zustimmung dürfte auf die weitgehende Übereinstimmung zwischen dem Gesetzentwurf Oechelhäusers und den von der Berliner Kaufmannschaft vorgeschlagenen Grundzüge dieser neuen Gesellschaftsform zurückzuführen sein

So schlug der Kölner Justizrat Robert Esser in einem 1886 für den Deutschen Kolonialverein unterbreiteten Gesetzesvorschlag folgendes Wettbewerbsverbot vor[118]:

Art. 20
Ein geschäftsführender Gesellschafter darf ohne Genehmigung der anderen Gesellschafter weder in dem Handelszweig der Gesellschaft für eigene Rechnung oder für Rechnung eines Dritten Geschäfte machen, noch an einer anderen gleichartigen Handelsgesellschaft als offener oder geschäftsführender Gesellschafter oder als Mitglied des Vorstandes theilnehmen.

Eine Genehmigung der Theilnahme an einer anderen Gesellschaft in gedachter Art ist schon dann anzunehmen, wenn den übrigen Gesellschaftern bei Eingehung der Gesellschaft diese Theilnahme des Gesellschafters an der anderen Gesellschaft bekannt war, und gleichwohl das Aufgeben der Theilnahme nicht ausdrücklich bedungen worden ist.

Für einen Gesellschafter, welcher den vorstehenden Bestimmungen zuwiderhandelt, treten auf Grund eines von den Gesellschaftern gefaßten bezüglichen Beschlusses die in Art. 97 Abs. 1 ADHGB bezeichneten Folgen ein. Das Recht der Gesellschaft, in ein von dem Gesellschafter für eigene Rechnung gemachtes Geschäft einzutreten oder Schadenersatz zu fordern, erlischt nach drei Monaten, von dem Zeitpunkt an gerechnet, in welchem die übrigen Gesellschafter von dem Abschlusse des Geschäfts Kenntnis erhalten.

Damit war der Vorschlag Essers für ein gesellschafterbezogenes Wettbewerbsverbot trotz des korporativen Charakters der von ihm in Aussicht genommenen Gesellschaft weitgehend deckungsgleich mit dem Wortlaut der Art. 96 f. ADHGB. Er unterschied sich inhaltlich lediglich in einigen markanten Punkten von dieser gesetzlichen Bestimmung und damit auch von der bloßen Verweisung Oechelhäusers auf diese. So sollte nach der Vorstellung Essers das Wettbewerbsverbot bloß für geschäftsführende Gesellschafter gelten, nicht dagegen für jeden Gesellschafter der neu zu gründenden Gesellschaftsform. Auch der Umfang der verbotenen Teilnahme an einer anderen Handelsgesellschaft war nach dem Wortlaut des Art. 20 des Entwurfes enger gefaßt als die nach Art. 96 Abs. 1 ADHGB verbotenen Teilnahmeformen. Dies stellte aber in der Sache keinen abweichenden Vorschlag, sondern lediglich eine Klarstellung dar, stimmte doch der Wortlaut des Vorschlages von Esser mit der zeitgenössischen Auslegung des Art. 96 Abs. 1 ADHGB überein[119]. Mit der im dritten Absatz des Art. 20 gewählten Formulierung, wonach zur Geltendmachung des Rechts ein Beschluß der Gesellschafter erforderlich sei und die Ausschlußfrist erst mit Kenntnis der übrigen Gesellschafter beginne, wollte Esser offenbar einige bei der Auslegung des Art. 97 ADHGB aufgetretene Streitfragen vermeiden[120].

118. Verein, S. 24 ff. (34); zur Einordnung des Vorschlages von Esser als einen solchen mit korporativem Charakter siehe Entwurf GmbH, S. 35
119. siehe zu dieser Auslegung Kapitel F II 1 a
120. siehe zu diesen Streitpunkten Kapitel F II 1 c

Allerdings war die Befürwortung eines Wettbewerbsverbotes bei den Vertretern einer mehr korporativ ausgerichteten Gesellschaftsform nicht durchgehend. So sah der Vorschlag des Frankfurter Rechtsanwalts Riesser in § 21 seines Entwurfs zu einem "Gesetz betreffend die Gesellschaft mit beschränkter Haftbarkeit (Antheil-Gesellschaft)" vor[121]:

Die Bestimmungen der Art. 93 Abs. 1 und 2, 94, 99 und 100 des HGB's finden auch für die Gesellschaft mit beschränkter Haftbarkeit hinsichtlich der Rechtsverhältnisse der Gesellschafter untereinander Anwendung.

...

Aus der fehlenden Verweisung auf Art. 96 f. ADHGB ergibt sich im Umkehrschluß, daß Riesser das dort geregelte Wettbewerbsverbot nicht angewandt wissen wollte. Umso bedauerlicher ist es, daß Riesser, genauso wie die Verfasser der anderen hier vorgestellten Entwürfe, zu der von ihm gewählten Konzeption hinsichtlich der Wettbewerbsverbote für die Gesellschafter der neu zu regelnden Gesellschaft keinerlei Begründung gab.

Eine direkte Begründung für das Fehlen einer gesetzlichen Regelung über Wettbewerbsverbote für Gesellschafter enthält auch der "Entwurf eines Gesetzes betreffend die Gesellschaft mit beschränkter Haftung" nicht. Mittelbar ergeben sich die Gründe für das Fehlen einer entsprechenden Bestimmung jedoch aus der Begründung zu den Vorschriften über das innere Verhältnis der Gesellschaft. Hier wird die Notwendigkeit einer allgemeinen gesetzlichen Regelung des Innenverhältnisses verneint. Im Gegensatz zur Aktiengesellschaft liege für die Aufstellung bindender Normen keine Veranlassung vor, da die Beteiligung einer Vielzahl von Personen an einer GmbH nicht in Betracht zu ziehen sei. Zur Wahrung ihrer Interessen seien die Gesellschafter daher selbst in der Lage. Zudem mache die Verschiedenheit der Zwecke, denen die Gesellschaft zu dienen bestimmt sei, es wünschenswert, einer den Bedürfnissen entsprechenden Gestaltung der inneren Verhältnisse (durch Gesellschaftsvertrag) tunlichst Raum zu gewähren[122].

Somit ist es auf den Wunsch des Gesetzgebers nach freier Gestaltbarkeit des Innenverhältnisses der GmbH und nicht etwa auf die grundsätzliche Ablehnung eines Wettbewerbsverbotes zurückzuführen, daß das GmbH-Gesetz von 1892 keine Aussagen über Wettbewerbsverbote für GmbH-Gesellschafter trifft.

2. Die Entwicklung der Treuepflichten und der Wettbewerbsverbote bis 1945

Ebenso wie im Recht der Aktiengesellschaft wurde die Existenz von Treuepflichten innerhalb der GmbH schon deutlich vor 1933 anerkannt. Ebenso wie im Aktienrecht wurde diese Figur jedoch an der Frage des Stimmrechtsmißbrauches entwickelt. Eine

---

121. Riesser, S. 339; zur Einordnung des Vorschlages von Riesser als einen solchen mit korporativem Charakter siehe Entwurf GmbH, S. 35

122. Entwurf GmbH, S. 49 f.

Auseinandersetzung mit der Frage, ob aus der Treuepflicht auch ein ungeschriebenes Wettbewerbsverbot für die Gesellschafter der GmbH folgen könne, erfolgte nicht[123]. Es bestand vielmehr Einigkeit darüber, daß die Gesellschafter einer GmbH ohne entsprechende vertragliche Vereinbarung nicht zur Unterlassung von Konkurrenzhandlungen verpflichtet seien[124]. Da die Praxis anscheinend ein starkes sachliches Bedürfnis nach wettbewerbsbeschränkenden Regelungen für GmbH-Gesellschafter verspürte, versuchte sie sich mit der Vereinbarung entsprechender vertraglicher Verbote zu behelfen[125], deren Gültigkeit jedoch wegen der nach § 2 GmbHG erforderlichen notariellen Form des Gesellschaftsvertrages nicht unproblematisch waren.

Auch in der Zeit von 1933 bis 1945 waren vertragliche Vereinbarungen notwendig, wenn sich die Gesellschaft vor der Konkurrenztätigkeit eines ihrer Gesellschafter schützen wollte. Zwar erkannte man auch während dieses Zeitraums, wie schon vor 1933, Treuepflichten der GmbH-Gesellschafter an[126], ein Wettbewerbsverbot für die Gesellschafter einer GmbH wurde aus dieser Pflicht jedoch auch in diesem Zeitraum nicht hergeleitet[127]. Auch rechtspolitisch hielt man ein gesetzliches Wettbewerbsverbot anscheinend nicht für notwendig. Jedenfalls forderte der zwischen 1937 und 1939 über eine Reform des GmbH-Gesetzes beratende Ausschuß für GmbH-Recht der Akademie für Deutsches Recht die Einführung eines entsprechenden ausdrücklichen Verbotes nicht; er leitete ein entsprechendes ungeschriebenes Verbot auch nicht aus der Treuepflicht des GmbH-Gesellschafters ab[128]. Dementsprechend sah der Wortlaut des "Entwurf des Reichsjustizministeriums zu einem Gesetz über Gesellschaften mit beschränkter Haftung" von 1939 kein Wettbewerbsverbot für GmbH-Gesellschafter vor[129]; trotz grundsätzlicher Anerkennung der Treuepflicht des GmbH-Gesellschafters erwähnt die amtliche Begründung zu diesem Entwurf auch kein ungeschriebenes, etwa aus der Treuepflicht abgeleitetes, Verbot[130].

---

123. zur Treuepflicht in der Zeit bis 1933 siehe RG JW 1916, S. 575; RG JW 1933, S. 2904 f.

124. vgl. dazu Buchholz in Jherings Jahrbücher 74, S. 302 ff.; Freymuth in GmbHR 1925, S. 626 ff.

125. siehe dazu die in der vorstehenden Fn. aufgeführte Literatur sowie beispielsweise RG JW 1930, S. 2675 ff.

126. vgl. dazu Schubert, Ausschuß für GmbH-Recht, S. 100, 531, 533, 535, 563

127. siehe dazu insbesondere die fehlende Erwähnung eines solchen Verbotes bei Schubert, Ausschuß für GmbH-Recht, S. 51 ff. (Besprechung mit Vertretern von Familiengesellschaften) und S. 287 ff. (Fragen der Mitgliedschaft der GmbH)

128. vgl. dazu die Nachweise in Fn. 126 f.; allgemein zur Geschichte und Bedeutung des Ausschusses Schubert, Ausschuß für GmbH-Recht, S. VII ff.; Fischer, GmbH, S. 68 ff.

129. vgl. den bei Schubert, Entwurf GmbHG, S. 94 ff. abgedruckten Text des Entwurfes, insbesondere §§ 31 ff. (Rechtsverhältnisse der Gesellschaft und der Gesellschafter); allgemein zu diesem Entwurf und zur Entwicklung des GmbH-Rechts bis 1945 Schubert, a.a.O., S. 19 ff.

130. vgl. dazu die bei Schubert, Entwurf GmbHG, S. 147 ff. wiedergegebene amtliche Begründung des Entwurfes mit Anmerkungen zur Treuepflicht z.B. auf S. 151

3. Die Entwicklung im GmbH-Recht ab 1945

Die Treuepflicht des GmbH-Gesellschafters wurde und wird in der Literatur und Rechtsprechung auch nach 1945 durchgehend anerkannt[131]. Dabei wird die Existenz der Treuepflicht innerhalb der GmbH vorwiegend damit begründet, daß die Beziehungen zwischen den Gesellschaftern dieser Gesellschaftsform trotz ihrer gesetzlichen Ausgestaltung als Kapitalgesellschaft auch persönlicher Art seien, da die inneren Verhältnisse einer GmbH auf eine deutliche Nähe zu den Personengesellschaften angelegt seien könnten. In dieser Verweisung auf die Verhältnisse der Personengesellschaften, die eine Treuepflicht lediglich für die personalistisch strukturierte GmbH rechtfertigen könnte, erschöpft sich die Argumentation jedoch nicht. Als weitere selbständige Begründung wird darauf verwiesen, daß die für die Gesellschaftermehrheit bestehende Möglichkeit der Einflußnahme auf die Geschäftsführung als Gegengewicht die Rücksichtnahme auf die Interessen der Mitgesellschafter erfordere[132]. Treuepflichten können daher nach heutiger Auffassung auch in kapitalistisch strukturierten Gesellschaften mit beschränkter Haftung bestehen und dort Grundlage eines eventuellen Wettbewerbsverbotes sein.

Trotz der durchgehenden verbalen Anerkennung der Treuepflichten hat die Rechtsprechung daraus erst in jüngster Zeit die Anerkennung eines Wettbewerbsverbotes hergeleitet. Noch 1981 führte der BGH aus, daß die Gesellschafter einer GmbH nach dem Gesetz nicht verpflichtet seien, Wettbewerbshandlungen gegenüber der Gesellschaft zu unterlassen[133]. Erste Anzeichen für eine Wende in der Rechtsprechung des BGH zeigten sich 1983. In einem zu einer GmbH & Co. KG ergangenem Urteil unterwarf der BGH einen mehrheitlich an der Komplementär-GmbH und am Kommanditkapital beteiligten Gesellschafter einem Wettbewerbsverbot analog § 112 HGB[134]. Die dabei gegebenen Begründungen und Anknüpfungen sowie die in der Rechtsprechung häufig hervorgehobene Austauschbarkeit von GmbH und GmbH & Co. KG lassen eine Bewertung dieses Urteils als den Beginn der Anerkennung eines Wettbewerbsverbotes für den Gesellschafter einer GmbH durch den BGH zu[135]. So knüpft der Kartellsenat des BGH 1988 an dieses Urteil des II. Zivilsenates aus dem Jahre 1983 an und stellt fest, daß ein satzungsgemäßes Wettbewerbsverbot keine unzulässige Wettbewerbsbeschränkung darstellt, wenn es einem Gesellschafter auferlegt wird, der am Kapital der Gesellschaft zu 50 % beteiligt und auf Grund eines Sonderrechts befugt sei, einen der beiden Geschäftsführer der Gesellschaft vorzuschlagen und jederzeit abzuberufen. Aus der Begründung dieser Entscheidung ergibt sich, daß der BGH ein Wettbewerbsverbot nicht nur für kartellrechtlich unbedenklich hält,

---

131. vgl. dazu z.B. BGHZ 9, 157 ff. (163); BGHZ 14, 25 ff. (38); BGHZ 65, 15 ff. (18), wo unter Hinweis auf neueres Schrifttum erstmals in der BGH - Rechtsprechung ausdrücklich von der Existenz einer Treuepflicht auch zwischen den Gesellschaftern einer GmbH ausgegangen wird; Salfeld, S. 205 m.w.N.; Winter, S. 41 ff. m.w.N.; Eisenhardt, Gesellschaftsrecht, Rn. 255;

132. BGHZ 103, 184 ff. (194 f.)

133. BGH BB 1982, S. 267 ff. (268); so auch OLG Karlsruhe BB 1984, S. 2015 f.

134. BGHZ 89, 162 ff. (166)

135. zur Bedeutung des Urteils siehe auch Winter, S. 244 f. und Salfeld, S. 208 f.

sondern auch die Auffassung vertritt, in der von ihm vorgefundenen Konstellation ergebe sich ein solches Verbot schon aus der gesellschaftsvertraglichen Treuepflicht selbst[136]. Mit dieser Entscheidung ist die Anerkennung eines ungeschriebenen gesetzlichen Wettbewerbsverbotes für die ihre Gesellschaft beherrschenden GmbH-Gesellschafter in der Rechtsprechung des BGH endgültig vollzogen worden.

Fraglich ist jedoch, ob über diese zurückhaltende Rechtsprechung des BGH hinaus in weitergehendem Umfang Wettbewerbsverbote auch für sonstige GmbH-Gesellschafter anzuerkennen sind. Dieses Problem wird in der Literatur kontrovers diskutiert.

Teilweise wird die Auffassung vertreten, aus der Treuepflicht des GmbH-Gesellschafters ergebe sich für diesen ein grundsätzliches Wettbewerbsverbot[137].

Andere Stimmen lehnen ein derart weit gefaßtes Wettbewerbsverbot ab. Die Annahme eines aus der Treuepflicht folgenden Wettbewerbsverbotes für jeden GmbH-Gesellschafter würde, so wird z.B. argumentiert, in der Tendenz über das an sich berechtigte Regelungsziel hinausschießen. Ein präventives Wettbewerbsverbot sei nur insoweit gerechtfertigt, als die Gesellschaft nicht anderweitig über hinreichende Schutzmöglichkeiten verfüge. Gemäß § 51 a Abs. 2 GmbHG bestehe aber in einer GmbH die Möglichkeit, dem Gesellschafter Auskunft und Einsicht zu verweigern, wenn die Besorgnis einer Ausnutzung zu gesellschaftsfremden Zwecken bestehe. Aufgrund dieser Vorschrift sei ein hinreichender Präventivschutz der Gesellschaft gewährleistet, der ein generelles Wettbewerbsverbot überflüssig mache. Zudem gebe § 51 a Abs. 2 GmbHG selbst die grundsätzliche Richtung an, wie ein Schutz der Gesellschaft vor treuwidrigen Wettbewerbshandlungen zu gewährleisten sei. Nicht ein generelles Wettbewerbsverbot wegen des umfassenden Informationsrechtes, sondern eine sachgerechte Einschränkung des Informationsrechtes bei mißbräuchlicher Ausnutzung stelle die sachgerechte Lösung des Problems dar[138].

Allerdings erkennen auch die Vertreter der ein generelles Wettbewerbsverbot innerhalb der GmbH ablehnenden Auffassung das Bedürfnis an, für bestimmte Gesellschafter bzw. Gesellschaftergruppen die Existenz eines ungeschriebenen, aus der Treuepflicht folgenden, Wettbewerbsverbotes zu bejahen.

Winter tut dies für den Mehrheitsgesellschafter der GmbH. Bei diesem Gesellschafter biete die Bestimmung des § 51 a Abs. 2 GmbHG der Gesellschaft keinen hinreichenden Schutz. Mehrheitsgesellschafter besäßen, so argumentiert Winter, wegen ihres Einflusses auf die Geschäftsführung typischerweise die Möglichkeit, sich ohne Ausübung des institutionellen Informationsrechtes Kenntnisse über Geschäftsinterna

---

136. vgl. dazu BGHZ 104, 246 ff. (253)

137. Eisenhardt, Gesellschaftsrecht, Rn. 255; Schmidt, S. 864 m.w.N.; Raiser in ZHR 151 (1987), S. 422 ff. (428) m.w.N.; Timm in GmbHR 1981, S. 177 ff. (178) für die personalistische GmbH

138. Winter, S. 247 f.; Salfeld, S. 209 f.; in der Tendenz wohl ebenso Rowedder-Rowedder § 13 Rn. 14

auf informellem Wege zu beschaffen. Dies führe dazu, daß sich die Verpflichtung auf das Gesellschaftsinteresse für Mehrheitsgesellschafter zum präventiven Wettbewerbsverbot verdichten könne[139].

Als weiteres Abgrenzungskriterium wird in der Literatur die Realstruktur der Gesellschaft genannt. Danach soll ein Wettbewerbsverbot in einer personalistisch strukturierten GmbH eher anzunehmen sein als in einer großen GmbH kapitalistischer Prägung[140].

Ausgangspunkt für eine Entscheidung der Streitfrage ist auch hier, ebenso wie bei der Aktiengesellschaft, die Frage, in welchen Fällen die GmbH nach der Vorstellung des Gesetzgebers eines Schutzes vor der Konkurrenztätigkeit ihrer Gesellschafter bedarf. Da das GmbHG für den Geschäftsführer kein ausdrückliches Wettbewerbsverbot enthält, muß hier in Ermangelung einer sachnäheren Regelung auf die §§ 112 f., 165 HGB zurückgegriffen werden, die aufzeigen, unter welchen näheren Voraussetzungen eine Gesellschaft des Schutzes vor der Konkurrenztätigkeit ihrer Gesellschafter bedarf. Ein Wettbewerbsverbot für GmbH-Gesellschafter ist auf Grund dieses Gesichtspunktes immer dann zu bejahen, wenn die Stellung des Gesellschafters faktisch derjenigen des Gesellschafters einer OHG angeglichen ist, für den § 112 HGB ein gesetzliches Wettbewerbsverbot vorsieht. Deshalb kann ein Wettbewerbsverbot für den Mehrheitsgesellschafter einer GmbH schon wegen dessen faktisch gegebener Einflußmöglichkeit auf die Geschäftsführung der GmbH bejaht werden, soll doch nach der Wertung des § 112 HGB die Gesellschaft vor dem Einfluß des Gesellschafters auf sie zu eigennützigen Zwecken geschützt werden[141]. Ein dem gesetzlichen Einfluß des OHG-Gesellschafters vergleichbaren Einfluß auf die GmbH-Geschäftsführung besitzt aber zumindest derjenige Gesellschafter, der mit seiner Stimme allein über die Bestellung und Abberufung des Geschäftsführers gemäß § 46 f. GmbHG befinden kann. In einem solchen Fall wird ein Geschäftsführer regelmäßig willfährig den Wünschen eines solchen Gesellschafters nachkommen. Herleiten läßt sich das in diesen Fällen erforderliche Wettbewerbsverbot aus der Treuepflicht des Mehrheitsgesellschafters. Dessen Treuepflicht ergibt sich unabhängig von der Frage, ob eine kapitalistische oder personalistische Binnenstruktur der Gesellschaft vorliegt, aus der Möglichkeit zur Einflußnahme auf die Geschäftsführung[142].

Für andere Gesellschafter der GmbH ist ein Wettbewerbsverbot nach dem Regelungsmodell der §§ 112 f., 165 HGB geboten, wenn es durch den Umfang der ihnen zustehenden Informationsmöglichkeiten geboten ist. Daß auch der nicht geschäftsführende Gesellschafter einer OHG dem Wettbewerbsverbot des § 112 HGB unterworfen ist, ist auf die Möglichkeit zurückzuführen, daß dieser Gesellschafter die Gesell-

139. Winter, S. 251, im Ergebnis ebenso Salfeld, S. 209 f.; Rowedder-Rowedder § 13 Rn. 14; Lutter in AcP 180 (1980), S. 113

140. Rowedder-Rowedder § 13 Rn. 14; ähnlich Lutter in AcP 180 (1980), S. 113

141. vgl. Fn. 23

142. BGHZ 65, 15 ff. (18 f.); BGHZ 103, 184 ff. (194)

schaft durch den Mißbrauch von auf Grund seiner Gesellschafterstellung erlangten Informationen schädigen kann[143]. Ein entscheidender Grund für die Befreiung des Kommanditisten vom Wettbewerbsverbot des § 112 HGB ist seine lediglich eingeschränkte Informations- und Kontrollmöglichkeit[144]. Festzustellen ist daher, ob das Informationsrecht eines GmbH-Gesellschafters eher der Regelung des § 118 HGB als derjenigen des § 166 HGB gleicht. Das unabdingbare Informationsrecht für jeden GmbH-Gesellschafter ist in § 51 a GmbHG geregelt, einer weit über § 131 AktG hinausgehende Bestimmung, welche dem GmbH-Gesellschafter Informationsmöglichkeiten einräumt, die in keiner Weise hinter denjenigen aus § 118 HGB zurückstehen. Da die GmbH somit in gleicher Weise der Gefahr durch den Informationsmißbrauch eines jeden GmbH-Gesellschafters ausgesetzt ist, wie dies in der OHG im Hinblick auf deren nicht geschäftsführende Gesellschafter der Fall ist, ist es notwendig, die GmbH auch entsprechend der Wertung des § 112 HGB durch ein Wettbewerbsverbot für jeden GmbH-Gesellschafter vor den Gefahren eines Informationsmißbrauchs zu schützen. Da die Mißbrauchsgefahr im Regelfall unabhängig von weiteren Voraussetzungen, wie etwa der kapitalistischen oder personalistischen Binnenstruktur der Gesellschaft, besteht, ist das Wettbewerbsverbot grundsätzlich unabhängig von einer weitergehenden Differenzierung anhand dieser Kriterien zu bejahen.

Rechtsgrundlage dieses umfassenden Wettbewerbsverbotes ist die Treuepflicht des GmbH-Gesellschafters, die, wenn entsprechende Pflichten schon innerhalb der AG anerkannt werden, nicht entscheidend von der Frage abhängen kann, ob die GmbH personalistisch oder kapitalistisch strukturiert ist[145]. Umfang und Schutzrichtung der Treuepflicht in einer GmbH können nur von Fall zu Fall bestimmt werden; es hängt von der Art der Interessenverletzung ab, ob ein Verstoß gegen die Treuepflicht angenommen werden kann[146]. Wegen der weitgehenden Informationsrechte der GmbH-Gesellschafter verletzt eine Konkurrenztätigkeit, sofern die weiteren Voraussetzungen des § 112 HGB (Tätigkeit im Handelszweig der Gesellschaft etc.) vorliegen, die wirtschaftlichen Interessen der GmbH und verstößt somit gegen die den Gesellschaftern obliegende Treuepflicht.

Gegen dieses Ergebnis, nämlich Bejahung eines regelmäßigen Wettbewerbsverbotes für jeden GmbH-Gesellschafter unabhängig von der Höhe seiner Beteiligung und der Realstruktur der Gesellschaft, kann nicht, wie dies z.B. Winter und Rowedder tun, eingewandt werden, ein solches Verbot sei wegen § 51 a Abs. 2 GmbHG unnötig. Dieser Einwand übersieht, daß § 51 a Abs. 2 GmbHG seine Schutzwirkung erst zu entfalten vermag, wenn der Geschäftsführer die Mißbrauchsabsicht erkennt. Wird aber wegen § 51 a Abs. 2 GmbHG die Existenz eines regelmäßigen Wettbewerbsverbotes für jeden GmbH-Gesellschafter geleugnet, so könnte ein Gesellschafter, sieht man von der Möglichkeit eines Verstoßes gegen § 826 BGB ab, solange fol-

---

143. zum Zweck des § 112 HGB, die Gesellschaft vor dem Mißbrauch von durch die Gesellschafterstellung erlangten Informationen zu schützen siehe Fn. 23
144. Baumbach/Duden/Hopt § 165 Anm. 2; Schlegelberger-Martens § 165 Rn. 11 ff.
145. so auch BGHZ 65, 15 ff. (18 f.); BGHZ 103, 184 ff. (194)
146. Schmidt, S. 485 f.

genlos Konkurrenzgeschäfte unter Ausnutzung von Kenntnissen der Gesellschaftsinterna betreiben, bis der Geschäftsführer dies erkennt und weitere Informationen versagt. § 51 a Abs. 2 GmbHG erweist sich somit als stumpfes Schwert, mit Berufung auf diese Vorschrift kann die Notwendigkeit eines grundsätzlichen Wettbewerbsverbotes für GmbH-Gesellschafter nicht überzeugend widerlegt werden.

H. Zusammenfassung

Das für die Gesellschafter einer offenen Handelsgesellschaft und die Komplementäre einer Kommanditgesellschaft in § 112 f. HGB normierte Wettbewerbsverbot ist das Ergebnis einer im deutschen Rechtskreis bis in das ausgehende Spätmittelalter zurückreichenden Entwicklung.

In Deutschland tauchen die Wettbewerbsverbote für die Gesellschafter einer Handelsgesellschaft als regelmäßiger Bestandteil der Gesellschaftsverträge erstmals in den Verträgen der süddeutschen Fernhandelsgesellschaften auf. Die Gesellschafter dieser Gesellschaften hatten diese Verbote bei ihren intensiven geschäftlichen Kontakten mit den italienischen Handelsgesellschaften kennengelernt, in deren Verträgen entsprechende Bestimmungen schon früher als in Deutschland enthalten waren.

Die regelmäßige Ausgestaltung dieser im Detail noch voneinander abweichenden Verbote in den Verträgen der süddeutschen Fernhandelsgesellschaften zeigt, daß die Wettbewerbsverbote ihren Ursprung nicht im im Oberitialien des 12. Jahrhunderts wiederbelebten und weiterentwickelten römischen Recht haben. Mit der Regelung des L. 52 § 5.6 D. pro soc. (17) kannte das gemeine Recht kein echtes Wettbewerbsverbot. Die Gesellschafter waren lediglich unter bestimmten weiteren Voraussetzungen verpflichtet, den im Geschäftsbereich der Gesellschaft erzielte Gewinn an diese abzuführen. Ursprung der Wettbewerbsverbote war somit ein in Oberitalien vom gemeinen Recht unabhängig entwickelter Handelsbrauch. Bis auf eine Ausnahme enthalten die Verträge der süddeutschen Fernhandelsgesellschaften nämlich echte Verbote des Handels außerhalb der bestehenden Gesellschaft.

Schon mit der Schaffung der ersten Kodifikationen fand das bis zu diesem Zeitpunkt lediglich in vertraglichen Regelungen zu findende Wettbewerbsverbot Eingang in die Gesetzgebung. Während das preußische ALR es lediglich als Sondertatbestand für die Gesellschafter einer Handelsgesellschaft regelte, enthielt das österreichische ABGB ein auch für die Nichthandelsgesellschaften geltendes Wettbewerbsverbot. Gänzlich anders als in den Gebieten, in denen die Gesetzgebung dieser beiden deutschen Großmächte Geltung besaß, war die Rechtslage dagegen in den deutschen Staaten, in denen das französische Zivilrecht galt. Dort war ein ausdrückliches gesetzliches Wettbewerbsverbot unbekannt. Diese Rechtslage führte jedoch nicht etwa zu einer Ablehnung entsprechender Verbote. Wettbewerbsverbote für die Gesellschafter einer Handelsgesellschaft wurden in diesen Staaten vielmehr auch ohne ausdrückliche gesetzliche Regelung aus Überlegungen hergeleitet, die ihrem Inhalt nach im wesentlichen mit der heutigen Lehre von der Treuepflicht des Gesellschafters übereinstimmen. Dagegen besaß L. 52 § 5.6 D. pro soc. (17) keinen erkennbaren Einfluß auf die Kodifikationen Preußens, Österreichs und Badens. Lediglich in Bayern galt diese Bestimmung des gemeinen Rechts subsidiär neben dem CMBC fort. Auch in der Folgezeit besaß sie keine erkennbare Bedeutung mehr.

Das Verdienst der schon kurze Zeit nach diesen frühen Kodifikationen zwischen 1839 und 1857 entstandenen zahlreichen deutschen handelsrechtlichen Entwürfen ist es, die zu diesem Zeitpunkt noch äußerst umstrittenen Fragen zu den Einzelheiten der grundsätzlich anerkannten Wettbewerbsverbote, wie etwa die nach deren Geltung für den Kommanditisten und die nach den dem einzelnen Gesellschaftern verbotenen Tätigkeiten, innerhalb eines Zeitraums von weniger als zwanzig Jahren erfaßt und umfassend erörtert zu haben.

Als Endpunkt dieser Entwicklung kann die Regelung des ADHGB über Wettbewerbsverbote angesehen werden. In den Art. 96 f., 157 dieses ersten für ganz Deutschland geltenden Handelsgesetzbuches sind Bestimmungen über das Wettbewerbsverbot für Gesellschafter einer Handelsgesellschaft getroffen, die in ihren grundsätzlichen und wesentlichen Aussagen mit der heute durch §§ 112 f., 165 HGB normierten Rechtslage übereinstimmen. Dementsprechend enthalten die Beratungen zum HGB für diesen Problembereich im wesentlichen nur noch die Arbeit an Detailfragen.

Außerhalb der personalistischen Handelsgesellschaften verlief die Entwicklungslinie der Wettbewerbsverbote dagegen nicht so stringent.

Die Frage, ob innerhalb der personalistisch strukturierten Nichthandelsgesellschaft ein Wettbewerbsverbot anzuerkennen sei, hat - wohl vorrangig aufgrund der geringeren praktischen Relevanz- in der Geschichte dieser Verbote bei weitem nicht die Beachtung gefunden wie die entsprechende Fragestellung bei den Handelsgesellschaften. Bis zur Schaffung der ersten hier untersuchten Kodifikationen um die Wende vom 18. zum 19. Jahrhundert fehlen, sieht man vom gemeinen Recht ab, Aussagen zu diesem Problem. Dies dürfte aber zumindest zu einem nicht unerheblichen Teil darauf zurückzuführen sein, daß die Quellenlage in bezug auf diese Gesellschaften nicht so reichhaltig ist wie bei den Handelsgesellschaften.

Das preußische ALR einerseits und das österreichische ABGB andererseits trafen im Hinblick auf die Frage, ob ein Wettbewerbsverbot auch für die Gesellschafter der Nichthandelsgesellschaften anzuerkennen sei, gänzlich gegensätzliche Grundentscheidungen. Während das ALR für die preußischen Staaten für die Gesellschafter der Nichthandelsgesellschaften kein Wettbewersverbot vorsah, galt das im ABGB geregelte Wettbewerbsverbot unterschiedslos für Handels- und Nichthandelsgesellschaften.

Im Verlauf des 19. Jahrhunderts vermochte sich, wie die verschiedenen während dieses Zeitraums entstandenen zivilrechtlichen Kodifikationen und Kodifikationsentwürf zeigen, in dieser Streitfrage keine einheitliche Auffassung zu bilden. Der Gesetzgeber des BGB hat sich angesichts dieser Lage zur Nichtaufnahme eines Wettbewerbsverbotes in die §§ 705 ff. BGB entschlossen, weil er eine spezielle Vorschrift über Wettbewerbsverbote nach dem Vorbild des ADHGB für die BGB-Gesellschaft als nicht notwendig ansah, nicht dagegen, weil er entsprechenden Verbote innerhalb der BGB-Gesellschaft grundsätzlich ablehnend gegenüberstand.

Da sich die BGB-Gesellschaft oft nur durch den unterschiedlichen Umfang des betriebenen Geschäftes von der Handelsgesellschaft unterscheidet, sah man in der Literatur schon ein Jahr nach dem Inkraftreten des BGB die Notwendigkeit zur Herleitung gesetzlicher Wettbewerbsverbote aus der zwischen den BGB-Gesellschaftern bestehenden Treuepflicht. Dies entspricht auch der heutigen Auffassung in Rechtsprechung und Literatur. Das Problem ist nicht, ob für die Gesellschafter einer BGB-Gesellschaft Treuepflichten und daraus ableitbare gesetzliche Wettbewerbsverbote bestehen, sondern in welchen Fällen die Herleitung von Wettbewerbsverboten aus der unstreitig anerkannten Treuepflicht notwendig ist.

Wesentlich anders ist dagegen die Problemlage im Bereich der Aktiengesellschaften. Daß das heutige Recht für die Aktionäre einer Aktiengesellschaft kein Wettbewerbsverbot enthält, läßt sich auf die schon 1838 in Preußen geäußerte Meinung zurückführen, daß einem solchen Verbot für Aktionäre wegen deren fehlender Beteiligung beim Betrieb des Unternehmens die innere Rechtfertigung fehle. Hier deutet sich allerdings eine Weiterentwicklung des bisherigen Meinungsstandes in Richtung auf eine beschränkte Anerkennung von Wettbewerbsverboten für Aktionäre in Ausnahmefällen an. Die dogmatische Grundlage hierfür bietet die in den zwanziger Jahren dieses Jahrhunderts entstandene, hinsichtlich ihres Geltungsbereiches aber noch nicht endgültig geklärte Lehre von der Treuepflicht der Aktionäre. Wettbewerbsverbote werden aus dieser Pflicht dann hergeleitet, wenn der Aktionär die Möglichkeit hat, sich am Betrieb der Aktiengesellschaft zu beteiligen, mithin in den Fällen, in denen der historische Grund für das Fehlen eines ausdrücklich normierten Wettbewerbsverbotes für Aktionäre wegen der vom gesetzlichen Leitbild abweichenden Realstruktur der Gesellschaft nicht oder zumindest nicht im vollen Umfang Geltung besitzt.

Ist das Fehlen eines Wettbewerbsverbotes in der Aktiengesellschaft in historischer Sicht auf eine bewußte Entscheidung des Gesetzgebers des preußischen Aktiengesetzes von 1843 zurückzuführen, so läßt sich das Fehlen einer entsprechenden Regelung im GmbHG nicht auf eine ablehnende Sachhaltung des Gesetzgebers zu diesem Problem zurückführen. Die Frage der Wettbewersverbote wurde bewußt offengelassen, weil man keine Regelungen über das Innenverhältnis der GmbH treffen wollte.

Schon deutlich vor 1933 entwickelte sich in der Literatur und Rechtsprechung die Auffassung, daß der Gesellschafter einer GmbH Treuepflichten unterliege. Diese Treuepflichten erlauben es heute, die vom Gesetzgeber gelassenen Regelungslücken bezüglich des Innenverhältnisses der GmbH so zu ergänzen, wie dies durch die Verpflichtung der Gesellschafter zur Treue geboten ist. Das diese Ergänzung auch zur Anerkennung eines Wettbewerbsverbotes für die GmbH-Gesellschafter führen kann, ist heute dem Grunde nach unbestritten. Problematisch ist allerdings, ähnlich wie bei der BGB-Gesellschaft, in welchen Fällen ein Wettbewerbsverbot aus der Treuepflicht folgt. Nach richtiger Auffassung dürfte ein solches Verbot als Regelfall jeden GmbH-Gesellschafter aufgrund der diesem eingeräumten Informationsmöglichkeiten treffen.

Literatur

Anderson, Daniel Christian	Hamburgisches Privatrecht, Zweiter Teil, Hamburg 1784
Anschütz, August; Völderndorf, Otto Frh. v.	Kommentar zum Allgemeinen Deutschen Handelsgesetzbuch mit Ausschluß des Seerechts, Band II, Erlangen 1870
Apelbaum, Johannes	Baseler Handelsgesellschaften im 15. Jahrhundert mit besonderer Berücksichtigung ihrer Form, Diss. Basel 1915
Badow/Heinichen/ Schmidt/Schmidt	Aktiengesetz, Berlin 1939
Bar, Christian v.	Internationales Privatrecht, Erster Band, Allgemeine Lehren, München 1987
Bauer, Clemens	Unternehmung und Unternehmungsformen im Spätmittelalter und in der beginnenden Neuzeit, Jena 1936
Baumbach/Duden/Hopt	Handelsgesetzbuch, 28. Aufl. München 1989
Baums, Theodor (Hrsg.)	Entwurf eines allgemeinen Handelsgesetzbuches für Deutschland 1848/1849, Heidelberg 1982 zit.: Baums
ders. (Hrsg.)	Gesetz über die Aktiengesellschaften für die Königlich Preussischen Staaten vom 9. November 1843, Texte und Materialien, Aalen 1981 zit.: Baums, Aktiengesellschaft
Behagel, W.	Das Badische bürgerliche Recht und der Code Napoleon, Zweiter Band, Tauberbischoffsheim 1892

Bergfeld, Christoph	Preußen und das Allgemeine Deutsche Handelsgesetzbuch, in: Ius Commune Band XIV (1987), S. 101 ff.
Bergmann	Über den Mißbrauch gesellschaftlicher Machtstellung (§§ 101, 197 AktG), in: ZHR 105 (1938), S. 1 ff.
Bösselmann, Kurt	Die Entwicklung des deutschen Aktienwesens im 19. Jahrhundert, Berlin 1939
Brinkmann, C.H.L.	Würdigung des Entwurfes eines allgemeinen Handelsgesetzbuches für Deutschland, welches die durch das Reichsministerium der Justiz niedergesetzte Kommission veröffentlicht hat, in: AcP Band 32, S. 356 ff; 33, S. 67 ff.; 34, S. 151 ff. zit.: Brinkmann in AcP
ders.	Lehrbuch des Handelsrechts, Heidelberg 1853 zit.: Brinkmann
Broicher, C.A.; Grimm, F.F.	Das Handelsgesetzbuch der Königlich Preußischen Rheinprovinzen, Köln 1835
Buchholz, Heinrich	Die Nebenleistungspflichten bei der Gesellschaft mit beschränkter Haftung, in: Jherings Jahrbücher für die Dogmatik des bürgerlichen Rechts, Band 74 (1924), S. 260 ff.
Bunge, F.G.von; Madai, C.D.von	Sammlung der Rechtsquellen Liv-, Est- und Curlands; Abthl. 1, Quellen des revaler Stadtrechts, 6. Lfgn. 1842-1846
Bureau des Handels- und Gewerbevereins für Rheinland und Westphalen (Hrsg.)	Kritik des allgemeinen deutschen Handels-Gesetzbuches in seinen Grundzügen, Düsseldorf (ohne Jahr)

Coing, Helmut — Die Frankfurter Reformation und das Gemeine Recht ihrer Zeit, Weimar 1935

zit.: Coing, Frankfurter Reformation

ders. — Europäisches Privatrecht, Band I, München 1985

zit.: Coing, Privatrecht

ders.(Hrsg.) — Handbuch der Quellen und Literatur der neueren europäischen Privatrechtsgeschichte

Band II, 2. Teilband, München 1976

Band III, 2. Teilband, München 1982

Band III, 3. Teilband, München 1986

zit.: Coing-Bearbeiter, Handbuch, Band

Conrad, Hermann — Deutsche Rechtsgeschichte, Band I, Frühzeit und Mittelalter, 2. Aufl. Karlsruhe 1962

Deutsche Rechtsgeschichte, Band II, Neuzeit bis 1806, Karlsruhe 1966

zit.: Conrad, Band

Dernburg, Heinrich — Lehrbuch des Preußischen Privatrechts

1. Band, 2. Aufl. Halle 1879

2. Band, 2. Aufl. Halle 1882

zit.: Dernburg, Band

Doren, Alfred — Italienische Wirtschaftsgeschichte, Erster Band, Jena 1934, in: Brodnitz, Georg (Hrsg.); Handbuch der Wirtschaftsgeschichte

Dorpalen, Andreas — Die Treuepflicht des Aktionärs, in: ZHR 103 (1936), S. 1 ff.

Dülmen, Richard van — Entstehung des frühneuzeitlichen Europas 1550-1648, in: Fischer Weltgeschichte, Band 24, Fankfurt a.M. 1982

Düringer/Hachenburg — Das Handelsgesetzbuch, III. Band/ 1. Teil, 3. Aufl. Berlin 1934

Ebel, Wilhelm — Lübecker Ratsurteile, Band 1-4, Göttingen usw. 1955-1967

zit.: Ebel, Ratsurteile, Band

ders. — Lübisches Recht, Erster Band, Lübeck 1971

zit.: Ebel, Lübisches Recht

Eggers, Christian Ulrich Detlev v. — Bemerkungen zur Verbesserung der deutschen Gesetzgebung, Ein freier Auszug aus seinen Preisschriften, Theil 2, Kopenhagen 1798

Ehrenberg, Richard — Das Zeitalter der Fugger, Erster Band, Jena 1912

Eisenhardt, U. — Deutsche Rechtsgeschichte, München 1984

zit.: Eisenhardt, Rechtsgeschichte

ders. — Gesellschaftsrecht, 5. Aufl. München 1992

zit.: Eisenhardt, Gesellschaftsrecht

ders. — Überlegungen zu der Frage, ob die Befreiung von der höchsten Reichsgerichtsbarkeit in einigen deutschen Reichsstädten die Entwicklung eines von der Rezeption des römischen und kanonischen Rechts im wesentlichen unbeeinflußten partikularen Handelsrechts ermöglicht hat, in: Schepper, Hugo de (Hrsg.); Höchste

	Gerichtsbarkeit im Spätmittelalter und der frühen Neuzeit
	zit.: Eisenhardt
Endemann, Wilhelm	Der Entwurf eines deutschen Handelsgesetzbuches in seinen drei ersten Büchern, Mittheilungen und Bemerkungen, Erlangen 1858
	zit.: Endemann
ders.	Handbuch des Deutschen Handels-, See- und Wechselrechts, Erster Band, Leipzig 1881
	zit.: Endemann, Handbuch
Ennen, Reinald	Zünfte und Wettbewerb, Köln, Wien 1971
Falke, Johannes	Die Geschichte des deutschen Handels, Zweiter Theil, Leipzig 1860
Fillmann, Andreas	Treuepflichten der Aktionäre, Frankfurt a.M. 1991
Fischer, Curt	Die Gesellschaft mit beschränkter Haftung, Berlin usw. 1948
	zit.: Fischer, GmbH
Fischer, Ferd.	Preußens kaufmännisches Recht, Breslau 1856
Förster, Franz	Theorie und Praxis des heutigen gemeinen preußischen Privatrechts, II. Band, Berlin 1866
Francke, Bernhard (Hrsg.)	Dresdener Entwurf eines allgemeinen deutschen Gesetzes über Schuldverhältnisse, Dresden 1866 (Neudruck privatrechtlicher Kodifikationen und Entwürfe des 19. Jahrhunderts, Band 2, Aalen 1973)

Freymuth — Wettbewerbsverbot für Gesellschafter und Geschäftsführer der GmbH, in: GmbHR 1925, S. 626 ff.

Friedewald, Rolf — Die personalistische Aktiengesellschaft, Köln usw. 1991

Fuhrmann, Walter — Die Gewerbepolitik der patrizisch und der zünftlerisch regierten Stadt, Diss. München (ohne Jahr)

Gertscher, Adalbert (Bearbeiter) — Das Handelsrecht, Wechselrecht, Konkursrecht und Seerecht von Österreich, in: Handelsgesetze des Erdballs, Band XIII/1, Berlin 1906

Geßler/Hefermehl/Eckardt/Kropff — Aktiengesetz, Band 1 (§§ 1-75), München 1973

Gierke, Otto von — Das deutsche Genossenschaftsrecht, Erster Band, Rechtsgeschichte der deutschen Genossenschaft, Unveränderter photomechanischer Nachdruck der ersten Ausgabe, Darmstadt 1954

Glück, Christian Friedrich — Ausführliche Erläuterung der Pandecten, Fünfzehnter Teil, Erste Abt., Erlangen 1813

Gmür, Rudolf — Die Emder Handelscompagnien des 17. und 18. Jahrhunderts, in: Festschrift für Harry Westermann zum 65. Geburtstag, Karlsruhe 1974, S. 167 ff.

Goldschmidt, Levin — Alte und neue Formen der Handelsgesellschaften, in: Vermischte Schriften, Zweiter Band, Berlin 1901

zit.: Goldschmidt, Formen der Handelsgesellschaften

ders. — Handbuch des Handelsrechts, Erster Band, Erste Abtheilung, Erlangen 1864

zit.: Goldschmidt

ders. — Gutachten über den Entwurf eines Deutschen Handelsgesetzbuches nach den Beschlüssen zweiter Lesung. Dem Großherzgl. Badischen Ministerium d. Justiz erstattet, Beilagenheft zur ZHR Band III

zit.: Goldschmidt, Gutachten

Graßmann, Antjekathrin — Lübeckische Geschichte, Lübeck 1988

Gräff, H. — Das Gesetz über Actiengesellschaften vom 3. November 1843, in: Archiv Band 1, Heft 1 Breslau 1844

Greiff, B. — Tagebuch des Lucas Rem aus den Jahren 1494-1541, Augsburg 1861, in: Sechsundzwanzigster Jahres-Bericht des historischen Kreis-Vereins im Regierungsbezirk von Schwaben und Neuburg für das Jahr 1860, Augsburg 1861, S. 38 ff.

Griesinger, Ludwig — Commentar über das Herzoglich wirtembergische Landrecht, Zweiter Band, Frankfurt und Leipzig 1793

Hahn, Friedrich von — Commentar zum Allgemeinen Deutschen Handelsgesetzbuch, Erster Band, 2. Aufl. Braunschweig 1871

Hattenhauer, Hans (Hrsg.) — Allgemeines Landrecht für die Preußischen Staaten von 1794, Textausgabe, Frankfurt a.M. usw. 1970

Henning, Friedrich-Wilhelm — Handbuch der Wirtschafts- und Sozialgeschichte Deutschlands, Band 1, Deutsche Wirtschafts- und Sozialgeschichte im Mittelalter und in der frühen Neuzeit, Paderborn usw. 1991

Hesse, Wilhelm — Die Treuepflicht des Aktionärs, Diss. Köln 1938

Heymann, Carl — Sitzungsberichte der Preußischen Akademie der Wissenschaften, Philosophisch-Historische Klasse, Jahrgang 1929, S. XVII ff., Berlin 1929

Hof, Hagen — Wettbewerb im Zunftrecht, Köln, Wien 1983 (Dissertationen zur Rechtsgeschichte Band 1)

Hueck, Alfred — Der Treuegedanke im modernen Privatrecht, München 1947

Jakobs, Horst Heinrich (Hrsg.) — Die Beratungen des Bürgerlichen Gesetzbuches in systematischer Zusammenstellung der unveröffentlichten Quellen, Recht der Schuldverhältnisse 3, §§ 652-853, Berlin, New York 1983

Jansen, Max — Jacob Fugger der Reiche, Studien zur Fuggergeschichte Band III, Leipzig 1910

Jung, Erich — Wichtige Fragen zum Bankrecht, in: ZHR 107 (1940), S. 56 ff.

Kah, K. — Das Badische Landrecht nach Einführung der Reichsjustizgesetze, Baden-Baden 1887

Kardaras, Athanasios — Das Wettbewerbsverbot in den Personengesellschaften, Diss. Köln 1965

Kellenbenz, Herrmann — Stichwort: Eggers, in: NDB, Vierter Band, Berlin 1959

Kern, Ernst — Studien zur Geschichte des Augsburger Kaufmannshauses der Höchstetter, in: AfK 1936, S. 162 ff.

Keutgen, Friedrich — Ämter und Zünfte -Zur Entstehung des Zunftwesens-, Neudruck der Ausgabe Jena 1903, Aalen 1965

zit.: Keutgen, Ämter

ders. Die hansischen Handelsgesellschaften, in: VSWG 1906, S. 278 ff., 461 ff., 567 ff.

zit.: Keutgen in VSWG

Keyßner Die Liquidation der Offenen Handelsgesellschaft, in: ZHR Band 10 (1866), S. 327 ff.

Knoke, Paul Das Recht der Gesellschaft nach dem Bürgerlichen Gesetzbuch für das Deutsche Reich, Jena 1901

Kobler Stichwort: "Bayrische Kodifikationen des Naturrechtszeitalters", in HRG, S. 338 f.

Koch, C. F. Allgemeines Landrecht für die Preußischen Staaten, 2. Band, 5. Aufl. Berlin 1875

Kohler, Kurt Handelsakten der Ulmer Gesellschaft Färber-Ehinger um 1495, Böblingen 1968

Kölner Kommentar zum Aktiengesetz Band 1 (§§ 1-75), 2. Aufl. Köln usw. 1988

Band 2 (§§ 148-290), Köln usw. 1971

zit.: Bearbeiter im Kölner Kommentar zum AktG, §

Kreittmayr, W. Anmerkungen über den Codicem Maximilianeum Bavaricum Civilem,...; Vierter Theil, München 1797

Kübel, Franz Philipp v. Recht der Schuldverhältnisse, Nachdr. Berlin, New York 1980 (Die Vorlagen der Redaktoren für die erste Kommission zur Ausarbeitung des Entwurfs eines Bürgerlichen Gesetzbuches, hrsg. von Werner Schubert, Teil 3. Besonderer Teil)

Kübler, Friedrich Gesellschaftsrecht, 3. Aufl. Heidelberg 1990

Kunkel/Thieme (Hrsg.) Quellen zur neueren Privatrechtsgeschichte Deutschlands, Band I.1, Stadtrechtsreformation, Weimar 1936

Lau, Gerd — Das Hamburgische Seehandelsrecht im 18. Jahrhundert, Diss. Hamburg 1975

Lauterbach, Wolfgang — Collegium Pandectarum, Band X, 6. Aufl. Tübingen 1784

Lehnert, Walter — Nürnberg-Stadt ohne Zünfte. Die Aufgaben des städtischen Rugamts, in: Elkar, Rainer S. (Hrsg.), Deutsches Handwerk im Spätmittelalter und der frühen Neuzeit, Göttingen 1983, S. 71 ff.

Leiser, W. — Stichwort: Code Civil, in: HRG, S. 619 ff.

Lentze, Hans — Nürnbergs Gewerbeverfassung im Mittelalter, in: Jahrbuch für Fränkische Landesforschung 1964

Lippschütz, Alexander — Anm. zu RG JW 1928, S. 625 ff.,in: JW 1928. S. 628 f.

Loersch/Schröder — Urkunden zur Geschichte des deutschen Privatrechts, 2. Aufl. Bonn 1881

Loesch, Heinrich von — Die Kölner Zunfturkunden nebst anderen Kölner Gewerbeurkunden bis zum Jahre 1500

Band I, Allgemeiner Teil, Bonn 1907

Band II, Spezieller Teil, Bonn 1907

zit.: Loesch, Band

Lutter, Marcus — Theorie der Mitgliedschaft, in: AcP 180 (1980), S. 85 ff.

zit.: Lutter in AcP

ders. — Zur Treuepflicht des Großaktionärs, in: JZ 1976, S. 224 ff.

zit.: Lutter in JZ

Lutz, Elmar	Die rechtliche Struktur süddeutscher Handelsgesellschaften in der Zeit der Fugger Band I, Darstellung, Tübingen 1976 Band II, Urkunden, Tübingen 1976 zit.: Lutz, Struktur, Band
Lutz, J. von (Hrsg.)	Protokolle der Kommission zur Berathung eines allgemeinen deutschen Handelsgesetzbuches I. Theil, Würzburg 1858 zit.: Lutz, Protokolle III. Theil, Würzburg 1858 zit. Lutz, Protokolle III IX. Theil, Würzburg 1861 zit.: Lutz, Protokolle IX 1. Beilagenband, I. Theil, Würzburg 1861 zit.: Lutz, Beilagenband I Registerband, Würzburg 1858 zit.: Lutz, Registerband
Makower, H.	Das allgemeine Deutsche Handelsgesetzbuch, 5. Aufl. Berlin 1873
Marcus	Das Gesellschaftsrecht des BGB und das Konkurrenzverbot des § 112 HGB, in: Recht 1906, S. 674 f.

Mayer, Gabriele — Württembergs Beitrag zu den rechtsvereinheitlichenden Bemühungen des Deutschen Bundes auf dem Gebiet des Privatrechts, Diss. Heidelberg 1974

zit.: Mayer, Beitrag

Mayer, Valentin — Die "Fürlegung" in den Handelsgesellschaften des Mittelalters und des Frühkapitalismus, Diss. München 1925

zit.: Mayer

Meyer/Meulenbergh/Beuthien — Genossenschaftsgesetz, 12. Aufl. München 1983

Mickwitz, Gunnar — Die Kartellfunktion der Zünfte und ihre Bedeutung bei der Entstehung des Zunftwesens, Helsingfors 1936

zit.: Mickwitz, Kartellfunktion

ders. — Neues zur Funktion der hansischen Handelsgesellschaften, in: HansGeschbl. 1937, S. 24 ff.

zit.: Mickwitz in HansGeschbl.

Mitteis/Lieberich — Deutsche Rechtsgeschichte, 18. Aufl. München 1988

Mittermaier, C.J.A. — Grundzüge des gemeinen deutschen Privatrechts, 2. Band, 6. Aufl. Regensburg 1843

zit.: Mittermaier

ders. — Über den Zustand der Gesetzgebung in Bezug auf das Wechselrecht..., in: AcP Band 25 (1842), S. 284 ff.; AcP Band 26 (1843), S. 114 ff.

zit.: Mittermaier in AcP, Band

Möllenberg, Walter — Urkundenbuch zur Geschichte des Mansfeldischen Saigerhandels im 16. Jahrhundert, Halle a.d.S. 1915

Momsen, Theodor (Hrsg.) — Corpus Juris Civilis, Band I, Berlin 1872

Münchener Kommentar zum Bürgerlichen Gesetzbuch — Band 3: Schuldrecht, Besonderer Teil, 2. Halbband (§§ 652-853), 2. Aufl. München 1986

Mugdan, Benno — Die gesamten Materialien zum Bürgerlichen Gesetzbuch für das Deutsche Reich, Band II, Recht der Schuldverhältnisse, Berlin 1899

Netter, Oscar — Über den Einfluß des Widerstreits zwischen Konzerninteresse und Einzelinteresse auf die Rechtswirksamkeit von Generalversammlungsbeschlüssen, in: JW 1931, S. 3030 ff.

Nippel, Franz Xaver — Erläuterungen des Allgemeinen Bürgerlichen Gesetzbuches für die gesamten Deutschen Erbländer der österreichischen Monarchie, Band VII/2, Gräz 1834

Oexle, Otto Gerhard — Die funktionale Dreiteilung als Deutungsschema der sozialen Wirklichkeit in der Ständischen Gesellschaft des Mittelalters, in: Schulze, Winfried; Gabel, Helmut (Hrsg.): Ständische Gesellschaft und soziale Mobilität, München 1988

Ofner, Julius — Der Ur-Entwurf und die Berathungsprotokolle des Österreichischen Allgemeinen bürgerlichen Gesetzbuches

Band I, Wien 1889

Band II, Wien 1889

zit.: Ofner, Band

Orth, Johann Philipp — Nöthig und nützlich erachtete Anmerkungen über die sogenannte Erneuerte Reformation der Stadt Frankfurt am Mayn, Erste Fortsetzung, (ohne Ort) MDCCXLII

zit.: Orth, Erste Fortsetzung

ders. — Zusäze vieler wichtigen und merkwürdigen materien, samt deren anhange und zugaben, welche über die sogenannte erneuerte Reformation der Stadt Frankfurt am Mayn gemachten..., (ohne Ort) 1775

zit.: Orth, Zusäze

Osiander, H.F. — Der Entwurf zu einem neuen Handelsgesetzbuch für das Königreich Württemberg, vom praktischen Gesichtspunkt beleuchtet, Tübingen 1844

Palandt — Bürgerliches Gesetzbuch, 52. Aufl. München 1993

Pauli, Wilhelm — Lübeckische Zustände im Mittelalter, Band III, Leipzig 1878

Peterka, Otto — Zum handelsrechtlichen Inhalte der Gesellschaftsverträge Jakob Fuggers des Reichen, in: ZHR Band 73 (1913), S. 387 ff.

Pirenne, Henri — Sozial- und Wirtschaftsgeschichte Europas im Mittelalter, 4. Aufl. München 1976

Planck, G. — Bürgerliches Gesetzbuch mit Einführungsgesetz, Erster Band, Einleitung und Allgemeiner Teil, 2. Aufl. Berlin 1898

ders. — Kommentar zum Bürgerlichen Gesetzbuch nebst Einführungsgesetz, II. Band, 2. Hälfte, Recht der Schuldverhältnisse (Besonderer Teil), 4. Aufl. Berlin und Leipzig 1928

zit.: Planck §

Platon — Der Staat, Deutsch von August Horneffer, Stuttgart 1973

Pöhls, Meno — Darstellung des gemeinen Deutschen und des Hamburgischen Handelsrechts, Erster Band, Allgemeiner Teil, Hamburg 1828

zit.: Pöhls

ders. — Das Recht der Aktiengesellschaften mit besonderer Rücksicht auf Eisenbahngesellschaften, Hamburg 1842

zit.: Pöhls, Aktiengesellschaften

Pöpperl, Peter — Quellen und System des Codex Maximilianeus Bavaricus Civilis, Diss. Würzburg 1967

Preußische Akademie der Wissenschaften zu Berlin — Deutsches Rechtswörterbuch (Wörterbuch der älteren deutschen Rechtssprache), Vierter Band (gleitlich bis Handgelobung), Weimar 1939-1951

zit.: Rechtswörterbuch

Puchelt, Sigismund — Anm. zum Urteil des Gerichtshofes von Paris in ZffC 1870, S. 163 ff., in: ZffC 1870, S. 165 f.

zit.: Puchelt in ZffC

ders. — Kommentar zum Allgemeinen Deutschen Handelsgesetzbuch, Erster Band, 3. Aufl. Leipzig 1882

zit.: Puchelt, Handelsgesetzbuch

ders. — Mittheilungen über den Entwurf eines allgemeinen deutschen Handelsgesetzbuches, in: Annalen 1857, S. 89 ff.

zit.: Puchelt in Annalen

Raisch, Peter — Die Abgrenzung des Handelsrechts vom Bürgerlichen Recht als Kodifikationsproblem im 19. Jahrhundert, Stuttgart 1962

zit.: Raisch

ders. — Unternehmensrecht 1, Unternehmensprivatrecht: Handels- und Gesellschaftsrecht, Reinbek bei Hamburg 1973

zit.: Raisch, Unternehmensrecht

Raiser, Thomas — Die Treuepflichten im GmbH-Recht als Beispiel der Rechtsfortbildung, in: ZHR 151 (1987), S. 422 ff.

Rauch, Karl — Die Aktienvereine in der geschichtlichen Entwicklung des Aktienrechts, in: ZRG GA 69 (1952), S. 239 ff.

Rehbein/Reincke — Allgemeines Landrecht für die preussischen Staaten, Dritter Band, 3. Aufl. Berlin 1885

Rehme, Paul — Das rechtliche Wesen der großen Ravensburger Handelsgesellschaft, in: ZRG GA Band 27 (1927), S. 487 ff.

zit.: Rehme in ZRG GA

ders. — Die Lübecker Handelsgesellschaften in der ersten Hälfte des 14. Jahrhunderts, in: ZHR 42, S. 367 ff.

zit.: Rehme in ZHR

ders. — Geschichte des Handelsrechts, in: Ehrenberg, Victor (Hrsg.); Handbuch des gesamten Handelsrechts, I. Band, Leipzig 1913

zit.: Ehrenberg-Rehme

RGRK — II. Band, Recht der Schuldverhältnisse II (einzelne Schuldverhältnisse), 6. Aufl. Berlin und Leipzig 1928 ders. | II. Band, Recht der Schuldverhältnisse II (einzelne Schuldverhältnisse), 9. Aufl. Berlin und Leipzig 1939

ders. | Band II, 4. Teil (§§ 631-811), 12. Aufl. Berlin, New York 1978

zit.: RGRK-Bearbeiter (Aufl.)

Riesser, Jacob | Zur Revision des Handelsgesetzbuches, Stuttgart 1887-89

Ring, V. | Asiatische Handlungscompagnien Friedrichs des Großen, Berlin 1890

Ritter, Carl | Aktiengesetz, Berlin 1939

zit.: Ritter

ders. | Gleichmäßige Behandlung aller Aktionäre, in: JW 1934, S. 3025 ff.

zit.: Ritter in JW

Roon-Bassermann | Sienesische Handelsgesellschaften des 13. Jahrhunderts, Mannheim 1912

Rosin, Heinrich | Zur Lehre von der Korporation und Gesellschaft, insbesondere der erlaubten Privatgesellschaft, nach ALR und heutigem preußischen Recht, in: Beiträge Band XXVII (1883), S. 108 ff.

Rowedder u.a. | Gesetz betreffend die Gesellschaften mit beschränkter Haftung (GmbHG), 2. Aufl. München 1990

Rummel/Strasser | Kommentar zum Allgemeinen Bürgerlichen Gesetzbuch, Band 2, Wien 1986

Salfeld, Rainer | Wettbewerbsverbote im Gesellschaftsrecht, Frankfurt a.M. 1987

Sandrock, Otto | Kartellrecht und Genossenschaften, Tübingen 1976

Schiebe, August — Die Lehre von den Handelsgesellschaften. Nach französischen Quellen., Leipzig 1841

zit.: Schiebe

ders. — Lehrbuch des Handelsrechts, Frei bearbeitet nach Pardessus, Cour de Droit Commercial, Leipzig 1838

zit.: Schiebe, Lehrbuch

Schilling, Wolfgang — Rechtspolitische Gedanken zur GmbH & Co, in: Recht und Rechtsleben in der sozialen Demokratie, Festgabe für Otto Kunze zum 65. Geburtstag (hrsg. von Kurt Ballerstedt, Ernst Friesenhahn, Oswald v. Nell-Breuning), Berlin 1969

Schimke, Martin — Die historische Entwicklung der Unterbeteiligungsgesellschaft in der Neuzeit, Berlin 1991 (Zugl. Diss. Hagen 1990)

Schirmer, Alfred — Wörterbuch der deutschen Kaufmannssprache. Auf geschichtlichen Grundlagen, Straßburg 1911

Schlegelberger — Handelsgesetzbuch

Band III, 1. Halbband (§§ 105-160), 5. Aufl. München 1992

Band III, 2. Halbband (§§ 161-177a, 335-342), 5. Aufl. München 1986

zit.: Schlegelberger- Bearbeiter §

Schliemann, A. — Kritische Bemerkungen zum Entwurf eines allgemeinen deutschen Handelsgesetzbuches (nach den Beschlüssen zweiter Lesung), Schwerin 1858

Schlosser, Hans — Grundzüge der Neueren Privatrechtsgeschichte, 7. Aufl. Heidelberg 1992

Schmidt, Friedrich Gustav Adolf — Handelsgesellschaften in den Stadtrechtsquellen des Mittelalters, Breslau 1883, in: Gierke, Otto von (Hrsg.); Untersuchungen zur Deutschen Staats- und Rechtsgeschichte XV

zit.: Schmidt, Handelsgesellschaften

Schmidt, Karsten — Gesellschaftsrecht, 2. Aufl. Köln usw. 1991

zit.: Schmidt

Schriften des Vereins zur Wahrung der wirtschaftlichen Interessen von Handel und Gewerbe — Die Erweiterung des Handelsrechts durch Einfügung neuer Gesellschaftsformen, Berlin 1891

zit.: Verein

Schubert, Werner (Hrsg.) — Akademie für Deutsches Recht 1933-1945, Protokolle der Ausschüsse, Ausschuß für Aktienrecht, Berlin usw. 1986

zit.: Schubert, Ausschuß für Aktienrecht

ders. (Hrsg.) — Akademie für Deutsches Recht 1933-1945, Protokolle der Ausschüsse, Ausschuß für GmbH-Recht, Berlin usw. 1986

zit.: Schubert, Ausschuß für GmbH-Recht

ders. (Hrsg.) — Entwurf eines Handelsgesetzbuches für das Königreich Württemberg mit Motiven (1839/1840)

I. Theil, Entwurf, Stuttgart 1839

II. Theil, Motive, Stuttgart 1840

Nachdruck Frankfurt a.M. 1986

zit.: Schubert, Entwurf, Theil

ders. (Hrsg.) — Entwurf des Reichsjustizministeriums zu einem Gesetz über Gesellschaften mit beschränkter Haftung von 1939, Heidelberg 1985

zit.: Schubert, GmbHG

ders. — Französisches Recht in Deutschland zu Beginn des 19. Jahrhunderts, Köln und Wien 1977

ders. (Hrsg.) — Quellen zum Handelsgesetzbuch von 1897

Band 1, Gesetze und Entwürfe, Frankfurt a.M. 1986

Band 2, Halbbd. 1, Denkschriften, Beratungen, Berichte, Frankfurt a.M. 1987

Band 2, Halbbd. 2, Denkschriften, Beratungen, Berichte, Frankfurt a.M. 1988

zit.: Schubert, Quellen zum Handelsgesetzbuch, Band

Schück, Richard — Brandenburg-Preußens Kolonialpolitik unter dem Großen Kurfürsten und seinen Nachfolgern (1647-1721)

Erster Band, Leipzig 1839

Zweiter Band, Leipzig 1839

zit.: Schück, Band

Schulte, Aloys — Geschichte der großen Ravensburger Handelsgesellschaft, Erster Band, Unveränderter Nachdruck der 1923 erschienenen Ausgabe, Wiesbaden 1964

zit.: Schulte

ders.	Geschichte des mittelalterlichen Handels und Verkehrs zwischen Westdeutschland und Italien mit Ausschluß von Venedig Band I, Darstellung, Neudruck der 1. Aufl. von 1900, Berlin 1966 Band II, Urkunden, Neudruck der 1. Aufl. von 1900, Berlin 1966 zit.: Schulte, Band
Schultheiß, Werner	Altnürnberger Rechtspflege und ihre Stätten, in: MVGN, 61. Band 1974 zit.: Schultheiß in MVGN
ders.	Geschichte des Nürnberger Ortsrechts, Nürnberg 1957 zit.: Schultheiß, Nürnberger Ortsrecht
Schumacher, F.C.	Spanisches Handelsgesetzbuch. Nach der amtlichen Madrider Ausgabe übersetzt von..., Hamburg 1832
Schumacher, Hermann	Die Entwicklung der inneren Organisation der Aktiengesellschaft im deutschen Recht bis zum Allgemeinen Deutschen Handels= Gesetzbuch, Beiheft 10 der ZHR, Stuttgart 1937 zit.: Schumacher, Innere Organisation
Servos, Rüdiger	Die Personenhandelsgesellschaften und die stille Gesellschaft in den Kodifikationen und Kodifikationsentwürfen vom ALR bis zum ADHGB, Diss. Köln 1984
Simon, August H.	Bericht über die szientivische Redaktion der Materialien der preußischen Gesetzgebung, in: AJM Band 11 (1811), S. 191 ff.

Sintenis, Carl F.F. — Das praktische gemeine Civilrecht, Zweiter Band, Obligationenrecht, Leipzig 1847

zit.: Sintenis

ders. — Das praktische gemeine Civilrecht, Zweiter Band, Obligationenrecht, 2. Aufl. Leipzig 1861

zit.: Sintenis, 2. Aufl.

Soergel — Bürgerliches Gesetzbuch nebst Einführungsgesetz, 5. Aufl. Stuttgart usw. 1931

ders. — Bürgerliches Gesetzbuch nebst Einführungsgesetz, II. Band, Recht der Schuldverhältnisse, Besonderer Teil §§ 433 mit 853, 7. Aufl. Stuttgart usw. 1939

ders. — Bürgerliches Gesetzbuch mit Einführungsgesetz und Nebengesetzen, Band 4, Schuldrecht III (§§ 705-853), 11. Aufl. Stuttgart usw. 1985

zit.: Soergel-Bearbeiter (Aufl.)

Späing, W. — Französisches und Englisches Handelsrecht im Anschluß an das Allgemeine Deutsche Handelsgesetzbuch, Berlin 1888

Spielmann, L. — Code Napoleon, Übersetzt nach der neuen offiziellen Ausgabe, Straßburg und Paris 1808

Stadtarchiv Nürnberg (Hrsg. i. A. des Stadtrates zu Nürnberg) — Quellen zur Geschichte und Kultur der Stadt Nürnberg, Band 3, Lieferung 1, Satzungsbücher und Satzungen der Reichsstadt Nürnberg aus dem 14. Jahrhundert, Nürnberg 1965

Staub — Staub's Kommentar zum Handelsgesetzbuch, 2. Band (§§ 178-342), 14. Aufl. Berlin und Leipzig 1933

zit.: Staub-Bearbeiter (14. Aufl.)

Staub (Großkommentar) | Handelsgesetzbuch, 4. Aufl., 12. Lieferung (§§ 105-113), Berlin usw. 1989

zit.: Staub-Bearbeiter

Staudinger, J.v. | Kommentar zum Bürgerlichen Gesetzbuch, II. Band, Recht der Schuldverhältnisse, 3. Teil §§ 631-853, 9. Aufl. München usw. 1929

Kommentar zum Bürgerlichen Gesetzbuch, II. Band, Recht der Schuldverhältnisse, 3. Teil §§ 657-822, 10. Aufl. Berlin 1941

Kommentar zum Bürgerlichen Gesetzbuch mit Einführungsgesetzen und Nebengesetzen, Einleitung/Erstes Buch §§ 1-89; Verschollenheitsgesetz, 12. Aufl. Berlin 1980

Kommentar zum Bürgerlichen Gesetzbuch mit Einführungsgesetzen und Nebengesetzen, Zweites Buch, Recht der Schuldverhältnisse, §§ 657-740, 12. Aufl. Berlin 1980

zit.: Staudinger-Bearbeiter (Aufl.) §

Stobbe, O. | Geschichte der Deutschen Rechtsquellen, Leipzig 1864

Strieder, Jakob | Aus Antwerpener Notariatsarchiven, Quellen zur deutschen Wirtschaftsgeschichte des 16. Jahrhunderts, Wiesbaden 1962

zit.: Strieder, Antwerpener Notariatsarchive

ders. | Zur Genesis des modernen Kapitalismus, 2. Aufl. München und Leipzig 1935

zit.: Strieder, Genesis

Strieder, Josef — Zwei Handelsgesellschaftsverträge aus dem 15. und 16. Jahrhundert, ihre Geschichte und ihr Recht, Ein Beitrag zur Entwicklungsgeschichte des Gesellschaftsrechts, Diss. Leipzig 1908

zit.: Strieder

Swoboda, Rolf — Das Wettbewerbsverbot unter Handelsgesellschaftern, vorzugsweise nach deutschem Recht, Diss. Heidelberg 1930

Thieme, H. — Stichwort: Allgemeines Landrecht, in: HRG, S. 99 ff.

Thöl, Heinrich — Das Handelsrecht als gemeines in Deutschland geltendes Privatrecht, 1. Band, 1841

Timm, Wolfram — Treuepflichten im Aktienrecht, in: WM 1991, S. 481 ff.

zit.: Timm in WM

ders. — Wettbewerbsverbote und "Geschäftschancen"-Lehre im Recht der GmbH, in: GmbHR 1981, S. 177 ff.

zit.: Timm in GmbHR

Treitschke, Georg Karl — Abhandlungen über Aktiengesellschaften, in: ZfdRudR Band 5 (Tübingen 1840/1841), S. 325 ff.

zit.: Treitschke in ZfdRudR

ders. — Die Lehre von der Erwerbsgesellschaft nach Römischem,...Recht, Leipzig 1825

zit.: Treitschke, 1. Aufl.

ders. Die Lehre von der unbeschränkten obligatorischen Gewerbegesellschaft und von Commanditen. Nach römischem Recht,..., Leipzig 1844

zit.: Treitschke, 2. Aufl.

Vogt, Gustav Zur Theorie der Handelsgesellschaften, insbesondere der Aktiengesellschaften, in: ZHR Band 1 (1858), S. 476 ff.

Wächter, Carl Georg Handbuch des im Königreich Württemberg geltenden Privatrechts, Erster Band, Erste Abtheilung, Geschichte, Quellen und Literatur des Württembergischen Privatrechts, Stuttgart 1839

zit.: Wächter

ders. Handbuch des im Königreich Württemberg geltenden Privatrechts, Erster Band, Zweite Abtheilung, Stuttgart 1839

zit.: Wächter, Band I/2

Warneyer, Otto Kommentar zum Bürgerlichen Gesetzbuch für das Deutsche Reich, Erster Band, 2. Aufl. Tübingen 1930

Kommentar zum Bürgerlichen Gesetzbuch für das Deutsche Reich, 8. Aufl. Berlin 1939

zit.: Warneyer (Aufl.)

Weber, Max Wirtschaft und Gesellschaft, 5. Aufl. (besorgt von Johannes Winckelmann) Tübingen 1972

zit.: Weber, Wirtschaft

ders. — Zur Geschichte der Handelsgesellschaften im Mittelalter. Nach südeuropäischen Quellen, Stuttgart 1889, Nachdruck Amsterdam 1964

zit.: Weber, Geschichte der Handelsgesellschaften

Weider, Manfred — Das Recht der deutschen Kaufmannsgilden des Mittelalters, Breslau 1931

Weishaar, Jakob Friedrich v. — Handbuch des Württembergischen Privatrechts, Erster Theil, Stuttgart 1831

Welser, Ludwig Frhr. v. — Eine Urkunde zur Geschichte des Nürnberger Handels, Würzburg 1912

Wieacker, Franz — Privatrechtsgeschichte der Neuzeit, Göttingen 1967

Wiedemann, Herbert — Gesellschaftsrecht, Band I, München 1980

Wiedemann/Hirte — Die Konkretisierung der Pflichten des herrschenden Unternehmens, in: ZGR 1986, S. 163 ff.

Wieland, Karl — Handelsrecht Band 1, Das kaufmännische Unternehmen und die Handelsgesellschaften, München usw. 1921

Winter, Martin — Mitgliedschaftliche Treuebindungen im GmbH-Recht, München 1988

Wissell, Rudolf — Des alten Handwerks Recht und Gewohnheit

Band I, 2. Aufl. Berlin 1971

Band II, 2. Aufl. Berlin 1974

zit.: Wissell, Band

Woelkern, Lazarus Karl v. — Commentatio succincta in codicem Statuarii Nordici oder die 1564 verneuerte...mit Anmerkungen und Praijudicien erläuterte Nürnbergische Reformation, Band II, Nürnberg 1737

Zachariä, Karl Salomo — Handbuch des Französischen Civilrechts, Zweyter Band, 3. Aufl. Heidelberg 1827

zit.: Zachariä

ders. — Handbuch des Französischen Civilrechts, Erster Band, 2. Aufl. Heidelberg 1811

zit.: Zachariä (2. Aufl.)

Zachariä-Crome — Handbuch des Fanzösischen Civilrechts, begründet von Zachariä von Lingenthal, bearbeitet von Carl Crome, Zweiter Band, 8. Aufl. Freiburg 1894

zit.: Zachariä-Crome

Zeiler, Franz von — Commentar über das Allgemeine Bürgerliche Gesetzbuch für die gesamten Deutschen Erbländer der Österreichischen Monarchie, Band III/2, Wien 1813

Quellen und Gesetzestexte[1]

Allgemeines Bürgerliches Gesetzbuch für die gesamten Deutschen Erbländer der Oesterreichischen Monarchie, Wien o.J.

Bürgerliches Gesetzbuch für das Königreich Sachsen von 1863/ 1865 (Neudrucke privatrechtlicher Kodifikationen und Entwürfe des 19. Jahrhunderts, Band 4, Aalen 1973)

Code Napoleon mit Zusätzen und Handelsgesetzgebung als Landrecht für das Großherzogthum Baden, Karlsruhe 1809

Codex Maximilianeus Bavaricus Civilis, München 1756

Der Stadt Hamburg Gerichtsordnung und Statuta, Nachdruck nach einem Exemplar aus der Staats- und Universitätsbibliothek Hamburg, Hamburg 1978

Entwurf eines allgemeinen Gesetzbuchs für die Preußischen Staaten
Erster Theil, Berlin und Leipzig 1784
Erster Theil, Zweyte Abtheilung, Berlin und Leipzig 1785

Entwurf eines Bürgerlichen Gesetzbuchs für das Königreich Bayern 1861-1864, mit Motiven (Neudrucke privatrechtlicher Kodifikationen und Entwürfe des 19. Jahrhunderts, Band 3, Aalen 1973)

Entwurf eines Gesetzes betreffend die Gesellschaften mit beschränkter Haftung nebst Begründung und Anlage, Berlin 1892

Entwurf eines Handelsgesetzbuches für die Preußischen Staaten, Berlin 1856

Entwurf eines Handelsgesetzbuches für die Preußischen Staaten nebst Motiven in zwei Theilen, Berlin 1857

Entwurf einer Handels- und Wechselordnung für das Herzogthum Nassau, Wiesbaden 1842

Gesetz über Eisenbahn=Unternehmungen, Gesetzes=Sammlung für die Königlich Preußischen Staaten 1838, S. 505 ff.

GStA Merseburg, Ministerium für Handel und Gewerbe, Akte betreffend die Bestimmungen über die Verhältnisse der Aktiengesellschaften, Rep. 120 A XII Nr. 5 Band 1

---

1. Gedruckte Texte sind vorzugsweise unter dem Namen des Herausgebers im allgemeinen Literaturverzeichnis aufgeführt

Neue und vollständige Sammlung der Reichsabschiede, welche in den Zeiten Kayser Konrads des II...In Vier Theilen. Neudruck der Ausgabe 1747, Osnabrück 1967

Neues Statut der ritterschaftlichen Privatbank in Pommern, Gesetzes=Sammlung für die Königlich Preußischen Staaten 1849, S. 362 ff.

Protokolle über die Berathungen mit kaufmännischen Sachverständigen und praktischen Juristen, betreffend den Entwurf eines Handelsgesetzbuchs für die Preußischen Staaten, Berlin 1856

Statut der ritterschaftlichen Privatbank in Pommern, Gesetzes=Sammlung für die Königlich Preußischen Staaten 1833, S. 5 ff.

Printed by
CPI books GmbH, Leck